普通高等教育“十一五”国家级规划教材
高职院校人文素质教育规划教材

创业指导

（第二版）

主　编　陈　敏
副主编　周建忠　沈瑞云

ZHEJIANG UNIVERSITY PRESS
浙江大学出版社

图书在版编目（CIP）数据

创业指导/陈敏主编．—杭州：浙江大学出版社，2004.8(2011.6 重印)
高职院校人文素质教育规划教材
ISBN 978-7-308-03833-1

Ⅰ.创… Ⅱ.陈… Ⅲ.职业选择—高等学校:技术学校—教材 Ⅳ.C913.2

中国版本图书馆 CIP 数据核字（2007）第 008386 号

创业指导(第二版)
主　编　陈　敏
副主编　周建忠　沈瑞云

丛书策划　黄宝忠　王利华
责任编辑　朱　玲
封面设计　刘依群
出版发行　浙江大学出版社
(杭州市天目山路 148 号　邮政编码 310007)
(网址:http://www.zjupress.com)
排　　版　杭州中大图文设计有限公司
印　　刷　德清县第二印刷厂
开　　本　787mm×960mm　1/16
印　　张　14.25
字　　数　330 千
版　　次　2011 年 6 月第 2 版　2011 年 6 月第 3 次印刷
书　　号　ISBN 978-7-308-03833-1
定　　价　25.00 元

浙江大学出版社发行部邮购电话　(0571)88925591

序

有学者批评现在的教育“没有人”或“失去了人”，指的是教育过于功利，偏求专业能力的传承和个人利益的获得而忽视人文素养的培育，忽视人的思想、情感、精神世界的健康发展和个性发展。我以为这种批评是中肯的，切中了时弊。当今整个教育有此弊端，职业教育自然也不例外，有人认为职业教育更甚，这倒未必。

从“自然人”向“社会人”的过渡是每一个人成长的必由之路，也是教育的基本目标，谓之“育人”。育人的目标是使受教育者获得全面、自由、和谐、充分的发展以逐步融入社会，在贡献社会的同时实现自我价值。

职业技术教育的培养目标不仅是“职业人”，而且是“社会人”。“职业人”是“社会人”的核心，因为从事一定的职业是任何人生存的前提。但是“职业人”不是“社会人”的全部，“职业人”的资格内涵是胜任某个职业所需要的素质，包括专业能力、社会能力和方法能力，固然是相当宽泛的，然而“社会人”的资格内涵不仅是人对某个职业的胜任，而是人融入社会所需要的更广泛、更丰富的素质要求。正如爱因斯坦所说：“学校的目的始终应当是：青年人离开学校时，是作为一个和谐的人，而不是作为一个专家。”一个人从“自然人”向“社会人”转化的过程是一个毕生的学习过程，是将社会的价值观念和行为规范“内化”为个人心理品质的过程，使之能够适应社会并掌握社会所赞许的行为方式。

人非机器，职业技术教育的目的同样是为了育人而不是制造机器，到目前为止，还没有一台机器具有情感或精神世界，而人，特别是一个成熟的社会人，应该注重对于真与善、健康情感和高尚精神的追求。培养这种具有较高人文素养的社会人，才是现代职业技术教育的题中之义，应该成为当今职教教学改革的指导思想之一。所谓人文素养，包括正确地认识自我和认识他人、必要的自我控制和强烈的社会责任心、崇尚正义、心地善良、意志坚韧、富有诚信、乐于合作等等内在的心理品质，它不仅是一个合格公民应该具有的基本品德，也极有益于学生学习自主性、能动性和创造性的培育和发挥。

在高等教育大众化形势下，高职教育工作者不得不面对大量学习准备不足的新生，其中一些学生曾经受到现行基础教育中不良现象的伤害，加之他们个人和其他原因，使他们进入高职学习后遇到许多困难。这种困难，首先不在智力因素方面而在非智力因素方面，在于不良的学习心理和学习习惯，在于对自己、对学习、对学校甚至对社会的不正确态度。纠正这些不够健康的心理、习惯和态度，是对他们实施专业教育的前提。如果仅仅专注专业教育而不顾及其他，不首先教他们做人然后教他们做事，不能让他们在学做事的过程中学做人，那么，对他们的教育几乎没有成功的可能。从这个意义上说，对高职学生加强人文知识、人文精神的教育，培育学生的人文素养，把专业教育同人文教育结合起来，是更具有现实意义并迫在眉睫的任务。

浙江省高职院校素质教育研究分会在省教育厅的指导下组织编著出版的"高职院校人文素质教育规划教材"，为高职院校切实加强人文素质教育做了一件好事。由于该书作者们都从事高职教育第一线工作，熟悉高职教育教学特点和高职学生的情况，因此这套教材比较贴近高职院校教学的需要和学生的思想实际，便于学生自学或安排少学时课程的选修，也便于读者在现实生活中应用，不失为一套富有时代气息的适用教材。

形成一套成熟的教材往往需要多人多年的努力，何况形势发展很快，知识更新迅速，绝不可能一蹴而就。这套教材的某些内容和编撰形式尚有不足之处也在所难免，当在广大教师试用实践的基础上，通过改编逐步提高和完善。我希望有更多的专家、教师参与高职人文素质教育教材的编写工作，期盼着更多更好的人文素质教材出版。

杨金土

2004 年 8 月 4 日于北京

前　言

高等职业教育是我国高等教育的重要组成部分。近几年来，围绕培养生产、建设、服务、管理第一线急需的应用型技术人才，各高职院校积极探索、勇于实践，努力为社会输送具有健全人格、能适应社会发展需要、毕业后即可就业上岗并具备发展潜力的人才。加强对高职学生人文素质教育就是在这一背景下提出来的。

“人文素质”一般指人的人格气质修养等，是学生全面素质的基础。人文素质教育可表述为：通过知识传授、环境熏陶以及自身实践等将人类优秀的文化成果内化为人格、气质和修养，成为人的相对稳定的内在品质。加强人文素质教育是高职院校加强素质教育、改革人才培养模式和提高办学水平的重要切入点，它直接作用于学生的信仰、情感、道德、责任和审美等精神因素，引导学生去思考人生的价值、意义和目的，指导学生去追求高尚的生存品位，追求人性和人格的完善。在现代化大生产的今天，一个人的技术能力的发挥，不仅仅是拥有单一的专业知识和专业技能，更需要有思想、精神、情操、意志、动机等人文素质的支撑。高等职业技术院校，作为培养基层一线数以千万计应用型、技术型的职业人才的摇篮，除了教会学生掌握一定的专业知识和专业技能外，着眼于培养学生的行为与习惯并深入到精神生活之中，教会学生做人、做事、共处，帮助学生规划职业生涯、全面提高素质，适应就业、生存、发展，显得尤为重要。

人文素质教育内涵非常丰富，加强对高职学生的人文素质教育，是一项长期而艰巨的任务。高职院校应把人文素质教育贯穿于教育始终，让学生了解人类文明的产生与人类社会的发展进步，学会处理人与自然、人与社会的关系，学会欣赏和吸收人类优秀文化成果，学会鉴别正义与邪恶，高尚与卑鄙，真善美与假恶丑，修身至善，格物明德；让学生了解社会、了解企业需求，明确自身的责任和义务，学会尊重人、关心人、帮助人，与人合作共事，学会处理情感、意志方面的矛盾与冲突，学会更新知识、发展自我，使自己成为合格的职业人，自尊、自重、自强，在努力为自己创造岗位的同时，也为他人创造岗位。

基于这样的考虑，浙江省高职院校素质教育研究分会在省教育厅和上级教育研究会的指导下，组织人员对浙江省高职院校人文素质教育、教学情况进行调研，并在此基础上拟定了编写高职院校人文素质教育规划教材的计划，通过整合各高职院校的力量，力争编写出一套贴近高职学生实际，符合高职学生知识结构和阅读欣赏水平，适应高职院校选修课少学时、多容量特点，且集实用性、可读性、指导性于一体的选修或自修教材，能对高职学生人文素养的提高起到积极作用。系列教材第一辑出版六本，教材和主编分别是：《中国传统文化十讲》（沈瑞云），《演讲与口才》（王黎云），《中华诗教与人文素养》（孔汝煌），《创业指导》（陈敏），《人际关系与公共礼仪》（周朝霞），《高职生就业指导》（梁丽华）。今后还将陆续组织出版。

为编写好教材，各教材主编、编写人员投入了大量的时间和精力，付出了辛勤的劳动，但由于时间紧、任务重，及编者水平差异，本套教材肯定存在着许多不足，希望广大教师和学生在使用过程中多提改进意见，以使这一套教材得到进一步修正和完善，并在高职院校素质教育中发挥更大的作用。

陈　蓉

2004 年 7 月

目　　录

第一讲
放飞创业理想

引　子

2004年9月，孙权考入了宁波职业技术学院机电一体化专业。刚进校，他就被学院的“大学生创业街”所深深吸引。红红火火的大学生创业，点燃了孙权的创业激情与冲劲。他什么都不怕地选择了在大学生创业街发展。当时他认为，创业是件很简单的事，只要肯努力，一定会成功。

他首先开了一家电子店，找了校外的手机维修店合作，并谈了很久，但有些事项始终谈不拢，对方认为他的想法很幼稚，最后以失败告终。

孙权的很多同学知道他要开店，觉得这是不可能的事，有的甚至认为这是天方夜谭。当时他的脑子里有很多很多想法，却不知道怎么做，真有一点绝望。经过一番痛苦的思考，他开始阅读很多关于创业的书，以至于到后来，很多人都认为他是学商科的学生。

2005年4月，他以500元的股份加入创业街的纸艺坊（后改名为纸老虎工作室），开始跟当时的指导老师叶海亚学习，主要负责市场营销及管理，一段时间后，他接手了纸艺坊的全面管理。在实践中，孙权深感前一阶段的学习渐渐发挥了作用，他给“纸艺纺”定下了初期战略指导思想“宁做小池塘里的大鱼，不做大池塘里的小鱼”，同时，通过市场调研和对竞争对手的分析，确定不同阶段的目标市场，制定相应的营销策略。2006年4月，“纸艺纺”在宁波职业技术学院已经形成一定的规模，而且还组织了纸艺协会，会员达到40多人，纸艺爱好者达到500多人。2006年4月，他们与新碶街道杜鹃社区进行手工艺交流，并参加了新碶街道杜鹃社区“地税杯”青年才艺比赛，荣获优秀奖。2006年10月，他们与凤凰主题公园开展了手工艺品主题活动，活动参与人数近2000人，产品成交量为500盆多，成交额为15000余元，取得了很好的社会效益。

在员工的共同努力下，一年的时间里，“纸艺纺”销售额达到10万余元，利润2万余元，成为大学生创业街里收益最好的一家公司，得到学院领导及社会舆论的一致好评。

2006年9月，创业街指导老师王维平启发他们发展学生旧货回收业务。经过一个月的筹备，2006年10月，他们正式成立了纸老虎二手交易平台。2006年12月，纸老虎二手交易平台回收旧书8吨左右，回收报纸3吨左右，并大量回收了旧电风扇、旧电脑等，为爱好图书者带来了福音，也培养了学生有效利用再生资源的意识。

2007年4月，他们与学院大学生社团联合会电子协会牵手，成立纸老虎电子店，主要致力于学生电子产品交易和维修。2007年3月开始，他们向网络进军，并于9月推出自己的网站。同时，纸老虎二手交易平台于2007年7月和宁波北仑甬港回收站合作成立新的旧货物资回收网络公司。

现在纸老虎工作室有注册资本3万元，员工50余人，初步形成以学生为服务对象的服务性公司。年营业额20多万元。

一、中国——在全面建设小康社会的道路上迅跑

21世纪是人类社会深刻变革的世纪，也是实现中华民族伟大复兴的世纪。综观过去的一百年，我们身处的这个世界变化之巨大，发展之迅猛，超过了以往的几千年。尤其是从20世纪70年代末开始，沐浴着改革开放春风的中国人，在邓小平理论、"三个代表"重要思想和"科学发展观"的指引下，发挥自己的聪明才智和被压抑了许久的创造力，在建设社会主义现代化事业和向小康生活迈进的道路上不断奋进，取得了举世瞩目的伟大成就。改革开放的三十年，是中国这个古老国家翻天覆地的三十年，也是中国综合国力逐步提升、国际地位逐年提高的三十年。

但是，我们也应当看到，中国是一个有着13亿人口的发展中国家，人口众多，发展的起点低、底子薄是我国的基本国情。党的十五大进一步明确了我们身处的依然是社会主义的初级阶段。所谓社会主义的初级阶段，是指我国在生产力相对落后，商品经济不发达的条件下建设社会主义必然要经历的一个相当长的阶段。它包括两层含义：就社会性质而言，我国已进入了社会主义社会；但就发展性质而言，我国依然处于社会主义的初级阶段。这就决定了这一阶段的根本任务就是要集中力量发展社会生产力。从党的十一届三中全会以来，我们的党把工作重心转移到社会主义现代化建设上来，以邓小平同志为核心的党的第二代领导集体制定了改革开放的大政方针，形成了党在社会主义初级阶段"一个中心，两个基本点"的基本路线，走上了一条全面建设小康社会，开创中国特色社会主义事业的宽阔大道。

胡锦涛同志在中国共产党第十七次全国代表大会上的报告指出："我们即将迎来改革开放三十周年。一九七八年，我们党召开具有重大历史意义的十一届三中全会，开启了改革开放历史新时期。从那时以来，中国共产党人和中国人民以一往无前的进取精神和波澜壮阔的创新实践，谱写了中华民族自强不息、顽强奋进新的壮丽史诗，中国人民的面貌、社会主义中国的面貌、中国共产党的面貌发生了历史性变化。"

"新时期最鲜明的特点是改革开放。从农村到城市、从经济领域到其他各个领域，全面改革的进程势不可挡地展开了；从沿海到沿江沿边，从东部到中西部，对外开放的大门毅然决然地打开了。这场历史上从未有过的大改革大开放，极大地调动了亿万人民的积极性，使我国成功实现了从高度集中的计划经济体制到充满活力的社会主义市场经济体制、从封闭半封闭

到全方位开放的伟大历史转折。今天，一个面向现代化、面向世界、面向未来的社会主义中国巍然屹立在世界东方。”

“新时期最显著的成就是快速发展。我们党实施现代化建设‘三步走’战略，带领人民艰苦奋斗，推动我国以世界上少有的速度持续快速发展起来。我国经济从一度濒于崩溃的边缘发展到总量跃至世界第四、进出口总额位居世界第三，人民生活从温饱不足发展到总体小康，农村贫困人口从两亿五千多万减少到两千多万，政治建设、文化建设、社会建设取得举世瞩目的成就。中国的发展，不仅使中国人民稳定地走上了富裕安康的广阔道路，而且为世界经济发展和人类文明进步作出了重大贡献。”

同时，胡锦涛总书指出：“当今世界正在发生广泛而深刻的变化，当代中国正在发生广泛而深刻的变革。机遇前所未有，挑战也前所未有，机遇大于挑战。全党必须坚定不移地高举中国特色社会主义伟大旗帜，带领人民从新的历史起点出发，抓住和用好重要战略机遇期，求真务实，锐意进取，继续全面建设小康社会、加快推进社会主义现代化，完成时代赋予的崇高使命。”①

改革开放三十年来，中国的政治、经济、文化等各个领域都取得了令人瞩目的伟大成就。江泽民同志在中国共产党第十六次全国代表大会上的报告指出：“形势逼人，不进则退。我们党必须坚定地站在时代潮流的前头，团结和带领全国各族人民，实现推进现代化建设、完成祖国统一、维护世界和平与促进共同发展这三大历史任务，在中国特色社会主义道路上实现中华民族的伟大复兴。这是历史和时代赋予我们党的庄严使命。”

二、创业——我们迎来黄金时代

在经济迅猛发展、国力日益增强的三十年里，我国经历了两次创业高潮，并正迎来第三次创业高潮。

(一)第一次创业高潮

我国的首次创业高潮始于1988年，“下海”便是当时最流行的词汇。1988年4月，全国人大通过的宪法修正案增加了“国家允许私营经济在法律规定的范围内存在和发展”的内容，掀起了我国首次创业浪潮。此时，正值改革开放的十周年，这次修正案就像打开了一条沉重的锁链，一时间，私营企业、个体经济如雨后春笋般地出现在神州大地。各行各业都有人纷纷“下海”经商，包括在校的学生，“小霸王”中英文电脑学习机的创始人段永平就是当时的典型。

(二)第二次创业高潮

1992年至1995年，在邓小平视察南方讲话的鼓舞下，我国掀起了第二次创业高潮。1992年春，邓小平在视察南方讲话中首次表述了“三个有利于”的思想，指出：“改革开放迈不开步子，不敢闯，说来说去就是怕资本主义的东西多了，走了资本主义。要害是姓‘资’还是姓‘社’的问题。判断的标准，应该主要看是否有利于发展社会主义社会的生产力，是否有利于增强社

① 中国共产党第十七次全国代表大会的报告。

会主义国家的综合国力，是否有利于提高人民生活水平。"(《邓小平文选》第3卷，第372页)江泽民同志在当年召开的党的十四大报告中再次重申了这一重要思想，指出："判断各方面工作的是非得失，归根到底，要以是否有利于发展社会主义社会的生产力，是否有利于增强社会主义国家的综合国力，是否有利于提高人民生活水平为标准。"(《江泽民在中国共产党第十四次全国代表大会上的报告》)"三个有利于"思想的提出，再次解放了人们的思想。除了国家明文规定不允许个私企业介入的行业以外，其他许多领域都对个私企业敞开了大门。

(三)第三次创业高潮

我国第三次创业高潮始于1999年末通过的《中华人民共和国个人独资企业法》。为了规范个人独资企业的行为，保护投资人和债权人的合法权益，以促进社会主义市场经济的发展，在第九届全国人民代表大会常务委员会第十一次会议上通过了《中华人民共和国个人独资企业法》。在这个法案中，确立了公有制为主体、多种所有制经济共同发展的基本经济制度和按劳分配为主、多种分配方式并存的分配制度，确定了非公有制经济是社会主义市场经济的重要组成部分，表明了国家保护个人独资企业投资人合法权益、鼓励个人独资企业发展的方针，意味着一个环境更加宽松、发展空间更为广阔的经济时代的到来。

这一切都表明，我们已迎来了第三次创业高潮—— 一个创业的黄金时代。清华大学于2003年初发布的中国第一份创业观察报告中显示："中国，每100人中有12.3人在创业，北京每万人中拥有107.61家私营创业企业，是中国创业指数最高的城市。"这份由清华大学中国创业研究中心发布的名为《GEM全球创业观察2002年中国报告》的文章还显示，中国的创业环境在参加GEM全球创业观察的37个国家中，名列第23位，中国的创业活动以生存型为主导，中国的创业者一般都在艰苦的环境下顽强地发展起来。据初步统计，目前有1亿中国人在这块古老的土地上创业。

在这个创业的黄金时代，社会的转型带来了社会结构、社会生活等方面的一系列变化：经济管理体制上，由单一经济、计划经济体制向市场经济体制转变；在社会资源的占有和分配方式上，由原来的生产资料单一所有制向公有制为主体、其他所有制共同发展的模式转变；在社会分配关系上，由劳动领取报酬的分配形式向按劳分配为主的多种分配方式转变，允许一部分地区、一部分人先富起来。个人在选择职业、选择岗位时也有了更大的主动权。政策上的放宽放活，还有力地推动了民营经济的发展，使之成为我国最具活力的经济成分之一。

2007年，"创业"写入了党的十七大报告，各级政府积极推动自主创业。

《就业促进法》规定，国家倡导劳动者树立正确的择业观念，提高就业能力和创业能力，鼓励劳动者自主创业、自谋职业；2007年的《政府工作报告》也要求，落实以创业带动就业的方针。

2008年，为推动创业带动就业的条款，国家下发了《国务院关于做好促进就业工作的通知》(以下简称《通知》)，为创业提供了政策支持，人力资源和社会保障部有关负责人解读《通知》：

(1)激活人力资源市场实现就业倍增效应。政府通过政策支持和服务保障，营造良好的创业环境，调动劳动者创业的积极性和主动性，通过自找项目、自筹资金、自主经营、自负盈亏、自主创办新的生产和服务项目或企业，在实现自身就业的同时，带动更多的劳动者就业。据权威部门数据，每创业成功1人并稳定经营1年以上，平均带动5人就业。促进以创业带动就业，有利于激发劳动者的创业精神，激活人力资源市场，实现就业的倍增效应，是市场就业的主要措施，是就业工作中最活跃、最根本、最有效的战略。

(2)减免收费优惠税收扶持小额担保贷款。一是将行政性收费减免政策范围从持《再就业优惠证》人员扩大到登记失业人员和残疾人。规定登记失业人员和残疾人从事个体经营的，按规定免收属于管理类、登记类和证照类的各项行政事业性收费。二是加大小额担保贷款政策的扶持力度。明确小额担保贷款的范围可适当扩大，额度可适当提高。为调动金融机构开展小额担保贷款的积极性，允许贷款利率适当上浮。对其中从事微利项目以及上浮部分的利率，由中央财政全额贴息。三是在税收优惠政策中，明确登记失业人员创办企业的，可按《企业所得税法》有关规定享受税收优惠。

(3)简化程序提高效率放宽市场准入限制。完善支持自主创业、自谋职业政策体系，建立健全政策扶持、创业服务、创业培训三位一体的工作机制。简化程序，规范操作，提高效率，增加融资渠道，放宽市场准入限制，加强信息服务。加强创业意识教育，转变就业观念，营造鼓励自主创业的社会环境，使更多的劳动者成为创业者。

人力资源和社会保障部有关负责人表示，各级政府和各有关部门应当按照文件的要求，解放思想，深化改革，实行积极引导、大力支持、完善服务的方针，加快建立政策扶持、创业培训、创业服务三位一体的工作机制，切实把创业带动就业作为一项重要任务，纳入当地经济社会发展总体规划，摆上党委政府的重要议事日程，整体提升城乡各类劳动者的创业能力。

新时代倡导自强、自主、自立，新时代的社会转型激发了人们的能动性和创造力，进一步解放了思想，解放了生产力，它为创业者提供了更有利的条件。

三、崛起——迈入21世纪的高等职业教育

2002年11月召开的党的十六大明确提出了中国要走新型工业化道路，要坚持以信息化带动工业化，以工业化促进信息化，要加快发展现代服务业，全面建设小康社会。要达到这一目标，就要大力发展我国的科技和教育。十六大报告明确把教育作为发展科学技术和培养人才的基础，把它摆在优先发展的战略地位。2004年3月，温家宝总理在十届人大二次会议的政府工作报告中强调：要用更大的精力，更多的财力，加快教育事业发展。今天，我们放眼神州大地，科教兴国的战略正在付诸实施，我们的国家，从来没有一个时期像今天这样把教育放在如此重要的地位上。

(一)快速发展的高等职业教育

高等教育，是一个国家教育事业发展和教育竞争力的集中体现，也是科教兴国战略的主要着力点。现代意义的大学从它诞生的那天起，就以其人才的宝库、知识的殿堂而备受社会和公众的瞩目；今天，它更以最密集的信息，最前沿的学术，最富创新意义的科技以及对社会、经济、文化诸多方面的突出作用而展现其“第一生产力”的无穷魅力。“为了实现现代化，我国

要有若干所具有世界先进水平的一流大学。这样的大学,应该是培养和造就高素质的创造性人才的摇篮,应该是认识未知世界、探索客观真理、为人类解决面临的重大课题提供科学依据的前沿,应该是知识创新、推动科学技术成果向现实生产力转化的重要力量,应该是民族优秀文化与世界先进文明成果交流借鉴的桥梁。”江泽民同志 1998 年 5 月 4 日在北京大学建校 100 周年庆祝大会上的这一讲话拉开了一个面向 21 世纪中国高等教育振兴行动计划的序幕。中国高等教育在此后几年中,得到了前所未有的发展。其最明显的变化是中国高等教育走下了精英教育的神坛,进入了大众教育的新时代。

作为中国高等教育大众化和职业技术教育发展双重产物的高等职业技术教育,自 1999 年以来得到了突飞猛进的发展。从办学规模上看,高职院校数量迅速增加,高职在校学生数量逐年高速递增,1998 年至 2003 年,全国高职教育招生数从 43 万人增长到 200 万人,在校学生从 117 万人增长到 480 万人。短短 5 年时间,高职教育招生数和学生数分别占全国普通高校招生数的 52.3%和在校学生数的 42.3%。到 2004 年,全国共有独立设置的高职院校 908 所,占全国普通高校总数的 58.5%,基本形成了每个地市至少设置一所高职院校的格局,成为与地方经济社会发展和人民群众利益联系最直接、最密切的高等教育办学机构。面对着一个以经济全球化和知识社会化为特征的新世纪、新时代,面对着迅速增长的中国经济以及与之相适应的产业结构的调整,作为高等教育重要组成部分的高等职业教育,迎来了新的机遇和挑战。

(二)培养数以千万计的专门人才

当代发达国家的发展历程充分证明,培养大批科技人才是一个国家经济腾飞的前提。培养一支高水平的科技人员队伍,推动社会进步和经济发展,已成为发展中国家走上腾飞之路的基本条件。邓小平同志指出,“科学技术是第一生产力”(《邓小平文选》第 2 卷,第 274 页),这一著名的科学论断深刻揭示了科学技术和科技人才对我国社会主义现代化建设的强大推动作用。

21 世纪是知识经济时代,人才是科技进步和经济、社会发展最重要的资源之一,这已经成为人们的共识。确实,在科学技术日新月异的背景下,综合国力的竞争也更多地表现为对人才的吸引,对人力资源的开发和利用,谁拥有人才优势,谁就拥有发展的优势,谁就拥有明天。《中共中央、国务院关于进一步加强人才工作的决定》提出:在建设中国特色社会主义伟大事业中,要把人才作为推进事业发展的关键因素,努力造就数以亿计的高素质劳动者,数以千万计的专门人才和一大批拔尖的创新人才。决定明确指出,技术、技能型人才是人才队伍重要的组成部分。毫无疑问,今天的中国,固然需要学者和教授,需要各个专业和学科的高精尖研究型人才,但培养和造就一大批能够在生产第一线直接从事高新技术生产和工艺的技术、技能型人才,同样已经成为当务之急。

近年来,我国高等职业教育走过的发展道路证明了国家通过发展高职教育以达到高等教育大众化的战略决策是正确的,建立高职的模式和所提出的人才培养要求也是正确的。中国高等教育的大众化不能依靠传统大学教育的大众化,只能依靠高等职业教育。高职教育确立的为社会经济发展培养生产、建设、服务、管理第一线需要的职业型、技能型人才的培养目标以及它的人才培养模式，是符合现阶段我国社会发展和经济建设需要的。

从2003年初开始，有关行业部门、企业和高职院校的专家，对我国制造业和现代服务业发展对技术、技能型人才的实际需要进行了专题调研。调研结果表明，我国要成为“世界工厂”，就需要造就和培训数十万数控技术应用领域的操作人员、编程人员和维修人员；在推进国民经济信息化进程中，全国计算机应用专业人才的需求每年将增加百万人左右；随着汽车保有量的大幅度上升，全国汽车维修行业每年需要新增近30万从业人员；在医疗服务领域，我国医生与护士的比例为1∶0.61，而世界平均比例为1∶2.7。按照到2015年我国的医护比例达到1∶1进行预测和规划，我国每年需要培养各层次护士15万人。调研结果还表明，我国技能型人才的培养模式相对落后，迫切需要提高职业教育培训的针对性和适应性。

随着我国经济结构调整和行业、企业核心竞争能力的提高，社会对高素质技能型人才提出了更为紧迫的要求，这无疑为我国高等职业教育的进一步发展创造了极好的发展机遇。

(三)提高学生就业和创业能力

创业教育的开展和青年学生创业活动的兴起，既是社会经济发展到一定阶段的产物，又对社会经济和高职教育的自身发展发挥着十分重要的作用。教育部周济部长在第三次全国高职教育产学研结合经验交流会上提出，“小康大业，人才为本，各类职业人才尤其是高技能人才是人才队伍的重要组成部分，是我国现代化建设的宝贵资源”。因此，学好专业，培养技能，提高素质，努力使自己成为一名高技能人才，是高职学生的根本任务。“就业是民生之本，事关人民群众的切身利益，事关高职教育的发展方向。在我国高等教育步入大众化发展阶段的新时期，高职教育必须与本科院校‘错位经营’，坚持以就业为导向，把满足劳动力就业市场的需求作为发展的动力，把提高学生就业和创业能力作为改革的方向。”因此，大力提倡高职学生自主创业，利用专利技术争取风险投资或政府小额贷款，创办民营公司，承包乡镇小型企业或进军高科技、农业和第三产业，也是高职教育的重要任务之一。

首先，新经济时代的到来、经济全球化及社会需求的日益多样化，为创业教育和创业活动的展开创造了广阔的空间。

其次，开展创业教育，培养学生的创业能力，不仅能解决毕业生就业难的问题，而且是繁荣经济、缓解就业压力最有效的途径之一。通过高职教育培养出来的学生不仅是求职者，而且还应该成为就业岗位的创造者和成功的中小企业家。

再次，高职教育源于工业经济时代，与社会经济发展密切结合，在培养人的创新意识和创业能力上具有一定的优势。

第四，从根本上讲，创业是人类社会发展的基础和动力，国民的创造性和创新能力，不仅是一个国家国力的重要标志，而且创造属于自己事业所需要的企业精神和创业素质，已被联合国教科文组织称之为通向21世纪的一本“护照”。

近几年来，高职院校学生创业的势头一浪高于一浪，这与许多院校领导的观念更新、积极支持是分不开的。浙江宁波的一部分高职院校都在校内成立了创业园区，组建专门机构，抽调专职人员为创业的学生提供服务与指导。在宁波职业技术学院创业园区,注册的学生创业公司已达 30 余家。该校一位主要领导说:“大学生校园创业是一种行之有效的人才培养模式。学校提出‘两零’学生培养理念,即通过校园创业达到学生与企业岗位的‘零’适应期,学生与外部社会的‘零距离’。”宁波服装职业技术学院则对学生校园创业拨出创业专款予以扶助,并指派教师指导学生签订有关合同及负责联系服装产品的销售市场等等。今天,我们可以说,高职院校的学生创业环境正在逐步形成。

四、放飞——当代大学生的创业理想

(一)新时代呼唤创业精神

每一个时代,都有带着浓厚时代色彩的英雄人物,这就是我们所说的“时势造英雄”。如同在一个战火纷飞的时代,人们呼唤和崇拜那些足智多谋的将军和冲锋陷阵、勇敢杀敌的勇士们一样,今天,当战火离我们越来越远,经济和社会发展成为时代的主旋律之时,我们可以看到,时代的光环已经笼罩在那些投身创业、角逐商海、呼风唤雨的弄潮儿们身上了。我们可以说,创业者就是新时代的英雄。

面对 21 世纪,古老的中华民族渴望着复兴,中国需要发展,中国需要强盛,而强盛的中国必定要实现经济的腾飞。当然,经济的腾飞是多种因素共同作用的结果。今天的中国经济,已经形成了由多种形式、不同所有制和不同梯次组成的新的架构,但它的基础无疑是广大的中国企业。诚然,企业的壮大同样也需要多种因素的共同作用,但其中十分重要的一方面是必须要有许许多多成功创业者的推动。创业,是一种创立基业或创办事业的开拓性经营活动,也就是创业者自主地开拓基业、创造业绩。成功的创业者善于把握国家政策,能敏锐地发现和利用每一线商机,他们善于经营管理,具有很强的解决实际问题的能力,能从容应对各种复杂的情况,他们是财富的开拓者,是中国走向全面小康社会的中坚力量。

有效地组织各类社会资源,凝聚社会劳动力,从而形成巨大的生产力,为社会创造财富,在创业者自己富起来的同时,给他人带来工作机会,也为整个国家的经济发展作出巨大贡献——今天的中国正需要这样的创业者。有“打工皇帝”之称的中国人民大学经济学研究生段永平早在 1988 年就只身来到广东,选择了艰辛的创业之路,从“小霸王”游戏机起步,抓住中国电子工业大发展的契机,在十年之内开创了“步步高”电子系列产品。在为数以万计的“步步高”职工提供就业机会的同时,打造了资产高达数十亿元之巨的财富王国。宁波雅戈尔企业集团的创业者李如成,是一位下乡知青出身的能人。他从一个濒临倒闭的乡镇小服装厂起家,不折不挠、艰苦创业。到今天,雅戈尔集团已经拥有一家上市公司,十余家控股和参股企业,经营范围涉及服装、房地产、交通设施、金融等广大领域。二十多年来,雅戈尔集团为国家创造了数以亿计的税收,对推动宁波经济的超常规发展作出了很大的贡献。段永平、李如成选择的创业之路无疑是正确的,发展中的中国需要这样的“超级”创业者。

(二)国家大力支持大学生创业

随着大学生创业飓风的刮起,国家对大学生创业也提供了许多政策上的支持,鼓励大学生创业。2001年开始，我国每年举办一次"'挑战杯'全国大学生创业计划竞赛"，吸引了众多企业和风险投资者的关注，为大学生筹集创业资金搭建了平台。在2003年6月的《国务院办公厅转发教育部等部门关于进一步深化普通高等学校毕业生就业制度改革有关问题意见的通知》中，有11条指导意见，促进大学生就业。通知要求，凡高校毕业生从事个体经营的，除国家限制的行业外，自工商部门批准其经营之日起，1年内免交登记类和管理类的各项行政事业性收费。有条件的地区由地方政府确定，在现有渠道中为高校毕业生提供创业小额贷款和担保。在2004年4月2日教育部下发的《教育部关于以就业为导向 深化高等职业教育改革的若干意见》中明确指出，"高等职业院校应积极鼓励学生自主创业。学校应开设创业课程，培养学生的创业意识，为学生自主创业提供实际锻炼的平台，并在管理制度等方面创造条件，促进他们成功创业"。

各地政府也积极响应国家号召，为大学生创业铺路。浙江省制定了简化审批手续、免征部分税种等新措施鼓励大学毕业生自主创业；广东省政府要求各级工商行政管理部门要从快办理登记手续。有条件的地区由地级及地级以上市政府确定，在现有渠道中为高校毕业生提供创业小额贷款和担保，帮大学生找到启动自主创业的"第一桶金"；上海应届大学毕业生创业可享受四项优惠政策，即免费风险评估、免费政策培训、无偿贷款担保以及部分税费减免。为了鼓励大学生创业，上海市还设立了一个专门针对应届大学毕业生创业需要的免费创业教育培训中心，培训中心的开支由政府提供。创业教育培训中心将免费为大学生提供项目风险评估和指导，帮助大学生更好地把握市场机会。辽宁省财政部门在为高校毕业生自主创业、兴办企业、申请小额贷款、提供风险防范控制措施的基础上，降低担保门槛和简化手续，积极推进高校毕业生小额贷款。

据教育部公布的数字显示，2008年全国高校毕业生将超过550万，比2007年增加50万，而2007年仍有140多万应届毕业生未能如期就业，大学生就业难题如何破解成为整个社会关注的热点之一。随着就业压力的增加，越来越多的毕业生开始摸索创业之路。

20世纪后期国际上提出"创业教育是未来的劳动者应该掌握的第三张教育通行证"、"毕业生将愈来愈不仅仅只是求职者，而首先将成为工作岗位的创造者"、"高等学校，必须将创业技能和创业精神作为高等教育的基本目标"这些主张以来，在世界范围的高等教育领域内掀起一场以创业教育为核心内容的改革。

美国波士顿银行于1997年发表了历时7年题为"MIT：冲击创新"的研究报告。该报告显示，如果把MIT(美国麻省理工学院)校友和教师创建的公司组成一个独立的国家，那么这个国家的经济实力将排在世界的第24位。说明了大学对国家经济发展的重大影响。美国表现最优秀的50家高新技术公司有46%出于MIT的创业计划大赛。

提倡大学生创业和创业教育就是要使我国的大学跟上世界高等教育的发展步伐，成为国家和地区创新体系中的重要组成部分，成为"经济发展的原动力"。同时，大学要扶持掌握创新知识的大学生进行创业，要为我国走创新型国家发展道路提供支持和保障。

根据全国高等学校学生信息咨询与就业指导中心调查，我国各地方扶持大学生和毕业生创业的模式基本上可以分为政府主导型、市场拉动型和混合型三类。

政府主导型

政府主导型的特点是：政府出资，设立扶持大学生、毕业生创业的“天使基金”，利用高等学校的高科技园区，建设大学生或毕业生创业孵化基地（园区），经过对创业项目的审定评估，筛选出孵化项目，入住基地（园区），给予使用场地的优惠，并且给予如工商注册、财务管理、经营、法律援助等方面的专业辅导。一般孵化期是两年，之后出园区。孵化成功的退还“天使基金”，不成功者，不需要退还。

政府主导型的扶持大学生创业的省市主要有上海和辽宁。

上海模式为政府出资、设立5亿元的“天使基金”扶持大学生的科技创业；成立基金会，构建专业化社会管理模式；坚持公益性、非营利性，鼓励支持科技成果转化，为大学生创办企业服务；以资金为纽带、大学科技园为基础，建设孵化基地，其特点是由政府主导，设立创业基金以孵化基地为平台，通过高校运作，扶持大学生高科技创业，走了一条高端创业路线。

辽宁模式为主管毕业生就业部门建设省级孵化基地，市、县劳动部门挂大学生创业就业中心牌。建设省、市（县）、高校三级大学生创业孵化体系，形成完善的孵化和联动机制；举办大学生创业成果展洽活动，促进创业项目、成果有效对接；在全省高校普遍开展创业教育；“自主创业证”成为毕业生享受创业优惠政策的通行证。其最突出的特点是创造性地设立了高校毕业生“自主创业证”。“自主创业证”上注明了政府对毕业生自主创业的各项优惠。通过一张“自主创业证书”，把散在教育、劳动、工商、税务等与毕业生创业有关部门的职能内对毕业生创业的优惠“串”了起来，落到了实处。

市场拉动型

市场拉动型是相对政府主导型而言的。特点是政府以创造和优化社会创业环境为工作重点，放手高等学校和大学生，各自进行多种形式的创业教育和创业实践，社会的市场环境因素成为大学生创业的拉动力。最具有典型意义的市场拉动型是浙江模式。

浙江模式是学校为大学生创业提供场地、经费支持，切实解决大学生创业无场地、无资金难题；以校为主，因校制宜、各具特色。依据浙江高校扶持大学生创业的不同特点可以分为四种类型：“全真的环境下”进行大学生创业与创业教育：大学生必须按照国家工商、税务管理有关规定进行注册登记，学校划出孵化场地，供学生创业，并配备有企业实际工作经验的教师专门负责此项工作。所创办企业在经营活动中完全按照市场化运作，依法纳税，优胜劣汰。

“模拟环境下”进行大学生创业与创业教育：大学生申请，学校仿真发给工商、税务执照，在校内开业。经营店铺的大学生毕业了，店铺转让给新的在校学生，继续经营。

“模拟实操环境下”进行大学生创业与创业教育的特点是由学校注册公司，学生组成公司的项目组，进行创业经营活动，学校进行辅导，开展大学生创业与创业教育。公司的实际操作者是学生，但不是公司的法人，公司的法人是学校指派的工作人员，故称为模拟实操。

“混合环境下”进行的大学生创业与创业教育是指在一些高等学校中，既有在校生申办的法人公司，也有在学校内成立工作室，更有利用学校周边市场，摆摊兼职等。学校有意识地进行扶持和开展创业教育。

浙江模式是高等学校以扶持在校大学生为对象，开展大学生创业和创业教育的一类模式。对于扶持毕业生的创业来说，是他们创业的前期准备。

浙江省的毕业生创业，主要是社会市场环境的推动。

混合模式

广东的大学生和毕业生创业和创业教育，既有市、区地方政府扶持主导毕业生创业的，又有社会市场因素拉动、高等学校扶持大学生进行创业实践的两种形式。因此，把这样一类地方现象，归纳为混合模式。

但是，从全国总体上看，扶持大学毕业生创业的环境还处在需要进一步制定扶持政策和加强落实政策、措施的阶段。

不管是哪种模式，由政府主导扶持毕业生成功创业是创业创新时代的主流。[①]

(三)校园创业的成功者

从创业之风吹进大学校园的那一刻起，我们就已经看到大学生们无声的躁动。到今天，大学生创业已经成为校园中的一大热点，许多大学生在校期间已经开始了创业尝试。

陆世栋是北京城市学院计算机系的大三学生。2003 年 4 月，因“非典”停课而在浙江象山老家休假的陆世栋在网上浏览 IT 信息时偶然发现，中国“龙芯”的研发方——神州龙芯公司正在寻找二次开发的合作伙伴，他积极回应，并在第二天就得到了神州龙芯方面的合作认可。他的家乡，象山县的主管部门对他的创业方案十分赞赏，热情邀请他在象山科技创业园区创业并给予他特别优惠的条件；他的父母也非常支持他，他们把在北京的住房作为抵押，向银行贷款 50 万元人民币，给陆世栋作为启动资金；学校方面也同意他保留学籍，停课创业。2003 年 6 月 19 日，陆世栋和他的伙伴成功注册了浙江象山海芯信息技术有限公司，7 月，海芯公司与神州龙芯公司签订了合作协议。公司成立后，小陆与他的伙伴们起早摸黑投入研制工作，辛勤的汗水换来了初步的成功，同年 8 月 19 日，由海芯公司独立研制的第一代海芯网络电脑终于面世。它采用的是“中国芯”——龙芯一号，处理能力相当于奔Ⅳ。这是浙江省第一台采用龙芯作为中央处理器，完全拥有中国自主知识产权的网络电脑。这种网络电脑与普通电脑不同的是，它不用加装硬盘和其他存储器，主机只有半本字典那么厚，外观也特别轻巧。象山科技局立即成为海芯电脑的第一个试用单位。目前，公司已经推出了第二代测试电脑。另一方面，为筹集资金，海芯公司还进入了普通 PC 机的组装行业，2003 年 12 月推出了海芯商务电脑，并投入市场。创业是辛劳的，而且还必须面对种种挫折，但陆世栋坦然面对。他说，他的梦想是做一名 IT 界的职业经理人，而大学阶段的创业经历对他而言将是一笔独特的财富。

① 曹殊. 如何点燃大学生创业之火. 中国教育报，2007-12-12(8).

柳明,宁波职业技术学院计算机专业2003届毕业生。刚进入大学时,柳明就从耳濡目染中,感受到了就业的巨大压力。其时,正值学校为鼓励学生自主创业出台了一系列政策,如建立创业园,为学生创业无偿提供场地,派老师指导业务,允许自主创业的学生免听部分课程等,从而激发了柳明的创业激情。

2002年伊始,柳明开始策划自己的事业。当时,中国联通公司没有任何校园网业务,柳明看准了学院与联通公司的校企合作为他带来的机遇。于是,他借鉴移动的校园虚拟网业务,做出了一套完善的联通校园网实施方案,交给联通公司审批。没想到,方案立刻得到了联通公司的认可,公司领导还亲自到学院详谈,并最终将这块业务的代理权交给了柳明。就这样,2002年3月,宁波联信责任有限公司在宁波职业技术学院的创业园区成立了,柳明成为宁波地区联通校园虚拟网的总代理,也是联通校园虚拟网的创始人。

由于该项工程很大,若一开始就做整个宁波地区的业务,需要好几百万资金。因此,在与联通公司商谈后,柳明把范围缩小,先从北仑区开始做。在联通公司的赞助下,柳明在校园里开设了联通营业厅,并开始做大量的宣传。在联通用户仅占所有手机用户的30%的情况下,业务的推广遇到很大阻力。起初一直没有什么效果,这也为公司的资金运作带来很大困难。但是,柳明坚信,困难是暂时的,要做一番事业,除了能抓住机遇外,还要能吃苦。由于加入联通的虚拟网能在全省范围内享受优惠服务,这与移动虚拟网相比是一个明显的优势。依靠这点,联通虚拟网业务渐渐吸引了越来越多的顾客,柳明的公司也开始渐渐发展起来。

毕业后,柳明正式在宁波成立了联信责任有限公司,将联通校园虚拟网业务进一步推广到宁波市各大高校。如今,几乎每个高校都有联通虚拟网业务,并在其中三家高校设立了营业厅。联通校园虚拟网在整个宁波地区的网络已经形成,市场已经打开。2004年初,在联信的经营稳定发展的基础上,柳明又新成立了宁波欧菲贸易公司,开始涉足食品内贸,面向中小超市供货。

当谈到他创业的摇篮——宁波职业技术学院创业园区时,柳明十分感激地说:"在学校里开辟创业园区是一种非常前卫的思想,它使学生创业的想法得以实现,并为将来校外的创业打下基础。"

为什么要选择走校园创业之路?大学生创业者们的回答不尽相同,但主要是基于以下两个出发点。

其一,把创办公司作为一次锻炼自己能力的好机会,一次深入的社会实践。确实,自己创办一家企业并努力地去经营它、管理它,使它产生尽量好的经济效益,算得上是一次非常好的社会实践。尤其是高职院校的学生,普遍有较强的实践能力和专业技术,校园创业可以使自己在校期间就得到检验自己实践能力的好机会。当然,创业办公司需要一定的投资,这也是目前校园创业的主要难点之一。但是,由于创办小公司耗资不算太大,部分家境较好的大学生可以得到父母的支持,此外,还可以通过合资形式开办和利用其他筹资渠道筹集创业资金。

其二，近年来，高校毕业生就业形势的严峻趋向也是大学生们作出创业选择的主要原因之一。有相当一部分创业大学生把自己创办的公司看做是毕业后的就业途径，一旦创业顺利，他们不但为自己解决了就业的问题，还可以为同伴和社会提供一定数量的就业机会。而且如果创业项目定位准确，再加上经营得当，必然会产生好的经济效益。与三个同伴共同开办宁波海曙科人信息技术有限公司的浙江万里学院大学生邵麒就曾对采访他的记者说过：他们四个人已将这家公司看作毕业后的"衣食依托"，"这家公司发达了，我们就富有了"。

当我们坚定了创业的信念，并准备去身体力行的时候，我们应该明白：创业是一项充满挑战的人生选择，我们面前的道路，绝不会是平坦大道。在我们享受到成功喜悦之前，必然会历经失败，遭遇坎坷。几年来，大学生创业者走过了一条艰辛的道路。如今气候渐成，羽翼渐丰，呈现喜人景象。但是，总体来看，存在缺乏启动资金、缺乏创业知识、缺乏开拓市场的经验、创新能力薄弱等问题和困难。

如何踏上属于自己的创业之路，这并没有统一的固定模式。但是要成为一个成功的创业者，除了客观条件的支持外，还需要具备许多自身的主观条件。在"八仙过海，各显神通"的创业大潮中，勇于创新，敢冒风险，但又扎实进取，不断探索的创业者才能够独占鳌头。

我国伟大的无产阶级革命家吴玉章老先生曾说：理想必须要人们去实现它。这就不但需要决心和勇敢，而且需要知识。因此，有志青年们，放飞创业理想，理性创业吧！

思考与练习

1. 你会选择创业吗？为什么？请谈谈你对创业的理解。

2. 你认为高职学生创业的优势是什么？

3. 采访一位你身边的创业者，听听他的经历，感受创业历程。结合自身，谈谈你的创业理想。

第二讲
解密创业心理

激情创业梦想在挫折中开花

"做企业需要两种精神:诚信和坚持。"

——吴迪

引 子

一间办公室,包括了一个公司的整个运作。几个年轻人,怀抱着同样辉煌的年轻梦想。20出头的吴迪,是成都图瑞天缘广告营销有限公司的总经理。西装革履的他,其实是刚刚才走出象牙塔不到一年的大学毕业生。谈起创业经历,吴迪说,全都源于失败。

四年前,吴迪还是一名大二的学生。当时,热爱艺术的他个人投入两万元作为运作成本,和几个趣味相投的朋友一起合伙拍电影。电影拍成后,却没有通过审批,前期投入也就血本无归。为了梦想,不甘心的他和朋友们相约北上,准备与北京电影制片厂合作拍摄电视剧《挚爱搏击》。然而,600万元的投资未果,拍摄计划只得流产。对于接二连三的失败,吴迪却称,"这是一个让我飞速成长的时期"。2005年,吴迪和朋友们合资开办了影视文化传播公司,也就是现在公司的雏形。当时的公司只有5个人,没有办公场所,没有资本,因此公司转型开始为企业做策划。《星秀映画大典》、《长风猎豹》等将近8个活动的策划,让公司运作渐入佳境。此后,与四川电视台的合作,也让公司获得了极大的资源和机遇。公司走上了稳步发展的道路。对于未来,小伙子们都有自己的期盼。

"希望有属于我们的平台"、"希望我们能走向高端"、"希望发挥我们的优势,走出影视传媒新领域"……而总经理吴迪则有更大的梦想:"希望十年之后,公司能上市"。[①]

放飞创业理想,产生创业冲动,是一时的激情,如潮水般汹涌澎湃,又如潮水般瞬间退却?还是一生的追求,如海边的礁石,任凭风吹雨打?创业需要激情,创业同样需要执著,怎样使两者完美地结合,正是这一讲所要探索的问题。一万个成功的创业者会有一万条不同的成功

---

① 赵圆媛,张学文.大学生创业"找饭碗"不如"造饭碗".四川日报,2008-03-18(11).

之路，每个失败者也各有各的失败经历，但成功的创业者他们必定有一些共性的特征。如果我们掌握了这些规律，并按照这些规律去实践，将有助于我们早日取得事业的成功。

一、自信——创业的基石

自信是指一个人对自己的恰当、适度的信心。既然是适度，就不能过分，过分则为自大；也不能不及，不及则为自卑。自信不是自负，自信也不是自欺，自信是心理健康的重要标志之一，自信也是自身实力的重要标志之一。

(一)坚定地相信你自己

先相信你自己，然后别人才会相信你。

——屠格涅夫

自信的人胆大，自信的人英勇，自信的人坦诚，自信的人开朗，自信的人乐观，自信的人豁达，自信的人谦虚，自信的人热情，自信的人热爱生活，自信的人无所畏惧，自信的人快乐，自信的人容易接受自己的缺点，自信的人较客观，自信的人对自己较负责，自信的人较易控制自己的情绪，自信的人较易接受现实，自信的人更富同情心，自信的人更具爱的能力，自信的人人际关系更深刻，自信的人更民主。自信是人格的核心力量。

我们要到哪里寻找自信呢？自信是一种天赋，是一种与生俱来的自然力量，它与自我实现同属人性最伟大的潜能，只是在成长过程中不幸被一次次的失败侵蚀、被一次次的挫折所削弱了。高职学生曾经历了太多的失败，使自信蒙上了尘埃，我们要扫除落在它身上的尘埃，弥补它的缺损，它完全可以重放光芒。记住，自信是实现人生追求的基石。

一则寓言故事讲道：过去在同一座山上，有两块相同的石头，三年后发生了截然不同的变化，一块石头变成了佛像，受到很多人的敬仰和膜拜，而另一块石头却默默无闻。默默无闻的石头心里极不平衡地对另一块石头说道：老兄呀，曾经在三年前，我们同为一座山上的石头，今天产生这么大的差距，我的心里特别痛苦。变成佛像的石头答道：老兄，你还记得吗？曾经在三年前，来了一个雕刻家，你害怕割在身上一刀刀的痛，你告诉他只要把你简单雕刻一下就可以了。而我那时想象到未来变成佛像的模样，不在乎割在身上一刀刀的痛，所以产生了今天的不同。

两块石头的命运之所以不同，原因在于，一个是关注想要的，一个是关注惧怕的。同样的，过去的几年里，你和你周围的人也许是儿时的伙伴，或同在一所学校念书。几年后，发现儿时的伙伴、同学都变了，有的人变成了"佛像"石头，而有的人只是另一块石头。在选择命运的时候，我们每个人都应该问问自己：你期望自己怎样生活在这个世界上？未来成为一个什么样的人？你最想得到的是什么？假如有一辆没有方向盘的超级跑车，即使有最强劲的发动机，也一样不知会跑到哪里；同理，不管你希望拥有财富、事业、快乐，还是期望别的什么东西，都要明确它的方向在哪里？我为什么要得到它？我将以何种态度和行动去得到它？"人生教育之父"卡耐基说："我们不要看远方模糊的事情，要着手身边清晰的事物。"假设今天给你一次机会，让你选择五个你想要的事物，而且都能让你梦想成真，你第一个想要的是什么？假如只要你选择一个，你会做何选择呢？假如生命危在旦夕，你人生最大的遗憾，是什么事情没有去做或者尚未完成？假如给你一次重生的机会，你最想做的事情是什么？如果发现了你最想要的，就把它马上明确下来，并坚信自己的选择是对的，这就是你成功的力量。它会根植在你的思想意识里，深深烙印在脑海中，让潜意识帮助你达成所想要的一切。在这个世界上没有什么做不到的事情，只有想不到的事情，只要你能想到，并下定决心去做，你就一定能得到成功。

任何创业者在创业初期都经历了艰苦困苦，许多大公司都是由小公司发展而来的，而再大的公司，在商海中也面临着各种难以预测的风险，选择了创业也就选择了风险。为时一个月的 2008“东方讲坛 · 创业生涯”系列讲座青年专场暨现场咨询服务活动在奉贤区举行。最后一场讲座由上海创业投资管理有限公司总裁、上海市注册咨询专家陈爱国主讲，从中传递出大学生创业失败率高达 89％的信息。对于创业者而言，相信自己是最重要的。

郭凡生，1982 年毕业于中国人民大学工经系，获经济学学士学位。1992 年 10 月创建北京市慧聪公关信息资讯公司，任董事长、总经理。2003 年 12 月 17 日，慧聪国际资讯在香港成功上市。2004 年 5 月成立慧聪网。现为北京慧聪国际资讯有限公司总裁，最近常在讲课时提起电影《功夫熊猫》里做面条的阿宝，“每个人都相信，拥有神龙秘籍就天下无敌”。“有人问我创业成功的秘籍是什么，我说没有秘籍就是秘籍。阿宝赢了太郎，就是因为他参透了神龙秘籍的精髓——法宝就是信自己。”从创业时的 7 万元发展到上市公司，郭凡生先是把中关村各商家的电脑价格放在一起比较，每周编一本《慧聪商情广告》的小册子，而每刊登一条信息商家就要付给慧聪 100 元。初尝成功滋味后，慧聪将这种模式复制到了各个城市和各个行业。

像阿宝一样，在磕磕绊绊中不停自省，不断看到自己的心态短板和优势，从而让自己的内心逐渐强大，遂练成不败之身。如果你因为坚信“面条家族，血管中流着面汤”，就不会做功夫梦，那么你一辈子都会在卖面条。

(二)正确地认识你自己

坚定地相信你自己源于认识你自己。这一内容大概在这本书里要出现几次，从不同的角度、不同的阶段不断认识你自己，才能不断作出新的判断。世上之事，认识别人难，认识自己更难。一个人要认可自我、发展自我、完善自我，给自己找准在社会舞台上的定位，就要不断努力去认识自己。对于创业者而言，认识自己和正确定位显得尤为重要。在你为自己确定创业目标、选择创业方向时，更应认真思考：我有什么长处，我能干什么，我能开创什么事业？

然而，认识自己并非易事，人生是一本读不完的书，又是一本变幻无穷的书，值得你一辈子阅读，一辈子认识。正确认识自己有三条原则。

一是积极，不消极。任何事物总有黑白两面，任何人总有所长、有所短，认识你自己，应该积极地看待自己，而不是消极看待。积极看待自己，就能悦纳自我，使自己充满信心，成就事业；消极地看待自己，就会否定自我，使自己丧失信心，一事无成。“你的成功、健康、幸福、财富依靠你看不见的思考法宝。”“不要让你的心态使你成为一个失败者。成功是由那些抱有积极的心态的人所取得的，并由那些以积极的心态不懈努力的人所保持的。”①

有个叫丹普赛的孩子，他出生时四肢不全，只有半边右足和一只右臂的残端。但作为一个孩子，他盼望像别的孩子一样从事运动。他喜欢踢球。他的父母给他做了一只木制的假足，以便他能穿上特制的足球鞋。丹普赛一小时接着一小时，一天接着一天地用他的残脚练习踢球，努力在离球门愈来愈远的地方将球踢进去。他变得极负盛名了，成了新奥尔良圣哲队的球员。在一次比赛中，丹普赛用他的跛足在最后两秒钟、在离球门63码的地方破网时，球迷的欢呼声响遍全美国，这是职业足球队当时踢进的最远的球。圣哲队以19比17战胜了底特律雄狮队。雄狮队的教练施密特说：“我们是被一个奇迹打败的。”②

马云从小就是一个傻孩子。小时候爱打架，打了无数次的架，“没有一次为自己，全是为了朋友。”“义气，最讲义气”。打得缝过13针，挨过处分。被迫转学杭州八中。由于家庭出身不好，家庭压力大，父亲脾气火爆。马云在父亲的拳脚下长大，待不住家却特别爱交朋友。

他说：“我大愚若智，其实很笨，脑子这么小，只能一个一个想问题，你连提三个问题，我就消化不了。”从小，马云功课就不好，数学考过1分。只有英语特别好，原因竟然是：“爸爸骂我，我就用英语还口，他听不懂，挺过瘾，就学上了，越学越带劲。”从13岁起，马云就骑着自行车带着老外满杭州跑。

从小到大，马云不仅没有上过一流的大学，而且连小学、中学都是三四流的。初中考高中考了两次，数学31分。高考数学21分。高考失败，弱小的马云做起踩三轮车的工作。

直到有一天在金华火车站捡到一本书，路遥的《人生》，这本书改变了这个傻孩子：“我要上大学。”

1984年经历三次高考的马云终于辛苦考入杭州师范大学外语系——是专科分数，离本科差5分，但本科没招满人，马云幸运地上了本科。③

马云有一个长处，就是对自己的优势劣势看得非常清楚，无论在高考时还是在大学学习和创业过程中，总是把长处发挥得淋漓尽致，因此个子矮小，貌不惊人，也非名牌大学毕业的马云成就了他今天的非凡业绩。

具有积极心态的人，总是怀有崇高的目标，并不断地奋斗，以达到自己的目标。积极的心态就是你高贵的个性，它是你成功的法宝，你前进的动力，是你战胜挫折的有力武器。

二是客观，不自欺。客观是正确认识自己的重要条件。这不仅需要敢于解剖自己的勇气

① ［美］W. 克莱门特·斯通. 获取成功的精神因素. 深圳：海天出版社，2003.3.

② ［美］W. 克莱门特·斯通. 获取成功的精神因素. 深圳：海天出版社，2003.7.

③ 杨艾祥. 马云创造：颠覆传统的草根创业者传奇. 北京：中国发展出版社，2006.

和深刻反思自己的能力，还需要有正确的途径和方法。生活中许多人常常把想象当事实，沉溺于空想，不知道真实的自己。他们或者沉溺于理想化，追求完美主义，从而想入非非、好高骛远、眼高手低；或者夸大每一个缺点，夸大别人对自己的厌恶，造成自卑、猜疑、缩手缩脚。

要做到客观，可以通过别人来发现自己、认识自己，从别人对自己的评价中看到自己的形象，这样可以避免自我意志、自我认识的片面性。当然，他人的评价，有时并不真实，甚至会有歪曲的时候，对此要有足够的心理准备。科学的分析、宽容的对待，才能比较客观地检验出自己的能力和价值。歌德说："一个人怎样认识自己呢？不仅是通过思考，还要通过实践，尽力去履行你的职责，那你就会知道你的价值。"在实践中认识自己是另一条途径，实践的过程也是反映自己的一面镜子，实践是检验真理的标准，只有通过实践才能真正显示自己的实力和价值，才能充分挖掘自己的兴趣和志向。

实践的成功或失败，对于正确认识自己都很重要。成功了，你可以发现自己的潜力所在，可以开拓新的领域；失败了，分析原因，你可以找到自己的弱点，吸取教训，引以为戒。作为一个创业者，必须把创业的理想付诸创业的实践，在创业的过程中，切实把握自己的命运，找准自己的位置，一步一步走向成功。

三是独立，不依赖。正确地认识自己，要保持独立性，能超越外在无关因素。相反，认知常常受到无关因素干扰，产生"心理眩惑"现象。心理学家梅尔和伯克曾经做过一个"买马实验"。问题一：有一个人用 60 美元买了一匹马，以 70 美元卖了出去，然后，他又以 80 美元买回来，再以 90 美元卖出去，他一共赚了多少钱？问题二：有一个人用 60 美元买了一匹白马，以 70 美元卖了出去，然后，他用 80 美元买了一匹黑马，以 90 美元卖出去，他一共赚了多少钱？

实验结果表明，大学生对问题一的回答，正确率不到 40%，而对问题二的回答正确率 100%。其实这两个问题在运算上完全相同。

确实在生活中有许多因素影响你的判断力，对青年学生而言，从众心理，是一个较为突出的问题，自己缺乏主见，人云亦云，因此决策常常失误，经常后悔。大凡成功的创业者都有较强的独立性，对自己认准的事充满激情，充满执著。

（三）不断地激励你自己

人在顺利的时候容易自信，在失败的时候容易自卑。人需要不断地激励自我，自我激励就像阳光雨露。每个人都要有充分的理由相信自己能成功，并激励自己努力争取成功。

现代心理学、生物学、人类学的研究成果都证明人存在着巨大的潜能。甚至权威的说法是：正常人只运用了自身潜能的 2%～5%，随着科学的发展，人们对潜能的认识更深入，开发更广泛。

激励自我，应该相信我们每个都有与众不同的才华，之所以未能发觉，是因为我们未曾用心去开发。开采宝藏需要时间，需要耐心，也需要有正确的方法。不断学习，不断超越自我，去发现才华；充分运用潜在意识，督促自己，敢于挑战艰难困苦，去发现才华；不断汲取成功的经验，并加以融会贯通，踏上巨人的肩膀，去发现才华。

国内著名企业管理训练机构“影响力训练”创始人易发久先生在《成功一定有方法》一书中向大家推荐了决定一生成就的21个信念：

①我是最棒的，我一定会成功；②我是一切的根源；③我是我认为的我；④成功之因为态度；⑤过去不等于未来；⑥人，因梦想而伟大；⑦不是不可能，只是暂时没有找到方法；⑧成功一定有方法；⑨成功者找方法，失败者找借口；⑩命运在自己的手里，而不是在别人的嘴里；⑪天助自助者；⑫你越努力，你的运气就会越好；⑬我要，我就能；⑭决心决定成功；⑮山不过来，我就过去；⑯每天进步一点；⑰没有失败，只是暂时没有成功；⑱只要不服输，失败就不会是定局；⑲坚持到底，永不放弃；⑳人人都能成功；㉑立即行动。

创业意味着困难，马云在创业成功后说：“讲心里话我反对大学生创业，大学生的创业就是把书读好，因为创业里面有好多好多倒霉的事情……我觉得创业是很难的，是一辈子的事情，大学里面不要创业。”但是无数人渴望马云能说出成功的秘诀，马云的答案是：永不放弃，没有放弃。事实上，如果困难可以成为放弃的理由，马云在创立阿里巴巴的过程有千万个放弃的理由。正是凭借这种永不放弃的精神，他挺立着，并最终把阿里巴巴带向了成功。

马云太普通了，他没有上过名牌大学，他不懂电脑，不懂网络，对软件、硬件一窍不通；创办公司的时候甚至只能把家当办公室，那时最多的时候曾经坐了35个人……

马云和所有草根的创业者一样：永远都只能依靠自己。①

(四)努力地战胜你自己

自卑是人生最大的障碍，每个人都必须成功跨越才能到达人生的巅峰。自卑常常在不经意间闯进我们的内心世界，控制着我们的生活，在我们有所决定、有所取舍的时候，向我们勒索着勇气与胆略；当我们碰到困难的时候，自卑会站在我们的背后大声地吓唬我们；当我们要大踏步向前迈进的时候，自卑会拉住我们的衣袖，叫我们小心地雷。一次偶然的挫败就会令你垂头丧气，一蹶不振，将自己的一切否定；你会觉得自己一无是处，窝囊至极，你会掉进自责自罪的旋涡。

有这么一个故事：心理学家从一班大学生中挑出一个最愚笨、最不招人喜爱的姑娘，并要求她的同学们改变以往对她的看法。在一个风和日丽的日子里，大家都争先恐后地照顾这位姑娘，向她献殷勤，送她回家，大家以假当真地打心里认定她是位漂亮聪慧的姑娘。结果怎样呢？不到一年，这位姑娘出落得很漂亮，连她的举止也跟以前判若两人。她自豪地对人们说：她获得了新生。确实，她并没有变成另一个人，然而在她的身上却展现出每一个人都蕴藏的美，这种美只有在我们充分相信自己的时候才会展现出来。

由此可见，克服自卑的力量惊人，它能改变恶劣的现状，达到令人难以相信的圆满结局。充满自信的人永远击不倒，他们是人生的胜利者。

由于种种原因，读高职也许是一种无奈的选择，自卑会从你心底里萌生；也有人表现为“自尊心”很强，很要“面子”，但内心却胆小怕事，做事缺乏信心。这种自卑型人格是创业的极

① 赵圆媛，张学文．大学生创业“找饭碗”不如“造饭碗”．四川日报 2008-03-18(11)．

大障碍。学习成绩只能反映人的一个方面,而不代表你的全部。正确认识自我,发现与发挥自己的潜能,勇敢地跨越自卑,才能让丑小鸭变成白天鹅。

高等职业教育,经过近几年的快速发展,已得到社会的普遍认可。高职毕业生在生产、服务、管理一线辛勤工作,健康成长,已受到企业的普遍欢迎。在高职毕业生中涌现一大批优秀人才,不少高职毕业生勇敢地走上创业的道路,主宰自己的命运,成就精彩的人生。

二、需求、动机——创业的源泉

人的一生有各种需求,不同的人、不同社会和不同历史时期的人也有不同的需求。人的一切行动首先是为了满足一定的需求。人类如果没有需求,不仅一切行动都将毫无意义,而且各种活动,尤其是具有强烈竞争意识的创业活动,都将失去最基本的驱动力。

(一)需求是一种积极进取的心理动力

美国著名的人本主义心理学家马斯洛认为:人类的需求分为五大层次,如图 2-1 所示。

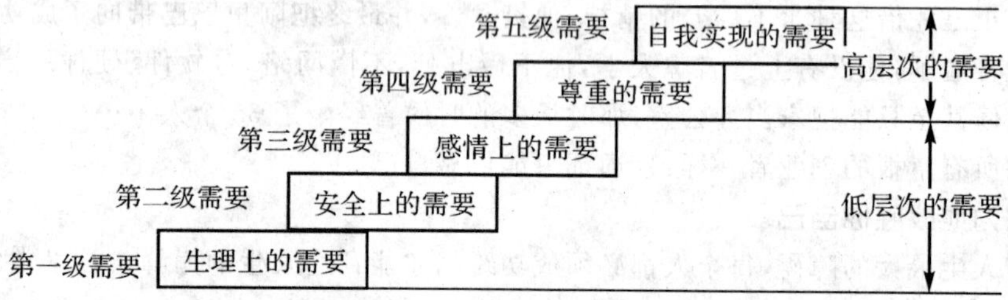

图 2-1 马斯洛的需要层次理论

这五个层次需求,构成了一个个阶梯,人生就如同攀登,需要从下往上,一步一个脚印。当实现了低一级的需求后,追求高一级的需求就成为继续前进的动力。自我实现的需求是人最高层次的需求。

美国人约翰·富勒家中有 7 个兄弟姐妹,他从 5 岁开始工作,9 岁时会赶骡子。他有一位了不起的母亲,她经常和儿子谈到自己的梦想:"我们不应该这么穷,不要说贫穷是上帝的旨意,我们很穷,但不能怨天尤人,那是因为你爸爸从未有过改变贫穷的欲望,家中每一个人都胸无大志。"这些话深植于富勒的心,他一心想跻身于富人之列,开始努力追求财富。12 年后,富勒接手一家被拍卖的公司,并且还陆续收购了 7 家公司。他谈及成功的秘诀时,还是用多年前母亲的话回答:"我们很穷,但不能怨天尤人,那是因为爸爸从未有过改变贫穷的欲望,家中每一个人都胸无大志。"富勒在多次受邀演讲中说道:"虽然我不能成为富人的后代,但我可以成为富人的祖先。"

你是否有改变自己的强烈欲望?你是否有做富人祖先的雄心大志?富勒的话让人们产生了强烈的共鸣和震撼,鼓舞我们的每一根神经。我们必须把创业的理想化作内心的需求。

(二)动机是一种实施目标的内动力

动机是在需求的基础上形成和发展的。动机也称内驱力,是直接推动人们实现一定目标的内部动力,是激励人们行动的主观因素和推动人们产生行为的直接原因,其表现为愿望、信念、理想等。动机是由需求所激发的。当需求的对象、目标存在时,需求就转化为动机,推动人产生行为,去达到目标(如图 2-2)。创业活动是创业者全身心都投入的活动,源于创业需求的创业动机,则是一股心理动力,使创业者进入一种十分关注、十分投入的动机状态之中,这对创业活动的深入具有十分积极的作用。

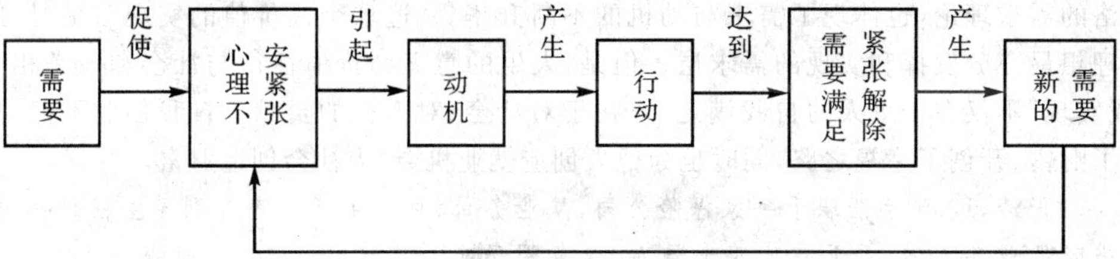

图 2-2　创业行为的产生过程

财富的含义对每个人都是一样的,但创业的动机往往不尽相同。创业路上也各有各的故事。

▶逼上梁山型。从 20 世纪 70 年代末一直到 20 世纪 80 年代后半期,在长达 10 年的时间内完成创业的中国富豪大多属于这种类型。典型人物:华达国际投资集团董事局主席李晓华。

李晓华出身贫寒,一家 6 口挤住一间 7 平方米没有窗户的住房。李只有初中文化程度,后下放北大荒,返城后在外贸部出口大楼食堂做过炊事员,曾因贩卖电子表被劳动教养 3 年,被单位除名。在走投无路之际,为养家糊口开始做小生意,成为中国第一批个体户。李晓华真正暴发是在日本,成为章光 101 毛发再生精在日本的总代理。李以拥有中国内地第一辆法拉利跑车闻名,时间为 1993 年。①

▶奋发图强型。典型人物:重庆小天鹅集团董事长廖长光。

廖长光家境普通,曾下过 8 年乡,回城后在重庆城建局当电工,娶何氏七妹何永智。何非常美丽,当时在一家鞋厂当设计师,并擅长服装设计。何氏 7 姊妹,6 个嫁得如意郎君,只有廖身份"低微",而何永智为 7 姊妹中最靓丽者,廖因此备受众人挤对。廖发誓创业,以出人头地。他辞职下海,以出卖住房所得 3000 元为本金,租得 16 平方米小店面一间,开始经营火锅。初时生意颇为不顺,不赚反亏。在妻子的理解与帮助下,廖坚持不懈地进行创新,数月后开发出迥异于传统重庆麻辣味火锅的荔枝味火锅,开始扭亏为盈。后又开发出风靡大江南北的重庆鸳鸯火锅店,事业开始蒸蒸日上。②

①②③ 钱江晚报.2003-8-27.15.

▶知识富裕型。典型人物:丁磊。

毕业于成都电子科技大学的丁磊,自认为自己并不比周围的人更聪明。他的幸运在于他敏锐地感觉到了 Internet 的商机,“网易”由此诞生。2000 年 6 月 19 日,网易成功登陆纳斯达克,丁磊 20 多岁即积累了亿万家产。③

(三)需求与动机是创业的源泉

“改善生活”等物质要求是许多创业者尤其是民营企业家的最初需求与动机,但当企业发展到一定的规模时,精神因素超过物质驱动,逐渐转移到“追求个人价值的实现”。这体现了马斯洛的需求理论,也体现了需求与动机的不断升华。“追求个人价值的实现”,是对自己才能和理想最充分发挥和实现的需求层。但是,人生的意义和价值往往与社会和人类相关联,“自我实现”不仅在于个人的自我满足,还在于对社会、对人类的贡献。自我创业不但为自己赢得了财富、开创了幸福之路,同时也为他人创造就业机会、为社会创造财富。

张涛,1996 年任职于一家保险公司,从业务员、见习主任一直升到了主任。据说当时的业务不错,手下有三四十号人,业务圈子也是蛮大的。为此,他赚下了“第一桶金”——按揭买了百来平米的房子。可四年后,他选择了离开,因为已不满足于保险公司的那桶“金”了。他想到了成家立业,但出身于普通工人家庭,父母都 60 多岁了,他和哥哥结婚的费用全得哥俩自己赚。

他的第二桶金是在电脑市场获得的。2000 年他投下三四万元钱,专卖电脑产品,女朋友管摊位,他自己则跑运输、采购、充当技术员组装电脑和进行维修。原来在保险公司工作时积累的成功经验——嘴勤、脚勤,在进货、推销时大有用武之地,而孩提时代的动手“天赋”使他成了组装与维修的能手。

2001 年,张涛又发现了新的商机——做塑料包装袋。他将电脑摊位以 8000 元一年的价格出租,而后投入资金 5 万元,请了 4 名工人,加上他和妻子,六七个人撑起了一家名为“宁波市永旺塑料包装用品厂”的小厂子,开始掘第三桶金。到 2003 年,张涛厂子的工人增至 11 人,生意忙忙碌碌。同别人几百万上千万的大厂子相比,张涛的厂是“小不点”,可张涛说虾有虾路,蟹有蟹路,只要摸准市场,“小虾米”也有活路。①

显然,这第三桶金已不仅是为满足自己的生活需求了。

由清华大学中国创业研究中心完成的 2007 年中国创业观察报告于 2008 年 7 月 16 日发布,这也是该中心继 2002 年参加全球创业项目以来完成的第五份观察报告。2007 年报告的主题是创业转型和就业效应。2002 年,中国的创业类型结构是生存型创业占 60%,机会型创业占 40%。弹指一挥间,这组数字在 2007 年分别为生存型创业占 39.6%,机会型创业占 60.4%。这种转变被观察报告解读为“标志着中国创业活动在向机会型创业发展,而且这样的转变基本得到确立”。为什么会发生这样大的变化呢?报告给出了四个影响因素。

---

① 宁波晚报.2003-5-31(15).

与其他国家相比，中国政策制定者知道高成长性创业活动的重要性和把潜在高成长性作为选择创业支持对象的标准。与此同时，我国对知识产权保护的重视程度在不断改善。此外，女性创业者的机会型创业增加，企业对创新给予了更多的重视也对创业类型结构的变化有一定影响。

观察报告称，每增加一个机会型创业者，当年带动的就业数量平均为 2.77 人，未来 5 年带动的就业数量为 5.99 人。

另一个值得关注的趋势是，从过去六年来看，受过高等教育以下的人员是参与创业主体的性质没有改变，但是，受到大学及以上教育的参与创业的主体的人数在持续增加中，报告认为"中国的创业活动近年正在经历着参与人员素质不断提高下的逐步活跃，这是一种有质量的创业发展趋势，预示着对未来的创业有更多的期待"。

进入 21 世纪，独生子女逐渐成为大学生的主体，与父辈们生存型创业相比，当代大学生创业更多转向机遇型，也有一部分学生面临从父辈手中接班创业的重任。

全国高等学校学生信息咨询与就业指导中心曹殊研究员指出，2007 年完成的对全国近万名大学生的调查，大学生中有强烈创业意愿的占 25.93%，有创业意愿的占 53.02%，两者共计占 78.95%。根本不想创业的占 7.61%。在"应当在什么时候进行创业"的问题上，大学生选择工作一段时间后的占 52.8%，选择只要有创业意愿随时可以创业的占 23.8%，选择毕业时创业的占 13.0%，选择在校期间创业的占 10.0%。

数据表明，大多数大学生有创业的意愿，对创业持支持态度并在创业时间的选择上是非常理性的。选择毕业时和在校创业的共计 23%，他们如果能够成为现实的创业者，这样的比例就与美国等世界发达国家的大学生创业的比例基本一致。而美国等发达国家经济的活力正是大学生创业的结果。例如，美国 95%的财富是由创业的一代在 1980 年以后创造的，创业是美国经济增长的秘密武器。

可以说：呼唤和提倡大学毕业生创业，是大学毕业生的主观需要，也是我国社会发展的客观需要。同时，必须看到：提倡开展创业教育是基于大学生需要完善自我，都应当具有开创自己事业的能力。①

三、意志——创业的保证

创业意味着探索、意味着风险，也就必然会伴随着挫折和失败。每一个立志创业的青年学生，要想在事业上取得一番成就，都应该在创业前做好经受挫折与磨难的准备，只有那些不畏失败、不惧挫折，能够战胜困难和锤炼意志的人，才能有所作为、成就事业。

（一）意志——披荆斩棘的利剑

意志，就是自觉确定目的，并根据目的来支配、调节自己的行动，克服困难，从而实现目的的心理过程。人们为了实现某种预想的目的，根据自己对客观现实的认识，能动地、坚决地克

① 曹殊. 如何点燃大学生创业之火. 中国教育报，2007-12-12(8).

服困难，去变革客观实在的活动叫做意志活动。在意志行动过程中，个人形成的意志特点，就是一个人的意志品质。意志对创业行为具有推动和阻碍两方面作用，前者使创业者善于明辨是非，当机立断，克制自己的情绪和冲动，表现出应有的忍耐性，以迫使自己排除干扰，坚持执行决定，表现出相当的坚定性，推动创业者做出达到预定目的的积极行为；后者是使创业者做出优柔寡断、患得患失、踌躇不前、情绪低落等不符合预定目的或不利于实现预定目的的行为。

著名的发明家杜马斯·阿尔瓦·爱迪生说过："我的成功乃是从一路失败中取得的。"爱迪生发明电灯丝的时候，尝试了将近1000次，但每次都是以失败而告终，许多人都劝爱迪生放弃，因为失败了那么多次，肯定这件事是无法成功的。爱迪生却不这样看问题，他说："每一次失败都向我证明了这样去做是不对的，但总会有一次能发现正确的方法。"

"失败乃成功之母"，这是一句著名的中国成语，深刻道出了成功的秘密所在。创业的道路充满荆棘，充满坎坷，创业者必须要锤炼坚忍不拔的意志，在面临一次又一次失败的打击时，凭顽强的意志去承受失败的打击，绝不丧失前进的信心和勇气，在认真总结经验教训的基础上，再一次奋勇而起。

著名的联想集团总裁柳传志的传奇经历也充分证明了这一点。联想初创时非常小，走的是科工贸结合的道路，靠做代理、推销别人的产品运作。在公司创业的阶段里，由于对市场运作一无所知，因此总是走错路，办错事，遭受失败。但柳传志毫不气馁，不畏惧失败，反而从失败中学习到许多平时所学不到的真正有用的东西。因而他们逐步摸索出了一套成功的经验，在经历了大风大浪之后，联想集团由一只小帆船变成了一艘航空母舰。

创业者如何在成功面前保持清醒的头脑，如何坚定不移地进行公司内部制度的建设，更是欲成大业的创业者要重点考虑的问题。中国著名企业北大方正集团在这方面就有深刻的教训，值得每一位创业者去领会。

> 北大方正集团是以高科技起家的，产品的高科技含量很高。企业刚创业时，产品一问世就引起极大轰动，市场上供不应求。因而方正没有遭受一般创业者所面临的失败，一帆风顺地迅速成长，丰厚的利润滚滚而来。但在辉煌的表面下，掩盖的是方正集团管理的缺陷。公司的领导人，大部分员工都是搞科研出身，对市场的了解十分肤浅，只是由于创造了迎合市场的产品，才使方正前些年非常红火。但最近却出现了利润大幅度滑坡的现象，集团内部权责不清、人浮于事的弊端也逐步显露出来，公司的发展速度明显缓慢。北大方正集团的高层领导回首往事才发现，公司在面对成功时，没有坚定不移地在公司内部进行科学的管理机制的建设。尽管公司赢利状况一度良好，但公司的隐患却一直没有清除。因而北大方正高层领导人决定请李汉生来做方正总裁，大刀阔斧地进行公司内部改革。

创业者无论是在失败时还是在成功时，都要以顽强的毅力去建设公司的健康架构，不要被失败吓倒，也不要被成功冲昏头脑。

(二)宝剑锋从磨砺出

坚强的意志并非先天生成，强者与弱者亦非命定。意志是在实践中逐渐形成与发展的，是需要培植与磨炼的。

1. 控制情绪

每个人的生活和工作都会面临一些困难、挫折，甚至是不幸，如落榜、失恋、求职不成、意见分歧、被人误解、工作困难、家庭不幸、待遇偏低、疾病事故等等。在这些难题的困扰和压力之下，许多人往往烦恼不已，焦虑不安，悲观失望，灰心丧气，严重的还会精神崩溃，自绝于世。这些人之所以不能选择控制自己的情感，而被不良情感所支配影响，最重要的原因就是人们常说的"想不开"。他们总是想：我没有做任何伤天害理的事，为什么会这么倒霉呢？

人们常常这样，一旦遇到挫折和不幸就容易眼界狭窄，思维封闭，眼睛只是死死盯在自己遇到的困难、挫折、失败和不幸上，结果把困境和不幸看得越来越严重，以致被抑郁、烦恼、悲哀或愤怒的不良情绪压得抬不起头来。其实，这是含有严重的歪曲成分和夸大程度的消极意识与心理错觉。其实你经营不慎，亏损了近万块钱，你就再也没有经营成功、发财致富的能力和机会了吗？难道你自身的巨大潜能也都亏损了吗？其实你在某次技能比赛中没有取得好成绩，并不等于你没有学识和才能。现实生活中，有人会因为失败而跳楼，也有人会因为战胜失败而成就一番更大的事业；有人会因为对手强大而畏惧，也有人会因为挑战巨人而站到巨人的肩膀上；有人会因为产品卖不出去而抱怨产品、抱怨公司、抱怨顾客，也有人会因为产品卖不出去而开发新产品与新服务。总之，我们既不会万事如意，也不会一无所有；既不会完美无缺，也不会一无是处。如果你能随时随地看到和想到自己生活中的光明一面和美好之处，同时意识到别人遇到的难题和困境甚至可能比自己的更严重，那你就能做到很好地控制自己的情感，保持心理平衡，从某种烦恼和痛苦中解脱出来，会照样或是更加自信而愉快地生活，并且有可能获得新生。

2. 把失败看做是一条新路

许多已经成功的创业者并不是因为具有超常的智能，他们大多都是历经坎坷，命运多舛，是在不幸的境遇中奋起前行的人。对于这些成功青年来说，处境的艰难、失败的打击也会相应地给他们带来忧虑、困扰、苦恼和烦躁不安的情绪，但他们与普通青年的区别就在于，他们把失败看成是一条新路，把挫折当做一种机会，变压力为动力，从荆棘中开新路。

> 19世纪末，美国康乃尔大学做过一次有趣的试验。他们把一只青蛙突然丢进煮沸的油锅里，这只青蛙在千钧一发的生死关头突然用尽全力，一下子跃出那势必使它丧生的滚烫的油锅，逃到锅外的地面，安然逃生。
>
> 半小时后，他们使用同样的锅，在锅里放入4/5的冷水，然后把那只死里逃生的青蛙放到锅里，接着他们悄悄在锅底下用炭火慢慢加热。青蛙悠闲地在水中享受"温暖"，等到它感觉热度已经承受不住，必须奋力逃命时，却欲跃乏力，全身瘫痪，终于葬身在热锅里。

这个试验提示了一个残酷无情的事实：当一个人面临着生活的挫折和困难时，往往能发挥自己意想不到的潜能，杀出重围，开辟出一条活路来；然而在一个人耽于安逸、贪图享乐或志得意满、维持功名的时候，却常常阴沟里翻船，弄得一败涂地。

在这个意义上，失败和挫折不是反而成了一笔财富了吗？许多成功青年的经历也表明：在很多时候，挫折也是一种机会，只要善加利用，定能取得辉煌的成果。

贝弗里奇曾经说过：人们最出色的工作往往是在处于逆境的情况下做出的。思想上的压力，甚至肉体上的痛苦都可能成为精神上的兴奋剂。很多杰出的伟人都曾遭受心理上的打击及形形色色的困难。人生的哲学是这样：你失败了一次，它便告诉你这个地方你走错了，不要再重蹈覆辙，你应该换一条路走，当你换过多次后，总会找到适合自己走的那条路，那时你就会发现，成功的坦途已经铺到你的面前了。

四、塑造个性——创业的策略

这是一个呼唤个性化的时代。

其实，我们每个人都有自己独特的个性，换句话说，每个人的心理特征不同，看问题、处理事情的风格、方式也不同。有的人细心却是个慢性子，有的人风风火火，想到什么非要马上完成不可；有的人沉稳持重，有的人爱激动，点火就着；有的人热情爽朗，有的人谨慎多疑……

金无足赤，人无完人。一个人在某些方面有所不足，其他方面必有过人之处，说不定那就是你制胜的法宝。个性无所谓好坏，关键是看是否放对了地方。很少有人想到，气质和性格在我们的创业中也起到了相当大的作用。在创业过程中，我们应该尽可能地充分考虑到自己的个性特征与创业要求是否相适应，这样将来创业时才能体会到更多的快乐和轻松。

（一）气质

这里说的气质是指人的个性心理特征，它跟我们平时说的"这个女孩真有气质"不是一回事。作为心理活动特征的气质，是指在人的认识、情感、言语、行动中，心理活动发生时力量的强弱、变化的快慢和均衡程度等稳定的动力特征。主要表现在情绪体验的快慢、强弱，表现的显隐以及动作的灵敏或迟钝方面。了解气质，是为了最大限度地发挥正面效应，抑制负面效应，完善自我，超越自我。

心理学一般把气质分为多血质、胆汁质、黏液质和抑郁质四种类型，它们各有其特殊的心理特征（如表 2-1）。

有一个流传很久的小故事，形象地描述了四种气质类型人物的特点。

一座戏院正要上演一出好戏，刚巧在开场的一刻，来了四位先生。第一位急匆匆奔到门口，就要进去。看门的人拦住他说："已经开演了，根据剧院规定，开场后不得入内，以免妨碍其他观众。"这位先生一听，立刻火冒三丈，与看门人争吵起来……正当他们吵得不可开交的时候，走来了第二位先生，看见看门人吵得门也顾不上看了，灵机一动，立刻侧身溜了进去。第三位先生走到门口，见状，不慌不忙，转回门外的报摊上，买了张晚报，坐在台阶上读起报来，他心中自有算盘："看戏是休闲，看报也是休闲，看不了戏，看看报也不错。"倒也自得其乐。等到第四位先生走到门口时，见看戏无望，深深叹了口气，掉转头去，自言自语道："嗨！我这人真倒霉，连看场戏都看不成……"他越想越难受，干脆坐在门口叹息起来。

第一位先生是胆汁质，又称不可遏止型。这种气质类型的特点是兴奋而热烈，精力充沛，能经得住强刺激；行为果断，有魄力；善于主动与人交往，乐群性高；直率急躁，情绪难以控制；思维、语言、动作反应快，但不灵活，不准确。性情粗犷，宽宏大量。

第二位先生是多血质，又称活泼型。这种气质类型的特点是：活泼好动；善于交往，容易适应新环境；容易接受新事物，兴趣易转移；情绪发生快，但体验不深刻。思维敏捷，随机应变，热情奔放。

表 2-1 气质的不同类型

气质类型	正面效应	负面效应
胆汁质	① 精力旺盛，工作主动性强，能以极大的热情全身心地投入到所从事的事业中去。 ② 热情直率，容易和周围的人发生联系，利于在领导活动和工作中接近群众，联系群众，易于被人接纳。 ③ 思维敏捷，反应迅速，行动快，有很强的决断力，办事果断利落，工作效率较高。	① 脾气暴躁，火气旺盛，自制力差，不利于各种人际关系的处理，容易得罪人。 ② 缺乏耐性，容易急躁，粗枝大叶，不但自身不善于坚持，而且也不关心率领所属的群体进行艰苦而持久的工作，办事不容易深入细致。
多血质	① 思维活跃，反应迅速，易于接受新事物，利于在领导活动中进行工作上的创新。 ② 灵活性、适应性强，具有极强的应变能力，有比较突出的领导机智，对各种重压、突发的情况都能适应。 ③ 富有同情心，善于社交，能够在领导活动中处理好上下左右各种人际关系。	① 情绪不稳定，容易变化，不善于持续时间长的工作，喜欢见异思迁，不利于艰苦工作的完成。 ② 决策时比较轻率，缺乏对问题和决策的深思熟虑。
黏液质	① 沉着、冷静，在处理问题及决策的过程中比较稳妥、不浮躁。 ② 坚韧、专注而稳定，有实干的精神，工作认真忠实，具有顽强性，利于率领所属的集体在困境中打持久战。 ③ 情绪含蓄、不外露，在交际中比较适度，善于忍耐及自制，对他人能施以良好的心理影响。	① 缺乏灵活性，不容易接受新事物，比较保守，在复杂多变及竞争的社会环境中，不利于实行多变的领导和进行创造性的工作。
抑郁质	① 因敏感而具有强烈的感受力，对事物观察仔细入微，善于捕捉细节。 ② 思维细密深入，直觉性强，对问题有很深刻的分析能力。 ③ 预见性强，布置工作细致。	① 行为孤僻，不善于交际。 ② 感情脆弱，不适应大起大落。 ③ 优柔寡断，多忧多虑，在风险紧急关头不能当机立断。

第三位先生是黏液质，又称安静型。这种气质类型的特点是：安静稳重，交往适度；善于忍耐，能克制自己；注意力稳定不易转移；情绪发生慢而微弱，不易外露；思维、动作反应慢而且不灵活。

第四位先生是抑郁质，又称脆弱型。这种气质类型的特点是：羞涩好静但孤立；情绪发生慢不外露，体验特别深，即使是微不足道的小事也容易引起情绪波动；动作反应慢但准确；注意自己的内心世界，有内秀。

在现实生活中，不是所有的人都可按照四种典型气质类型来划分，多数人是介于各类型之间的中间类型，即混合型气质。

(二)性格

每个人都有自己独特的性格，世界上没有性格完全相同的两个人，人和人之间存在着相当大的性格差异。有的人刚强；有的人柔弱；有的人怯懦；有的人暴躁；有的人温和；有的人豪放不羁；有的人谨小慎微……多种多样的性格塑造了多种多样的人生。

性格对一个人的成功至关重要，在某种意义上我们完全可以说"性格决定命运"。对创业者成功素质的调查告诉我们，创业者要想将来成就一番事业，就必须了解自己的性格特点，然后根据这些特点决定自己将要从事的行业。

性格有广义和狭义之分。广义是指人与其他人不同的心理特征，我们这里指的是狭义的性格，即人对现实的态度和行为方式中比较稳定的心理特征的总和。有些人把自己在职业生涯发展中的不如意归因于性格不好，这是不足取的。要知道，性格没有好坏之分，不同的性格特征有各自的优势，又有各自的不足。

一般来说，外向型性格容易沟通、好交际、坦率随和，因而适合与外界广泛接触的职业，内向型性格由于其缄默自恃的特征，更适于从事有计划的、稳定的、不需要与他人过多交往的职业。

(三)现代人的个性特征

英国著名学者格尔曾指出："一个国家，只有当它的人民是现代人，它的国民从心理和行为上都转变为现代的人格，它的现代政治、经济和文化管理机构中的工作人员都获得了某种与现代化发展相适应的现代性，这样的国家才可真正称之为现代化国家。"中国的现代化呼唤着现代人的个性，塑造着现代人的个性。与现代化建设相适应的现代人的个性必须具备以下主要特征。

1. 独立

著名的心理学家马斯洛认为，"有创造性的人是属于自我实现的人"。一个能够实现自我的人就具有极强的独立性，他会时时思考："我是谁？我能做什么？我的价值是什么，怎样去实现我的价值？"他敢于展现自我，实现自己的想法。和独立性相对的是具有依附性的人。这些人没有主宰自己命运的勇气，也缺乏自控能力，一切都依靠别人，依靠别人去做决策，跟从别人的命运。现代社会是一个高淘汰率、高选择率的时代，每个社会成员都要依靠自己的力量去奋斗、去进取。为此，独立的个性显得尤为重要。所谓"独立"，其中心含义即"不依靠别人”，自己能想的就不让别人代想，自己能干的也不让别人代劳。通过自己的思考和选择决定自己的发展道路，通过自己的追求和奋斗实现自己的人生价值。

2. 乐观

乐观不仅是我们所应有的生活态度，也是一个心理健康的现代人所必备的个性品质。正如著名伦理学家 R. W. 爱默生所说：“心理健全的尺度是到处都能看到光明的秉性。”在困难和挫折面前，乐观者不会“一叶障目”，被眼前的困境所吓倒，而是能透过表面的不利，看到本质的希望；透过眼前的黑暗，看到未来的曙光。乐观的人总是会注意到事物光明的一面，他们比悲观者更有成就，更能感受到生活的美好和幸福。美国作家亨利 · 戴维 · 梭罗曾说：“如果你觉得岁月美好，欢愉地迎接未来；如果生活散发出花草般的芳馨，闪烁着光彩，令你难忘——那便是你的成功。”可见，乐观的个性对于我们的人生有多么重要。

3. 理智

即沉着冷静，面对现实。现代生活常常是一个矛盾复杂的多面体：光明与阴暗相映，顺境与逆境相交，成功与失败相随，欢乐与痛苦相伴。在这样错综复杂的现实生活面前，我们每个人都必须具有清醒理智的头脑，具有全面、深入地认识环境和分析矛盾的能力。在充满机遇、充满利益，同时也充满诱惑、充满挑战的现代生活中，每个大学生都必须学会理性地把握自己，冷静地认识社会，明确奋斗目标，努力实现自己的人生理想。

4. 乐群

作为一个现代人，一个健康的、可以在激烈竞争中战胜困难的现代人，必须具有开朗乐群的个性。因为我们周围的世界越来越活跃、越来越开放，在这样的社会里，新事物犹如汹涌的浪潮不断向我们涌来，不允许我们停留在原地哀叹，也不允许我们把自己封闭起来孤芳自赏。开放的社会需要开放的社交，需要人与人之间保持新型的合作关系。如果一个人不能很好地协调各方面的关系，不能融入到周围的人群中去，就有可能是一个失败者。因此，开朗、乐群的个性对现代人来说显得至关重要。

5. 适应

适应能力是我们走向生活的极其重要的基本能力。它不仅表现为对环境变化的适应性，而且表现为主动把握机遇，积极创造机会的能动性。在机遇与竞争并存的市场经济条件下，创业者既是市场需求变化冲击的承受者，又是市场经济的直接推动者。因此，作为一名高职学生，要积极投入到市场经济中，在广泛的人际交往和社会实践中，不断获取信息，寻找机会，一旦找准目标，便通过艰苦卓绝的努力，去实现自己的愿望。

性格和气质有先天遗传的因素，有人热情奔放、有人机智灵活、有人沉着冷静、有人敏感细腻……丰富多彩的性格气质构成了丰富多彩的世界，成就了丰富多彩的人才，演绎了丰富多彩的人生，不同的性格和气质各有优劣，了解自己的性格与气质，主要为了明白自己的长处和短处，在自身的发展过程中扬长避短，选择适合自己创业的道路；性格和气质更多在于后天的修炼与塑造，在自己的学习和生活中明确修炼与塑造的目标，并为之不断努力，相信自己会越来越完美。

杨艾祥在《把自己做成品牌》中仔细论证过人在自我发展的问题上应该"弥补自己的短处",还是"最大限度地发挥自己的长处"。结论是在有限的条件下,"最大限度地发挥自己的长处"是成功的保证。因为科学发展,在每个人的大脑区,都有一个最佳潜能区,发扬这个区,最容易取得成功。

思考与练习

最明智的职业选择既依赖于一个人对职业的认识,也依赖于他对自身的认识。对职业的认识是可以通过向有关方面的专家咨询得到的,而对自身的认识则相对是一个比较困难的过程。这里仅向你推荐职业倾向测验,为你的创业提供参考。

测验链接选择

1. 附录1:测验一　职业适应性测验

2. http://www.kids-abc.com/test"职业素质测试——职业适应性测试"

第三讲
做好创业准备

引 子

用四年时间准备创业　刘红龙大学毕业即创办“帝龙影视的传媒中心”

我发现打工很辛苦,很多事情不能按照自己的想法去做,根本无从发挥自己的长处。我来自农村,从小就很自立,假期经常去校外做各种兼职或去工厂打工,我想自己做老板,可能会很累、很辛苦,但至少有更多主动权和自己发挥的空间。所以我很早就想自主创业,2007年7月份一毕业,我就领取工商牌照,开起了一间叫帝龙影视的传媒中心。

大一的时候,我是学校学生会宣传干事,然后自费花了600多元买了一部二手的录像机帮学校拍摄活动场面,意外获得一些人工费用后,然后就对拍摄产生了很大兴趣。后来我发现,拍录影的时候在拍摄构图上和学的服装设计专业在艺术方面是相通的,之后我又接触了学校电教中心的老师,通过拍摄教学录像进一步掌握了一些技巧。

大二的时候,我在校内组织了民族乐团这个社团,通过商演认识了不少商家,就开始有了创业的冲动;大三第一学期,在不断承拍一些学校活动的同时,然后开始接触社会上的同行,发现江门的广告公司绝大多数是做平面的,企业宣传之类的电视广告都是电视台这样有实力的机构才能接单,这个行业缺乏更多的专业公司加入竞争,就在这一年,我系统地学习摄影摄像技术,课余时间收集相关信息,上专业网站学习讨教;到了大四,时间开始充裕了,就找了几位志同道合的同学入股购买了必需的设备,通过已经毕业的师兄师姐介绍,接下了一些工厂的宣传拍摄工作.就是这样我才确立了我要做,因为我发现我能做。

可以这样说吧。我熟悉了这个行业的所有,我才能在毕业的时候就很快上手开起这个公司。

目前我们大学生中这样创业成功的几率并不是很大,选择走创业这条路一定要慎重,不能盲目,要充分考虑投资风险、项目可行性、发展方向、市场潜力、具体操作计划以及资金来源等很多方面。

我所谓的成功,是因在大学低年级就有创业的想法,并一直为之努力准备,取得一定的经验后，在将要毕业时进一步自我完善，并把它商业化，进行更多更大的投资，这样成功的几率会相对高一些。而那些师弟师妹开始时没有创业想法的，毕业前无法面对就业压力或找不到令自己满意的工作，在毫无准备的情况下，突然想要创业的话就存在很大的盲目性，创业目标也就很难实现。①

雅虎公司联合创始人杨致远：创业要具备四个重要条件

日前，雅虎公司联合创始人杨致远在CCTV－2《对话》栏目做访谈时，总结了他自己创业的体会。他认为创业要有四个很重要的条件，第一，相当的教育，要有相当的资本，这是必备的条件。第二，是热爱，创业的人要喜欢做选择的东西。第三，是努力，努力就是受挫折的时候，艰苦的时候，也继续地往前走。因为创业未必就意味着荣耀，创业是很苦的。因为创业者成功机会非常少，不管是在中国还是在美国，创业能做到一个小成功，大概只是十分之一，中成功是百分之一，大成功大概是千分之一、万分之一。第四，是靠运气。这四个要合起来创业才可能成功。

当你了解了大学生创业心理后，你可以开始为自己的创业做准备。创业是万里长征，遥远而艰难；创业又是财富与幸福之路，我们期待成功、期待幸福、期待财富。然而要达到胜利的彼岸，需要有充分的准备。遵循就业、择业、创业的一般规律，创业准备可分为两个阶段：一是校内准备，二是校外准备。校内准备以知识与能力为主，校外准备以经验、资金为主，对于毕业后直接创业者来说，就没有校内校外之分。本讲重点介绍校内准备。

一、建立——合理的知识结构

高等职业技术教育是专业教育，所谓专业，是指根据科学分工或生产部门的分工把学业分成的门类。高职教育围绕生产部门分工（岗位职业群）的要求，设置课程，培养能力。每个专业都有自己的课程体系，形成一个知识结构，一般分为基础课与专业课，由学校统一安排。立志创业的同学，要自觉培养创业意识和创业能力，在校期间为岗位创业与自主创业打下扎实的基础。在学好专业的同时，应根据创业的需求，扩大知识面。

（一）现代企业管理知识

1994年，兼任清华大学管理学院院长的朱镕基在给清华大学经济学院成立十周年的贺信中说："建设有中国特色的社会主义，需要一大批掌握市场经济的一般规律、熟悉其运行规则，而又了解中国企业实情的经济管理人才。"1996年朱镕基又在自然科学基金管理学部成立大会上呼吁"管理教育、兴国之道"。管理的重要性已深入人心。随着现代化的进程，企业管理的地位越来越重要，作用越来越大。科学的管理思想和方法带有普遍性，只要运用得当，就能起到协调及促进企业发展的作用。

商场如战场，面对变幻莫测、错综复杂的局面，需要的是那种运筹帷幄、决胜千里的"帅

① 大学生创业典范访谈.为大学生创业支招.大学生创业网，2008-08-26.

才”。现代企业管理知识，就像指挥作战的教科书，包括现代企业管理和决策功能、计划功能、组织功能和控制功能等。它可以从以下几个方面直接影响创业的实践活动：一是涉及创业实践活动的预测、计划、决策、实施、监督、检查、评估、反馈等全过程；二是涉及创业实践活动中人的选择、使用、组合和优化；三是涉及创业实践中资金的分配、使用、流动、培植等环节和过程，从而影响创业实践的规模和效益。

(二)市场营销知识

市场营销是企业经营管理的一个重要环节，一个企业的经营业绩与市场营销策略和营销方案是直接相关的，市场营销也是产品销售的关键环节。随着市场竞争的不断加剧，各大企业不惜重金加强自己在市场营销这一环节的人才培养和资金投入，以取得最大的市场份额，为企业赢得最高的利润。市场营销是一个综合的经营管理过程，贯穿于企业经营活动全过程。市场营销是以满足顾客需要为中心来组织企业经营活动，通过满足需要而达到企业获利和发展的目标。市场营销以整体性的经营手段，来适应和影响需求。市场营销是企业以顾客需要为出发点，有计划地组织各项经营活动，为顾客提供满意的商品和服务而实现企业目标的过程。学习市场营销知识，对管理生产型企业来说具有总参谋的作用，对胜任某一岗位的工作，在岗位上得到发展，成为车间负责人、部门经理、地区代理等等，都具有指导意义。

当今社会亟须复合型人才，如通讯企业既需要通讯专业的学生，也需要通讯产品的营销人才，最希望应聘者既懂专业技术，能掌握市场营销的知识。

(三)现代企业财务知识

通过学习可以帮助你掌握企业财务管理工作的基本要素、有效运用财务分析和财务决策技巧、掌握一定现代财务管理技能，用财务的手段改善公司内部控制，提高决策水平，增进公司的价值。还可以帮助你理解公司运行的基本概念，了解公司的理财实务与热点问题。

(四)公共关系知识

公共关系是一种科学的现代管理方法，是协调处理现代社会组织与组织、组织与公众之间各种关系，保证事业成功的一门不可缺少的学问，它主要研究社会组织如何运用各种信息传播、双向沟通等手段，为自己创造良好的社会关系环境，使自己和各有关公众保持良好关系，以求得与社会同步发展。

(五)演讲与口才知识

交流、沟通、谈判等是创业者的基本功。在实现企业目标、推进工作时，为了互相沟通协调，有时就有必要努力去说服别人，欲创业者应主动学习交流、沟通、说服等方面的知识，为练就这方面的能力做好准备。谈判合作项目、推销产品时，为建立友好关系，争取合作、支持、谅解，创业者要运用谈判来协调各种人际关系。因此，须了解谈判的原则和谈判的技巧。企业发展到一定规模，员工队伍不断扩大，作为企业的领导者，需要演讲的知识，鼓动和激励自己的员工不断进取。

(六)法律知识

依法创业是取得成功的根本之道，依法创业是长期立足市场的法宝。创业者必须十分关心法律的颁布情况，认真学习有关法律。创业者应了解《中华人民共和国合同法》、《中华人民共和国公司法》、《中华人民共和国银行法》、《中华人民共和国证券法》、《中华人民共和国反对不正当竞争法》、《中华人民共和国劳动法》、《中华人民共和国商品质量法》、《中华人民共和国知识产权保护法》等，这些法律、法规与创业者的职业活动密切相关。对法律知识有总体的了解，将对创业有极大的帮助。

也许有人会说，高职短短三年，要学的内容很多，今后几年高职学制将从三年改为两年，没有那么多的时间与精力。确实，知识是一个积累的过程，你可以先了解知识的框架，通过浏览的方式，建立初步印象，不求深，不求专。以后在实践中带着问题学，学以致用，用有所为。立志创业的同学，请你珍惜高职的学习生活，为自己的创业努力学习，做一个知识型的创业者。

二、培养——创业的素质与能力

创业者应培养哪些素质与能力？创业者的目标多数是成为企业家。一个成功的企业家需要哪些素质与能力？目前最有影响的有三种说法。

(1)“十素质论”(美国普林斯顿大学包莫尔教授提出)：合作精神；决策能力；组织能力；精于授权；善于应变；敢于求新；勇于负责；敢担风险；尊重他人；德高望重。

(2)“企业家五标准”(韩国三星集团创始人李秉哲提出)：具有人性美；具有国际眼光；具有专业知识；富有思维灵活性，努力开发自我；具有挑战意识。

(3)“十素质论”(法国《费加罗报》载文提出)：专业性和才干；想像力；创造性；面向世界；责任感和义务感；文化适应力；社会环境意识；洗耳恭听他人意见；具备科技能力、社交能力；要有在国际上取胜的目光。

我国著名经济学家厉以宁教授强调，21 世纪的企业家必须有新型企业家的概念。应具有如下条件。

(1)要有新的观念。新观念包含了对整个经济的看法和了解。比如对新经济的认识。

(2)要有新的决策方法。不是个人说了算，也不是少数几个人作决策，而是请专家作决策。要有新的人才观，善于挖掘和利用社会人才。要变危机导向为利益导向，能在企业走上坡路时看到未来更大的利益，并及时作出改革。

(3)善于利用资本市场。目前企业最需要善于融资、善于利用资本市场、善于提高资金使用效率的经理。

综上所述，创业者必须全面提升自己的综合素质，包括思想道德素质、专业素质、文化素质、身心素质、管理素质等。

创业是一项充满挑战的人生选择，它对创业者有着特殊的要求。

(一)思想道德

良好的品德是高尚人格的集中体现，是人与人、人与社会和谐发展的前提，是创业应具备的最基本的素质之一。

1. 关心政治

政治与经济是当前社会生活中的两大要素，两者相互作用构成现代世界。世界船王包玉刚先生1976年在哈佛大学商学院发表演讲时说："要想当一个世界著名的经济大亨，就不能远离政治，必须了解时局，在缤纷缭乱的表象中，抓住实质性的东西。"包玉刚与世界各国政要人物关系良好，这有助于他把握世界经济的走向。20世纪70年代末，包玉刚洞察世界航运业将从高峰跌落，及时"减船登陆"，战略大转移取得巨大成功。

2. 修炼人格

良好的道德品质与人格魅力，具有协调人际关系、激励周边人群、引导舆论、凝聚人心的作用。创业者要培养自己高尚的品德，优良的作风。要树立改革、发展企业的强烈的责任意识及勇担风险的开拓创新精神；树立"见利思义"、"正义谋利"的经营价值观念；树立"正人先正己"的表率意识，处理人际关系的"贵和"精神和坚忍不拔、自强不息的进取精神。

3. 讲究诚信

在人与人的交往中，用真诚和恪守信用去换取别人的信任是一种美德。在商界，讲究诚信更是一种维护企业形象、打造知名品牌的有力武器。中国有南北两家知名的中医药老字号——北京的同仁堂和杭州的胡庆余堂，这两家老字号的共同特点是坚持以诚待客，从不在药材的质地、炮制的工艺、成药的工序上弄虚作假。几百年来，绝佳的口碑也使他们几乎占领了从北到南大半个中国的中医药市场，赢得了丰厚的回报。至今，由胡庆余堂的创始人胡雪岩手书的"戒欺"牌匾依然高悬在杭州胡庆余堂中药博物馆的厅堂上。我们可以断言：诚信，是创业者的立身之本。

（二）创新能力

创新能力就是通过学习现有领域的知识以后，把知识融合起来，发现其中的问题，并找出解决问题的方法。能够用实践来验证方法的正确性，通过实践找出推广应用中还存在的问题，并思考怎样才能进一步地发展。美国未来学家约翰·奈斯比特在《2000年大趋势》一书中曾说过："在信息经济的全球性经济竞争中，人的素质和创新精神将起决定作用。"

1. 自学能力

这是依靠自己已有的认识、智力和经验去获取新知识和新技能的一种能力。能根据需要读书学习，会查阅文献资料，会使用工具书，能独立思考、提出疑问，深入研究、解决问题，能不断地学习新技能。当今社会新知识、新信息、新技术、新发明、新创造层出不穷，全球每分钟就出版一本新书，平均每天发表论文13000篇，每年发明创造专利30万项。当前的教育理念已从阶段性教育延伸到终身教育。学校生涯有限，学习生涯无限，不会自学，不可能有很大的发展。停滞不前，就会被时代所淘汰。自学要有明确的目标，要勤奋努力、持之以恒；更要有科学的学习方法，善于利用现代信息，善于总结，不断提高。

2. 创新意识

创新意识是指善于独立思考，敢于标新立异，提出新观点、新方法，解决新问题和创造新事物的意识。它是激发创新和维持创新的动力系统。一个人的创新能力，取决于他是否具有创新意识。创新意识表现在：第一，能够准确、不失时机地在瞬息万变、险象丛生的市场经济环境中寻找和发现机会，这种机会或是别人还没有看到，或是别人看到但还没有利用，或是别人看到也正在利用但并没有充分利用，或是别人曾看到过并也利用过，但由于种种原因又放弃了利用，这种机会既包括显现出来的机会，也包括还未显现出来的潜在机会；第二，勇于和善于捕捉并正确地利用已经寻找和发现的机会，这其中又蕴含着一系列的创造行为；第三，能够因势利导、随机应变地不断研究和发明行之有效的经营管理思路、经营管理策略和经营管理方法（也包括灵活、高效、巧妙的经营管理手段、技术和技巧），也就相当于人们常说的"总是有新点子"。

3. 创新和创造能力

所有的学习过程都应该是找出问题、抽象问题、解决问题的过程，这是一个创新的过程；有了解决问题的方法，这个方法是否可以实现，是否可以得到实际的应用，这是一个创造的过程。这是当今时代大学生适应国际竞争需要具备的一个非常重要的能力。

美国创造学代表人帕内斯提出了创造性解决问题的五个阶段，简称CPS。如图3-1所示。

目的—事实发现—问题发现—设想发现—解决发现—接受发现—行动

图3-1　创造性解决问题的五个阶段

这五个阶段构成了一个完整、常规、创造性解决问题的过程，自始至终贯穿着两个字："发现"。有新的发现，才会有创新。创新与创造需要四种能力支撑：第一，观察能力。观察能力是创新活动成败的决定因素。观察能力强的人，很容易觉察到别人所不能觉察到的事物较深层次的情况，能很好地找出解决问题的办法，促使创新活动顺利进行。第二，想象能力。想象是创新的先导。想象力是人类能力的试金石，是十分强烈地促进人类发展的伟大天赋，给人类以强大的影响。没有想象，一切创新活动都无法顺利进行。第三，分析能力。就创新活动的整个过程来看，包括觉察需要，找出关键问题，提出最佳方案及最后实现。若对事物无较强的分析能力，无论哪一步都不能很好地完成。第四，完成能力。凡心理正常的人都会产生一些创新想法，不少人的创新想法还相当有价值，甚至已经初步思考了创新的方案，但绝大多数是由于缺乏完成能力而不能付诸现实。可见完成能力在创新活动中占有举足轻重的地位。正如前苏联数学家雷洛夫所说："在任何实际事业中，思想只占2%～5%，其余95%～98%是实行。"

创造总是发生在灵感中。这是因为，机遇虽然对谁都是平等的，但却偏爱有准备的头脑。仅有常规思维的人即使碰到机遇也不可能形成创造性思想。不冲破传统观念的束缚，很难提出新的行为，发展成创业的成果。相反，灵感具有很大的作用。

(三)社会职业能力

创业者创业必须与他人友好相处，与周围的人做朋友，正确处理人际关系与公共关系，这样才能得到社会、同事（同学）、亲友的理解、支持和帮助，才能获得创业的成功。

1. 广交朋友

良好的人际关系是事业取得成功的关键，这既是一种能力，也包含一些技巧，从本质上反映出一个人处理社会、自己和他人之间关系的有关素质和观念。美国著名成功教育学家卡耐基在《成功之路》中写道，“一个人事业上的成功只有15%是由于他的专业技术，而85%是依靠人际关系、处世技巧等。”比例正确与否，不必争论，强调与人共处，与人合作的重要性无疑是正确的。

2. 随机应变

21世纪既是一个“经济第一”的时代，也是一个充满机遇与挑战的时代。经济，这一推动人类发展的原动力，已被时代推到了历史的最前端。它为每个创业者提供了同等机会，但这些机会转瞬即逝。面对不断变化的社会和市场，要实现自己创业的抱负，必须了解社会、市场发展变化的规律，抓住机遇，正确决策，随时作好应变的心理准备和知识技能准备，才能主动适应社会和市场，使自己立于不败之地。

3. 综合职业素质

无论创业、就业，都需要具备或掌握一定的职业技能，其中包括专门的行业专业技能，也包括职业工作常识和经验。高职院校的办学目标是要为社会培养数以千万计的高技能人才，掌握高技能是高职生的主要特点，高职生必须刻苦训练技能。而主动训练与被动训练的效果完全不一样。因此，要树立技能训练的自觉性，掌握技能训练的基本知识，提高技能训练的进取心。要把技能水平作为就业与创业的立足点，就业靠技能发展自我，创业靠技能站稳市场。创业起始阶段，往往是小本经营，创业者既是老板，又是员工。因此，若没有过硬的本领，创业只能是一个无法实现的梦想。

(四)社会竞争能力

商场如战场，不进则退，创业者必须有一定的竞争精神和竞争能力，才能在本领域里不断发展壮大。无论对个人成长，还是对职业发展来说，竞争都是一件好事。同对手进行竞争有助于增强创业者的斗志，提高创业的水平。不要妄想在竞争中轻而易举地获得胜利，有一个强大的对手或一个难办的问题，是一件好事。战而胜之，创业者将从中学到很多东西，获得巨大的享受。

1. 竞争需要实力

实力不仅体现在专业知识和技能方面，还体现在精神因素方面。李瑞环同志提出，在现代化建设中，要有“敢闯天下先”的精神，敢碰书本上没有说过的；敢碰文件上规定的(不能满足于文件已有的结论，要根据调查研究中发现的新问题、新情况，不断充实完善原有的方针政策)；敢碰已有的经验；敢碰领导人说的；敢于触及现实生活的敏感点和矛盾，努力对众说纷纭的问题拿出科学的符合实际的独到见解。

2. 竞争需要冒险精神

作为一个创业者，最需要的莫过于超人的胆量和气魄，而敢于冒险则是他的重要品质。竞争之路就是生存和发展之路，充满机遇与风险。不少时候风险越大，机会越多；风险越大，利益越大。国家设立风险基金，就是鼓励创业者投身于风险创业，为社会作贡献。将这种精神与敏锐的洞察力和周密的策划相结合，创业者就能抓住机遇，在竞争中处于领先地位。日本著名企业家土光敏夫说:"如果风险小,许多人都会去追求这种机会,因此利益也不会大。如果风险大,许多人就会望而却步,所以能得到的利益也就会大些。"风险意味着机遇,意味着财富。一个人创业成功与否,在一定程度上说,就看一个人是否具有抓住机遇的胆量和气魄。安于现状,不敢冒险,是不可能成为成功之人的。

社会实践是培养和锻炼能力的最好课堂与老师。要充分认识与重视创业能力的培养,积极主动地参与社会实践与创业实践,多方面地锻炼自己,养成动手、动脑的习惯,学会独立学习、独立思考、独立生存,最终自主创业。请你抓住任何一个锻炼自己的机会,哪怕是学校的一次演讲比赛或是一个社团活动;请积极投身于社会实践,有目的地培养能力、锻炼心志、积蓄能量,为今后的创业打下坚实的基础。

现在不少院校建立了大学生创业园区,为学生提供创业的实践基地,派专职教师进行辅导,培养同学们的创业意识与创业能力,起到孵化器的作用。从我们调查的情况看,从事创业的学生无一不重视社会实践与创业实践。

李海龙,宁波职业技术学院晗宇科技有限公司的创始人。从高中起他就开始学习计算机编程,暑假在电脑市场打过工。进入大学后,他立即应聘加入了学院创业园区有名的学生公司"网讯",做网站的后台开发工作。暑假里,又去公司做兼职。2003年初,有了一定实践经验的李海龙和7名同学一起,向自己的理想迈出了第一步,成立了晗宇科技有限公司。没有前期的实践,也就没有后来的晗宇科技有限公司。

(五)身心素质

创业是繁重而复杂的事情,创业者是老板,需要统筹一切、照顾一切、承担一切。因此,需要良好的心理素质与强健的身体素质。

1. 良好的心理素质

创业者一生的命运归根到底是由其心理综合素质决定的,第二讲已专门阐述了这方面的内容,在此简单强调一下。创业机遇与风险共存,你必须有足够的心理准备。创业就像生活在刀锋上,你选择了创业,你也就选择了一种责任、一种承诺,也就同时在自己头上悬挂了一柄达摩克利斯之剑。创业将改变你的人生,由自己掌握自己的命运,创造一份属于自己的事业,经过自己心血浇灌而成的事业成长以后,你会拥有财富与幸福,你能体会到创造的快乐,以及为社会、为国家作贡献的快乐。创业是艰难的,它不属于那些贪图安逸享乐的人,艰辛与风险将时刻陪伴着你:你要拿自己的积蓄去冒风险;要失去稳定的收入;要做自己不喜欢做的事;要承受巨大的心理压力,等等。要记住,创业可能失败,如果失败你将一无所有。只有把这些问题都想明白了,你才能经受创业的艰辛与快乐。

2. 强健的身体素质

学校培养人才,历来强调德、智、体、美全面发展。现在流行"健康第一,其他都是零"。健康是银行账户上的"1",其他是"1"后面的0。在拥有健康的前提下,其他的越多,人生也就越丰富。如果没有健康,其他的再多,人生也只是无数个0,毫无意义。

大学阶段，正是人生的黄金时期，精力旺盛，体力充沛，不知疲倦，不知病痛，往往不懂得健康需要年轻的时候买单。创业是艰难的，要打破生活节律，长时间地工作。健康问题主要来自两方面：一是体力透支，过度疲劳；二是精神压力过大。体力超额透支，源于工作常常没有时间概念，饮食没有规律，长此以往，创业者的健康往往受到损害。在精神方面，创业既要应付公司内部的人际关系，又要和公司外部的方方面面打交道，甚至要应付一些意外之事，常常感到身心疲惫、情绪无常、焦虑不安，影响健康。因此立志创业，就应养成良好的生活习惯与锻炼习惯，管好自己的一日三餐，定时定量，注意营养；管好自己的睡眠，保证睡眠的时间与质量；选择适合自己的锻炼项目，持之以恒，养成锻炼习惯。

志在创业的同学，请强健自己的体魄，在"银行"里储存一个"1"，为将来的创业打好基础。

(六)筹资能力

创业遇到的最大问题恐怕就是一个资金问题了。谁都知道，创业必须要有足够的资金，没有足够的资金是无法创业的。可是，你是一名学生，本身就是消费者，你的亲友又没有多余的钱，向银行贷款又没有可以抵押的物品，你该怎么办呢？办法总比困难多，天无绝人之路，只要开动脑筋，善于学习，广开思路，你就会找到许多巧妙而非常有效的筹资方法，实现自己创业的梦想。

1. 先做贸易积累资金

没有资金创业，可以先替别人搞营销，待积累了一定的资金和经验后再去创业。柳传志是一个创业的传奇式人物，他领导联想由 11 个人、20 万元资金的小公司，用 14 年时间成长为中国最大的计算机公司。联想一开始没有资金，也只能替人家卖机器。大学生创业园中的许多公司，也都是从营销起步。

2. 依靠技术专长积累资金

可以根据自己的专业或特长，承接各种业务，或通过假期打工，积累资金。广告专业的学生可以在在校期间承接广告业务；计算机专业的学生可以为企业设计网页；英语专业的学生可以在业余时间做家教、可到企业做兼职翻译；有音乐特长的学生可以参加商业演出……积少成多，等你创业时，不会一无所有。

3. 加盟大公司的连锁经营

有许多大公司为了扩大市场份额，正纷纷选择连锁经营的方式来扩充自己，为了有效而快速地扩大连锁经营的覆盖面，他们广泛吸收个体业主加盟经营。为此，他们常常会推出一系列优惠待遇给加盟者，这些优惠待遇或是免收费用，或是赠送设备等，虽然不是直接的资金扶持，但对缺乏资金的创业者来说，等于获得了一笔难得的资金。

4. 争取免费创业场所

创业离不开理想的场所，而创业之初的很大一笔投资就是用来支付房租的。因此，只要你能转换一下脑筋，想办法获得一处免费的创业场所，那就相当于得到了一笔可观的创业资金。

农大园艺系毕业的小钱在一家专业不对口的公司里干得并不开心，所以他很想辞职开一家自己的花店。开花店最大的投资就是店面房租,大约需要2万多元,但是,工作还不到1年的小钱哪来这2万多元呢?2000年10月份,他在报纸上看到南京一家花鸟市场的招商广告,广告上承诺第一批进场设摊者均可享受免收半年租金的优惠。这真是天大的喜讯!小钱毫不犹豫地申请了一个摊位,像模像样地办起了一家观赏植物批零兼营店。由于他的不少同学在花卉生产单位工作,所以资源充足,质量上乘,生意红火。

5. 争取创业贷款

一般人总认为,要向银行贷款必须自己提供担保或者抵押,其实情况并非都是如此。现在有的银行为了拓展信贷业务,充分考虑了创业者寻找担保的实际困难,纷纷主动寻找担保方,为有意创业的人提供免担保贷款。

黄志大学毕业后回到上海,一直没有找到称心的工作,他看到自己居住的小区内有一家小型超市生意非常红火,黄志心想:不如自己开个超市自己给自己干。但是一打听,办个小超市投资起码得六七万元,只好作罢。2000年8月份,上海浦东发展银行与联华便利签约,推出面向创业者的"投资7万元,做个小老板"的特许免担保贷款业务,由于联华便利是合作方,为创业者提供了集体担保,浦发银行可向通过资格审查的申请者提供7万元的创业贷款。黄志获悉后立即递交了申请。两个月后,他顺利地从浦发银行领到了贷款,在控江路上如愿以偿地开起了自己的小超市。

6. 寻找风险投资

如今有很多大公司、大集团甚至个人手中都掌握了大量的闲置资金,他们也十分希望能找到一个可靠的投资对象。因此,假如你有好的项目,不妨找找风险投资。如何寻找风险投资呢?当然,可以通过亲朋好友的介绍,也可以委托专门的风险投资公司代理,还可以适当做点寻资广告或者上网发布寻资信息。下面我们要专门介绍被誉为"风险投资的试金石"、"未来企业家的摇篮"的大学生创业计划大赛。

三、制订——大学生创业计划

(一)何谓大学生创业计划大赛

创业计划竞赛是近几年在欧美颇为流行的一类商业竞赛,被誉为"风险投资的试金石"、"未来企业家的摇篮"。创业计划大赛,就是由参赛者组成优势互补的竞赛小组,提出一项具有市场前景的技术产品或者服务。围绕这一产品或服务,以获得风险投资家的投资为目的,完成一项完整、具体、深入的商业计划,并通过书面和口头答辩,接受来自银行、风险投资咨询公司以及会计师、律师等专业人士的严格评估。比赛高度模拟了实际商业项目投资评估的运作过程,对参赛者的综合素质提出了很高的要求。此项活动目的是为大学生或社会上有志创业者提供一个实际创业的演练机会,甚至也可以说是走上自主创业的一个重要环节。国外开展创业教育活动的方式之一是每年在大学里举行"校园创业计划"大赛活动。1983年"校园创业计划"竞赛活动起源于美国德州大学奥斯丁分校,此后又有麻省理工学院、斯坦福大学等十多所大学每年举办这种活动。雅虎公司就是在斯坦福大学校园创业的气氛中诞生的。这类公司在几年内就成长为营业额达十几亿美元的大公司。从1990年到现在,美国每年都有五六家新的企业从大赛中诞生,并且有相当数量的“创业计划”被附近的高新技术企业以上百万美元的价格买走。这些由“创业计划”直接孵化出来的企业中,有的在短短的几年内就成长为年营业额数十亿美元的大公司,一批批的创业者在竞赛中得到锻炼和成长。清华大学创业者协会首开先河,于1998年举办了首届清华创业计划大赛活动。1999年底,由全国200余所大学共同发起,清华大学承办了首届“挑战杯”中国大学生创业计划竞赛,FanSo是此次大赛最为耀眼的明星,获得第一期风险投资660万元,由此标志着中国第一家由清华大学在校大学生停学创办的互联网正式投入运营。FanSo总裁鲁军和网站总监刘颖获得清华大学的休学创业申请,成为中国大学生休学创业第一人。

高职教育,学制短、教学任务重,一般情况下,我们提倡先完成学业,做好创业准备,在条件成熟的时候再创业。

(二)何谓创业计划书

创业计划书又名“商业计划”(Business Plan),是由创业者准备的一份书面计划,用以描述创办一个新的风险企业(提供产品与服务)时所有相关的外部及内部要素。创业计划,是一无所有的创业者就某一项具有市场前景的产品或服务向风险投资家游说,以取得风险投资的商业可行性报告。今天的美国,商业计划几乎成了每一个公司实际动作的必备品。因而,它不但在企业运营之初扮演着重要的角色,而且在实际运作中仍然继续发挥着它作为管理工具的作用。我国学生创业往往也是以制作的创业计划书来赢得投资人的注意。一个好的计划书对于创业者来说实在是非常重要的。

(三)创业计划的作用

创业计划书应作为创业的重要环节,或作为培养创业能力的重要途径。它具有以下几方面的作用。

首先,创业计划书可以理清自己的创业思路,可以通盘考虑自己所要从事的事业。当你确立了创业的目标,产生创业的激情时,你要把自己的思想和策划以创业计划书的形式写出来,并把反面的理由也写进去,从正反两方面反复推敲,看看自己的创业理想是否切实可行,是否具有诱人的前景。通过创业计划书,你可以对自己的创业有比较清晰的认识。

其次,创业计划书也可以帮助你寻找投资者、合作者以及供应商、销售商,赢得他们支持与理解,使公司外部的相关者明白企业的经营目标和范围,为企业的发展创造良好的外部环境。

再次,创业计划为企业经营定下比较具体的目标、范围和重点,明确企业存在的价值与发展方向。创业计划书必须思考诸如产品开发、市场开拓、投资回收等方面的重大战略决策,为企业的创建与发展运筹帷幄。

创业计划书的写作过程,是一个整理思想、调研市场、捕捉商机、运筹帷幄的过程。立志于创业的同学,请认真完成你的创业计划书。

(四)创业计划书写作指南(2002年上海市大学生创业计划大赛)①

创业计划竞赛要求参赛者组成优势互补的竞赛小组,提出一个具有市场前景的产品/服务,围绕这一产品/服务,完成一份完整、具体、深入的创业计划,以描述公司的创业机会,阐述创立公司、把握这一机会的进程,说明所需要的资源,揭示风险和预期回报,并提出行动建议。创业计划聚焦于特定的策略、目标、计划和行动,对于一个非技术背景的有兴趣的人士应清晰易读。创业计划可能的读者包括:希望吸纳进入团队的对象,可能的投资人、合作伙伴、供应商、顾客、政策机构。

创业计划的组成部分

创业计划一般包括:执行总结,产业背景和公司概述,市场调查和分析,公司战略,总体进度安排,关键的风险、问题和假定,管理团队,公司资金管理,财务预测,假定公司能够提供的利益等十个方面。

1. 执行总结

该部分是整个创业计划的概括。包括以下方面:

◇本创业计划的创意背景和项目的简述

◇创业的机会概述

◇目标市场的描述和预测

◇竞争优势和劣势分析

◇经济状况和盈利能力预测

◇团队概述

◇预计能提供的利益

2. 产业背景和公司概述

◇详细的市场分析和描述

◇竞争对手分析

◇市场需求

◇公司概述应包括详细的产品/服务描述以及它如何满足目标市场顾客的需求,进入策略和市场开发策略

3. 市场调查和分析

◇目标市场顾客的描述与分析

◇市场容量和趋势的分析、预测

◇竞争分析和各自的竞争优势

◇估计的市场份额和销售额

◇市场发展的走势

4. 公司战略

---

① http://61.129.65.73/zuzhi zhuanqu/xuesheng/tuanxue/chuangye.htm.

阐释公司如何进行竞争，包括：

◇在发展的各阶段如何制定公司的发展战略

◇通过公司战略来实现预期的计划和目标

◇制定公司的营销策略

5. 总体进度安排

公司的进度安排，包括以下领域的重要事件：

◇收入来源

◇收支平衡点和正现金流

◇市场份额

◇产品开发介绍

◇主要合作伙伴

◇融资方案

6. 关键的风险、问题和假定

◇关键的风险分析(财务、技术、市场、管理、竞争、资金撤出、政策等风险)

◇说明将如何应付或规避风险和问题(应急计划)

7. 管理团队

介绍公司的管理团队，其中要注意介绍各成员与管理公司有关的教育和工作背景(注意管理分工和互补)；介绍领导层成员，创业顾问以及主要的投资人和持股情况。

8. 公司资金管理

◇股本结构与规模

◇资金运营计划

◇投资收益与风险分析

9. 财务预测

◇财务假设的立足点

◇会计报表(包括收入报表，平衡报表，前两年为季度报表，前五年为年度报表)

◇财务分析(现金流、本量利、比率分析等)

10. 假定公司能够提供的利益

这是创业计划的"卖点"，包括：

◇总体的资金需求

◇在这一轮融资中需要的是哪一级

◇如何使用这些资金

◇投资人可以得到的回报，还可以讨论可能的投资人退出策略

创业计划的注意点

一份成功的创业计划应该：

◇清楚，简洁

◇展示市场调查和市场容量

◇了解顾客的需要并引导顾客

◇解释他们为什么会掏钱买你的产品/服务

◇在头脑中要有一个投资退出策略

◇解释为什么你最合适做这件事

一份成功的创业计划不应该：

◇过分乐观

◇拿出一些与产业标准相去甚远的数据

◇面向产品

◇ 忽视竞争威胁

◇进入一个拥塞的市场

思考与练习

1. 测测你是否具备一个成功创业者的能力和素质

2. 测测你的经营管理能力

测验链接选择：

(1)附录1：测验二　你是否具有创业的素质和能力

(2)附录1：测验三　经营管理能力测验

(3)http://www.kids-abc.com/test“职业素质测试——经营管理能力测试”

第四讲
确立创业目标

引　子

马云从杭州师范学院毕业后分配到了杭州电子工学院教英语，深受学生欢迎，成了杭州十大杰出青年教师。因为英文好，很多人想找他做翻译，但马云没有时间。他看到很多英语老师退休后没事干，于是在 1991 年，马云创办了海博翻译社，由于缺乏经验，折腾了两年，总算没有倒闭。

1995 年，因为英文好，马云被邀请出国做商业翻译，使他有机会和 Internet 有了第一次接触，从此开始了他的网络生涯。从美国回来，马云便告别了讲坛，跳进了商海。在经历了艰苦卓绝的奋斗后，1999 年 3 月，在杭州创办了阿里巴巴，成为现在家喻户晓的马云。

梦总是美好的，但梦在人心里，因此，总被认为是一种虚无缥缈、不可捉摸的东西。不过，无数成功者的事实一再证明，只要认准目标，锲而不舍，只要有真诚和智慧，只要有勤劳和毅力，梦想终有成真时。

有了创业的理想，了解了创业心理，做好了创业准备，就要确立创业的目标。目标有两个含义，一是目的，一是标的，即对象。创业，要创造什么事业？古人云：三百六十行，行行出状元。这句话可以理解为，激励人们立足本职，努力工作，在自己的就业岗位上不断创造新的业绩；也可理解为，激励人们开拓创新，发展新职业，并作出成绩。树立明确的目标，可以成为追求成功的推动力，有助于排除不必要的犹豫，一心一意致力于目标的实现。职业是伴随着社会分工的出现而产生的，并随社会分工的发展变化而变化着。鉴于目前高职学生逐渐树立创业意识，产生创业理想，但毕业后直接创业者还是少数，多数毕业生需经几年或更长一段时间的职场磨砺后，才能开始独立创业。因此，本讲要向你介绍职业分类、热门职业、职业发展、企业类型及创业目标确立。

一、了解——职业的分类

（一）国内职业分类

目前，我国的职业有两种分类标准。一种是依据在业人口本人所从事的工作性质的统一性进行分类。《中华人民共和国职业分类大典》将我国职业归为8个大类,66个中类,413个小类,1838个细类(职业)。8个大类分别是:

第一大类:国家机关、党群组织、企业、事业单位负责人,其中包括5个中类,16个小类,25个细类;

第二大类:专业技术人员,其中包括14个中类,115个小类,379个细类;

第三大类:办事人员和有关人员,其中包括4个中类,12个小类,45个细类;

第四大类:商业、服务业人员,其中包括8个中类,43个小类,147个细类;

第五大类:农、林、牧、渔、水利业生产人员,其中包括6个中类,30个小类,121个细类;

第六大类:生产、运输设备操作人员及有关人员,其中包括27个中类,195个小类,1119个细类;

第七大类:军人,其中包括1个中类,1个小类,1个细类;

第八大类:不便分类的其他从业人员,其中包括1个中类,1个小类,1个细类。

另一种主要是按企业、事业单位、机关团体和个体从业人员所从事的生产或社会经济活动的性质的同一性分类,即按所属行业分类。我国将国民经济各行业划分为13个门类:①农、林、牧、副、渔、水利业;②工业;③地质普查和勘探业;④建筑业;⑤交通运输、邮电通讯业;⑥商业、公共饮食业、物资代销和仓储业;⑦房地产管理、公用事业、居民服务和咨询服务业;⑧卫生、体育和社会福利事业;⑨教育、文化艺术和广播电视事业;⑩科学研究和综合技术服务事业;⑪金融、保险业;⑫国家机关、党政机关和社会团体;⑬其他行业。

(二)国外职业分类

第一类,按脑力劳动和体力劳动的性质、层次进行分类。

如美国的职业分类方法之一是把工作人员分为两大类:一类为白领工作人员,另一类为蓝领工作人员,即通常所讲的白领阶层与蓝领阶层。

1. 白领工作人员

(1)专业性和科技性的工作,如会计、建筑师、计算机专家、工程师、法官、医生、教师、牧师、社会科学家、作家等。

(2)农场以外的经营和行政管理人员。

(3)销售人员。

(4)办公室工作人员。

2. 蓝领工作人员

(1)手工艺及类似工人,如木匠、砖瓦匠、建造保养油漆工等。

(2)运输装置工人。

(3)农场以外的工人,如饲养人员、建筑工人、垃圾工、伐木工等。

(4)服务性行业工人,如清扫服务工、农场工人、私人服务人员等。

以上分类概括简要,但明显表现出职业的等级性。这种分类近年来在我国颇为流行,并在此基础上产生“灰领”、“金领”、“粉领”称呼。灰领(教育部周济部长倡导叫银领),顾名思义，是一种介于蓝领与白领之间的领子颜色，似乎也应该是一种介于两者之间的阶层。首都经贸大学劳动经济学院院长杨河清教授称其为“既有比较高的理论素养与知识水平，又具有比较强的操作能力与实践经验的复合型人才”。简而言之，就是又会动脑，又会动手的人。灰领，是高职院校人才培养的目标。而金领，是指白领中收入很高的高级管理人员。粉领，则是指白领中的一部分女性。

第二类，按心理的个别差异进行分类。

美国著名的职业指导专家约翰·L.霍兰创立的人格—职业类型匹配理论，把人格类型划分为六种：现实型、研究型、艺术型、社会型、企业型和传统型。对应这几种人格类型，划分为六大型。这种分类把个体心理特征与职业类型两者统一起来，便于实现职业指导，可促成人们在有乐趣的职业指导环境中学习和工作。如企业型的可去做厂长、经理；艺术型的可去做乐队指挥、音乐教师；研究型的可去做科学家、工程技术人员等。使从业者在心理上得到满足，充分发挥创造性，进而提高工作效率。但在实施职业指导时，必须采取严格准确的心理测试。况且人的个性心理特征和职业都是发展变化的，也很难用固定格式把人与职业匹配框起来。当前，随着以人为本的思想深入人心，各高职院校十分重视心理辅导与职业生涯的指导，开始进行心理普查与心理测试，指导学生树立正确职业观，培养创业意识。

第三类，依据各个职业的主要职责或“人事的工作”进行分类。

如加拿大根据不同企业、单位或行业中类似职业或工种的主要活动，把属于国民经济中主要行业的职业分为23个主类，主类下分81个子类，48个细类，7200多个职业基本名称，并规定了每种职业的定义，主要内容及从业人员的合格条件。

二、展望——中国未来职业发展趋势①

(一)21世纪中国急需的人才

专家对我国科学技术的发展进行了分析和预测，随着我国经济、社会文化和科学技术的发展，我国的产业结构将发生根本的变化。未来10年有较大的发展潜力的行业和急需的人才主要有：电子技术、生物工程、航天技术、海洋开发与利用、新能源、新材料、信息技术、机电一体化、农业科技、环境保护技术、生物工程研究与开发、工商与国际经贸、法律等方面人才。

(二)21世纪中国社会的主导职业

我国的人事管理机构根据全国各类专业协会的有关统计资料，对我国未来急需人才进行了分析和预测。分析结果认为，我国21世纪的主导职业包括：会计、计算机、软件开发、环保、健康与保健医药、咨询服务、保险、法律、老年医学、服务、公关与服务、市场营销、生命科学、心理学、旅游管理与服务、人力资源管理等16个行业。这16个行业的基本情况及相关专业如下。

1. 会计类

随着社会经济的发展和财务管理规范化，社会上的各种企事业单位对会计的需求也大大

① 中国未来职业发展趋势展望. http://www.sina.com.cn. 2003-04-03.

提高，会计也将成为各行业中的一个热门专业，社会地位和收入也较高。该行业的从业者应是具有助理会计师、会计师和高级会计师等不同职称或专业资格认证的专业人才。一般需要具有会计、财经、统计学等专业的学历或学位，并通过国家各等级的会计师资格考试，具备会计师上岗的各种资格证书。

2. 计算机技术类

随着计算机技术的发展和广泛应用，计算机硬件、软件的开发、应用和维护成为社会各行业工作的重要组成部分，并配置部分计算机技术人员从事计算机软硬件方面的安装、调试和维护工作。因此，在各行业（如银行、医院、政府部门、企业等）对计算机技术方面的专业人才的需求也越来越大，待遇也比较优厚，这些行业需要的专业人才包括计算机硬件工程师、程序员、网络管理员、系统维护专家及数据库管理人员等，这些专业人员一般需要获得计算机、信息技术、电子技术或相关专业的学历或学位。

3. 计算机软件开发类

计算机技术的普及促进了计算机软件业的飞速发展，软件开发成为计算机行业的重要开发领域，软件设计专家成为软件开发业热门人才。软件开发专家主要从事操作系统、开发工具、应用软件等计算机软件的开发工作，要求具有计算机软件专业或相关专业的学历或学位，并具有一定的软件开发经验。这项职业在未来相当长的时间里，将成为社会上的高技术和高待遇的职业。

4. 环境保护类

随着环境污染的加重和国家与公众环保意识的增强，社会对环境保护类专业的人才需求将呈直线上升趋势。环境保护具体包括环境监测、环境质量评价、环境治理（环境工程）和环境卫生等方面的工作，需要环境科学、地理学、生物学、环境化学、环境工程学等方面的专业人才。

5. 中医和健康医学类

改革开放以来，我国的人均收入和生活水平有了大幅度的提高，人们对自己的生活状态和健康状况也越来越关注，健康医学也应运而生，医用保健品的市场也越来越大，中医学和健康医学成为一个受大众关注的领域。由于西医对一些疑难病症的疗效不理想，而中医在辩证治疗和整体治疗方面具有独到之处，而且与当今的生物制药领域有密切的关系，因此，社会对中医师和健康医学人才的需求量将逐渐增加。通常这方面职业从业者需要获得生物医学或中医学专业方面的学历或学位。

6. 咨询服务类

当今的社会是一个信息膨胀的社会，信息获取已经成为科学技术发展和商业运作的关键环节。社会分工的精细化和专门化促进了信息咨询和相关咨询行业的发展，并成为社会发展和进步的一个主导职业。目前社会上的咨询行业有企业咨询、心理咨询、信息咨询（包括各种信息服务咨询）、教育咨询等等。从事咨询业需要具有教育学、心理学、管理学、信息科学、经济学等方面的学历或学位。

7. 保险类

社会经济结构的变化和各种不可预期的因素给人们的工作和生活增添了很多不确定的因素，这就需要有完善的社会保障体系。社会保障体系不断完善促进了保险业的发展，保险业的发展将人们生活中的不确定因素造成的损失降低到最小的限度。社会对保险业务员、管理人员、精算师和索赔估价员的需求也不断提高，待遇也高于一般的职业。一般从事保险业的人员需要具有保险专业、金融专业、经济类专业、管理类专业的学历或学位。

8. 法律类

随着社会的发展和进步，法律法规也不断健全和完善，国家颁布的各种法律法规将越来越多、越来越详细，一般的老百姓对众多的法律条文不可能了解得很清楚，从事司法工作的政府机构(如法院、检察院)也需要高素质、高学历的法律人才。同时，为了更好地开展法律咨询和处理各种刑事和民事案件，律师在社会上的需求量将越来越大，律师行业将成为一个高智力、高社会地位和高收入的职业。从事律师行业需要具有法律或其他任何专业领域的学历或学位，并获得国家的律师资格证书。

9. 老年医学类

人口老龄化是全世界和我国面临的一个严峻的问题。随之而来的就是老年人的医疗、社会保障、心理问题等一系列社会问题，如何解决这样一个庞大群体上述方面的需求成为一个重要的、亟待解决的问题。其中老年医疗和保健是最突出的一个问题，从事老年医学方面职业的社会需求也将大大提高。社会将急需医学、老年医学、健康保健和护理等方面的专业人才，从事老年人医疗保健事业。如此大的社会需求也将为这个行业的从业者带来丰厚的经济回报，同时也将为老年人的身心健康作出贡献。

10. 家庭护理和服务类

社会生活和工作节奏的加快使家庭成员的压力加大，照顾病人、老人和孩子成为年轻和中年父母的沉重负担，家庭护理的需求量也因此大大提高。相关的热门人才为幼儿教师和家庭服务人员，这类人员通常不需要很高的学历。

11. 专业公关类

公关和企业形象设计对一个公司或企业的发展是至关重要的，公关行业因此成为极有发展前景的职业，该职业的从业者一般需要公共关系学、社会服务类知识、经济贸易类专业知识、管理类专业知识，并具有相关的工作经验。

12. 市场营销类

市场营销对企业产品销售公关是非常重要的一个环节，在当今和未来社会发展中，产品的独立承销商和销售网络的建立将成为企业运作的主要形式。这些承销商和销售网络同时负责为公司进行广告宣传和相应的技术或销售服务。证券及金融业、通讯、医疗器械、计算机与网络设备、一般的商业机构(如商场)等以经营商品或某一产品的企业或公司均需要市场营销方面的人才。

13. 生物化学和生物技术类

生物化学和生物技术是近些年科学研究与生物技术开发的一个热门领域，该领域在生物制药、保健品开发、治疗疑难病症的药品的研制、人工蛋白质的合成等方面有巨大的发展潜力。目前的新药主要是生物化学家与生物技术专家开发出来的,并对治疗和预防疾病起到了主要的作用。

14. 心理学类

我国已经将心理学列为21世纪重点发展的十几个学科之一。自1997年起,国家教育部在北京师范大学、浙江大学、华东师范大学等重点院校建立了心理学理科基础研究人才培养基地。此后,国家在心理学领域的投入力度逐年加大,心理科学也逐渐成为一个受国家和社会关注的专业,在社会各行业中的需求也不断提高。如从事市场研究、人力资源开发、心理咨询与心理治疗、学习障碍的矫正、教育、心理学研究、人际交互作用的研究等等均需要大量的心理学人才。在中国,心理学作为一个新兴的学科,也得到国家政府部门、社会各行业的广泛关注和重视,并在社会的各领域中得到广泛应用。

15. 旅游类

人们收入和生活质量的提高,对户外娱乐、休闲和旅游活动经济和时间上的投入也逐渐增加,并促使旅游业迅速发展。旅游业是投入少收益高的行业,获取的利润较为丰厚,在21世纪旅游业将迅速发展,人们在旅游方面的消费也将大幅度提高,随之对旅游代理公司的需求也将大幅度增加,同时也将带动相关产业的迅速发展,如航空公司、出租车公司、客轮公司、商业、宾馆和餐饮业等。旅游业的发展将促进社会经济的全面发展,旅游业也将成为国家重点开发的产业之一。

16. 人力资源类

未来社会的竞争是人才的竞争,谁拥有人才,谁将在激烈的竞争中拥有立足之地。在近几年的发展中,无论是政府机构还是企业,都建立了专门负责招聘人才的人事机构或人力资源部。其职能已不再是传统的人才的档案管理,其主要的职能是招聘和培训员工,使人尽其才,物尽其用,最大限度地开发人力资源的潜力,创造最大的经济效益和社会效益。人力资源管理也因此备受企事业单位的重视,并成为政府机构和企业的重要职能机构。如国家人事部考试中心有专门负责公务员和企业人力资源开发方面的中心,在国内的企事业单位人才选拔和安置方面做了大量的工作,开发了一系列人才选拔方面的工具。在国内的新兴的大型企业和国外的大公司中也都设有专门的人力资源部,负责企业和公司的各级人才的选拔和员工培训。如国内北大方正和联想公司,国外的IBM、NOKIA、MOTOROLA等著名的公司均有专门的人力资源部门和人力资源专家。在未来社会发展中,对人力资源专家的需求也将不断增大。

三、预测——世界未来职业发展趋势①

(一)未来世界的主导行业

根据《美国新闻和世界报道》和国内外关于未来职业发展趋势的调查,随着世界经济、社

① 世界未来职业发展趋势展望. http://www.sina.com.cn. 2003-04-03.

会文化和科学技术的发展，社会上的行业结构也将发生很大的变化，未来社会对人才需求的情况也会发生重大的调整。

《美国新闻和世界报道》的专家对未来社会的职业发展趋势进行了预测，并提出了未来世界的 20 个主导行业，这 20 个主导的行业是：执法、法律、信息服务、社会工作、医疗服务、公共事务、金融、技工、电信业、工程技术、科学研究、销售、医学、传媒、教育、咨询业、广告业、艺术/娱乐、工程学等。

(二)未来主导职业及其发展前景

上述这些职业的基本情况如何？在未来的发展前景如何？对社会经济、文化和科学技术的发展和进步将产生什么样的影响？下面详细介绍这些职业在未来社会发展的基本情况。

1. 法庭会计师

随着社会经济的迅猛发展，经济犯罪的情况也越来越多。在美国，随着白领阶层的犯罪率不断上升，因此造成的经济损失达 1000 亿元。如美国证券交易委员会在过去 5 年中办理的经济犯罪案件上升了 60%，在保险业和银行业也存在着同样的问题。在我国，保险业、证券交易业等等正处于发展阶段，由于法律与管理监督体系尚在逐步完善中，因此导致大量的经济诈骗案件。在未来社会发展的过程中，法庭会计师对于解决各种经济犯罪与经济纠纷案件将起到非常重要的作用。

2. 广告业(传媒策划者)

随着社会竞争的不断加剧，各种应用产品和技术之间为了争取自己的市场份额，在竞争中占据主导地位，不惜花费重金在主要的媒体对自己的产品和技术进行广告宣传，广告业也因此获得丰厚的利润。商家和技术开发商在推销自己的产品和技术时，为了使消费者了解和认同自己的产品和技术，电视、广播、报纸、杂志、互联网等媒体便成为他们主要的宣传工具，也因此给广告业(或称为传媒策划业)带来无限商机。传媒策划者充分利用这样的商机，帮助希望投放广告对自己产品和技术进行宣传的商家进行策划，达到最佳的宣传效果和获得丰厚的广告利润。

电视、广播、互联网、报纸等新闻媒体行业的从业者在广告业中具有“近水楼台”的优势，他们是各大商家关注的主要宣传媒体。因此，在未来的社会发展中，这些行业和在它们的基础上衍生出来的广告公司在广告收入上将获得非常大的收益。

3. 文化艺术与娱乐

在文化艺术与娱乐领域，编辑与导演是该职业核心的从业者。他们可以通过计算机、音像制作工具等把生动的图像和声音转化成数码的形式，并在此基础上对制作的场景和声音进行动画制作和特殊处理，再创作出形式变化多样的场景，达到欣赏和娱乐的效果。在一部完美的音像作品中，编辑、导演和技术人员需要花费大量的时间制作一个场景或镜头，以达到最佳的制作效果。很多编辑整日整夜地工作，来满足一个尽善尽美的导演想看到的各种战争场景，这种情况是很常见的。

此外，从娱乐业的未来发展趋势来看，从事演员、音乐制作等娱乐业的发展也是非常有前景的。随着社会节奏的不断加快和人们物质生活水平的提高，人们对精神生活的要求也越来越高。这就需要有大量的影视和音乐制作人为人们不断提供新的作品，以满足人们的文化和娱乐生活的需要。

4. 咨询业

企业咨询与经营顾问可以帮助企业解决其内部各阶层具体运作中存在的问题，并针对这些存在的问题，为企业经营提供一个解决现存问题和带来新的经济效益的经营计划和建议。随着社会经济机构调整和社会竞争的加剧，社会对从事咨询方面专业人才的需求会越来越大，咨询业也自然将成为未来社会的一个主导行业。

5. 教育

未来社会的竞争从根本上讲是人才的竞争，这就要求人才培养机构培养大量的社会需求的人才，教育便成为培养人才的重要途径。在未来社会发展中，从事职业培训、各种水平的高等教育和学位教育、以及特殊职业领域的特殊教育（如卫生与健康教育、音乐与美术教育等）将成为社会人才培养的主渠道。中小学生身心发展与学习能力的发展也需要有更多的经过心理学和教育学训练的教师。教师资格认证也是各国教育发展中的一项重要的工作。因此，在未来的社会发展中，教育将成为国家经济与技术发展的基础，一个国家和民族的发展需要有大量的创新型的人才，这些人才需要通过合理的、高效率的教育体制来培养，教育行业也将成为一个重要的职业。

6. 化学工程

化学工程主要是研究原材料合成的化学原理，以及如何通过化学过程、技术手段生产出与人们日常生活密切相关的日化产品，以满足人们日常生活的需要，提高生活质量。

化学工程是新材料开发和生产的一个重要的专业手段。在人们的日常生活中，大多数的衣、食、住、行等方面的必需品是经过化学合成的手段生产的。如我们穿的各种面料的服装、使用的各种洗涤用品和卫生用品、建筑和装修的各种材料等等。

7. 交叉学科

在近十几年的科学与技术的发展中，跨学科和跨领域的研究越来越受到各国的高度重视。随着各专业领域科学技术的飞速发展，人们对某一专业领域的问题的研究也越来越深入，同时也发现要解决某一领域内的前沿问题时，往往不是本学科的专业知识和技术就能够解决的，需要有其他学科的专家的参与或学习其他领域的专业知识，以便解决专业研究中的问题，取得跨学科和跨领域的研究成果。

从当前的科学研究情况分析，跨学科和跨领域的研究最容易出成果。各个国家在组织专家开展跨学科、跨领域研究方面也开展了大量的工作，同时也获得了很多研究成果。如脑与认知的跨学科和跨领域研究，生物技术的跨学科和跨领域研究，环境科学与生物学、化学和地理学的跨学科和跨领域的研究，计算机技术与通讯技术、电视、信息技术和网络技术的跨领域研究，高技术在各行业的研究、生产实践活动中的广泛应用，等等。在未来的社会发展中，跨学科和跨领域的研究协作将成为未来科学发展的一个主导的方向，人类社会的科学技术也将因此而得到迅猛的发展。

8. 医学

随着社会的发展和科技的进步，医学在人们的生活中的作用越来越重要。在过去，医学面临的主要问题是治疗各种疾病，解决各种医学难题，使人们健康地生活。如今，医学的发展不仅仅是为了治疗疾病，而且还面临着如何使人们生活得更好。于是保健医学迅速地发展起来，形成了医学领域的一个重要的分支，并在此基础上发展了各种研究、开发和生产保健品的产业。如当今市场上常见的各种健脑的保健品、美容的保健品、调节内分泌和生理功能的保健品等等。随着保健品市场的不断规范和完善，这个领域也越来越受到大众的关注和青睐。

此外，维持和恢复正常人因年龄的变化而导致的生理功能退化，也是当今医学研究的重要领域。如在美国对更年期妇女生育问题进行的研究，大多数内分泌专家采取注射雌性激素的方法恢复生育功能，但实际并未取得很好的效果。抛开传统的生育观，一个年龄大的妇女可以从卵子贡献者那里选择使用一个健康的卵子，这才是治疗停经妇女生育的最好的办法。试管婴儿和克隆技术也是当今生物医学发展的重要领域，并日益成为与人类生活和健康密切相关的领域，在未来的发展中，将成为解决医学难题的突破点。

9. 市场营销

市场营销是企业经营管理的一个重要环节，一个企业的经营业绩与市场营销策略和营销方案是直接相关的，市场营销也成为产品销售的关键环节。随着市场竞争的不断加剧，各大企业不惜重金加强自己在市场营销这一环节的人才培养和资金投入，以取得最大的市场份额，为企业赢得最高的利润。

市场营销的主要工作是向购买方或消费者宣传自己的产品，并通过组织各种订购会、展销会和各种促销活动，对产品或技术问题进行解释，扩大自己产品的影响，提高市场占有率，使企业的信息服务规范化、合理化。

10. 生物制药(医药开发)

生物制药主要是通过分子生物学技术、生物工程和医学的技术手段，开发和生产各种生物类药品。据报道，美国的医药开发公司正在开发125种生物类药品和疫苗，并运用前沿生物技术——DNA重组技术、遗传工程技术等开发治疗艾滋病(AIDS)、丙型肝炎等传染病的生物药品。

生物制药已经成为人类治疗疑难病症的一个重要的领域，随着医学技术的不断发展，生物制药将是攻克癌症、艾滋病、遗传病等疑难杂症的一个重要途径。

11. 计算机技术

上世纪80年代以来，计算机软件和硬件技术飞速发展，在短短的十几年的时间里，软硬件技术经历了几个阶段的技术性飞跃。硬件从20世纪80年代初的8088芯片，经过286、386、486、586到现在的奔腾Ⅳ，在硬件技术上经历了几次的更新换代。在软件技术上，无论是操作系统还是应用软件开发，都经历了几个阶段的发展，并发展成为一个庞大的高科技产业。如今，计算机技术与网络信息技术、通讯技术等领域的结合，已经成为世界高科技发展的主流趋势之一。

12. 通讯

上世纪 90 年代以来，信息传递的需要促进了移动电话的发展。移动电话迅速发展，在全球形成了庞大的通讯产业，出现了几家大的通讯产业的公司，并促进相关产业（如芯片生产、卫星航天、空间技术、地理信息技术等）的迅速发展。这种通讯技术所带来的收益是非常丰厚的，从事通讯方面的职业的待遇也相对较高。

13. 电子工程技术

工程技术的电子化、集成化和系统化促进了电子工程技术的发展，同时也促进了电子工程技术在社会各行业中的广泛应用，使电子工程技术的人才需求也大大提高，尤其是电子工程设备安装和维护人员。

这方面的技术人员不仅需要了解电工知识，而且要掌握一定的计算机基础知识、设备安装调试和维修的专业技术等。因为，在现代的建筑中，计算机技术已经被应用于各个角落，如程序控制的电力系统、电脑照明与监视系统、管理系统被广泛应用于办公建筑和生活建筑中。因此，作为一个电子工程技术人员，应该对这些设备和技术有一定的掌握和了解。

14. 金融（商业系统分析员）

金融业是社会经济发展的强大后盾，金融业的发展为企业发展和人们的生活提供了便利的条件，随着计算机和网络技术的发展以及在各行业的广泛应用。金融业管理和经营的网络化已经成为金融服务的主要形式。各种金融业（银行、证券等）主要通过网络系统为顾客服务，顾客只需要通过网络的终端系统便可以随时随地获得相应的服务。

在金融业中，一方面需要金融专业的人才来从事金融行业的专业工作；另一方面需要商业系统分析员，从事金融网络建设、管理和技术维护的工作。他们必须进行良好的合作，才能使金融业正常运营。

15. 公共事业

随着社会节奏的不断加快，人们的工作和生活压力也越来越大。白天忙碌工作上的事务，回到家里又要忙家务，对于高级白领的家庭来说，这的确会给自已带来沉重的负担。于是，公共事业服务就显得尤为重要，公共事业也因此不断发展，并成为社会上的一个重要的职业。可以说，无论是双职工普通家庭，还是不断增多的高收入者，对于普通公共事业服务的需求都非常大。此外，随着社会的发展，完善的社会服务和社会保障体系的建立也是一个国家和社会发展的重要标志。

由公共事业服务而发展起来的产业包括清洁业、物业管理、公共卫生与健康保健、社区服务等等。与之相适应社会保障体系、社会福利体系等也逐步建立与完善。这些服务性的行业本身也会给就业和收入带来无限的商机。

据美国的调查表明，从事公共事业的利润变化幅度从 15％～30％，如一个小镇的家庭清洁公司一年可能收入 5 万美元，而美国东北部的一些商务清洁公司可挣几百万美元。物业管理的收入更为可观。

16. 社区医疗服务

社区医疗服务一直是医疗工作者倡导的一种理想的医疗服务方式，在科学技术飞速发展的今天，这已经不是一个梦想。在发达国家，社区医疗服务已经成为一种普遍的医疗服务方式，在一个特定的社区有相应的医疗服务机构，向该社区的人们提供医疗保健服务。在医疗诊断方面，几个医生通过互联网和计算机的病案记录可以对一个病人进行会诊，并提供诊断和治疗方案，如今这种就诊方式已经逐渐被广泛应用，在我国也已经开始远程诊断与治疗方面的工作。总之，随着社会的进步和科学技术的发展，社区医疗服务将成为未来社会的一个重要的职业。

17. 社会工作

主要从事护理方面的工作，协助病人完成日常生活中的事务。尽力满足病人的需要，协助病人获取药物和其他方面的治疗，获得教育和合法救助，投入到社会生活中，等等。

18. 信息与网络技术

随着信息与网络技术的发展，互联网已经成为信息获取、发布、产品宣传、通讯、数据的获取与传输、商业活动等的重要技术手段。倒退 5 年，多数人只知道它是基于计算机技术发展起来的一种技术，对于网络是什么样的一种技术，多数人并不是很了解。然而，在 5 年后的今天，网络已经遍布每个企事业单位和很多家庭，上网已经不再是一种时髦的现象，而是生活中的一件很平常的事情。人们通过网络获取各方面的信息，如获取商业信息、就业信息、医疗保健信息、查阅专业的资料文献、了解国内外的新闻事件、获取娱乐信息等等，甚至在网上娱乐休闲(如聊天、交友、听音乐、看电影)、购物、教学与培训、进行证券交易活动等。如今，网络已经成为很多人生活中必不可少的组成部分。

对于政府机构和公司、企业和事业单位，网络成为他们宣传自己形象的一种重要的媒体，在短短的几年时间里，政府机构、企事业单位和商业机构纷纷建立自己的网站，各种互联网的站点每年也成倍增长。从事这一领域工作的人也因此获得很高的收益。

19. 法律

律师这一职业在西方一直是众多人梦寐以求的工作，并成为高智商和高收入的象征，在社会上具有较高的地位。社会和科技的发展使违法和犯罪水平越来越高明，因此，也就需要高能力、高智力和高水平的法律工作者来解决这些违法犯罪的问题。

如最近几年受到广泛关注的侵犯知识产权的问题。我们知道电视、广播、印刷品、电子读物、音像作品、软件产品等是受法律保护的，凡是没有得到作者或相关部门的认可就任意盗用这些产品进行非法的商业活动的情况都属于触犯了知识产权法，应该受到相应的法律制裁。近几年，由于知识产权引起的专利权、商标权、版权、生物工程权方面的纠纷也逐年上升，解决这方面的法律问题也成为人们关注的热点。

20. 执法(犯罪分析家)

随着社会科学技术的发展，高科技犯罪已经越来越普遍，各国家面临的制止和破获高科技犯罪的任务也越来越艰巨，这就需要掌握高科技知识和技术的专业人才来从事这方面案件的破获工作。如处理连续性的盗窃案件时，可以通过计算机描绘盗窃案发生的时间、地点以及相关的信息，犯罪分析家可以用计算机描述与图例软件，判断出罪犯下一步将于何时何地作案。又如利用网络警察（高技术网络专家）处理网络犯罪等。

四、了解——企业的类型

社会上的企业千千万，但概括起来，可以分为四类。

贸易企业——贸易企业从事的买卖活动，它们从制造商或批发商处购买商品，再把商品卖给顾客和其他企业。其中，零售商从批发商或制造商处购买商品，卖给顾客。所有把商品卖给最终消费者的商店都是零售商，而批发商则是从制造企业购买商品，然后再卖给零售商。如水产、瓜果、文具、日用品批发中心等都是批发商。

制造企业——制造企业生产实物产品。如果你打算开办一家企业生产并销售服装、拖鞋、化妆品或为大型企业做配件——生产冰箱、饮水机、电视机的机壳等，那么你拥有的就是一家制造企业。

服务企业——服务企业不出售任何产品，也不制造产品。服务企业提供服务，或提供劳务。如房屋装修、家电维修、邮件快递、搬家公司、家庭服务、法律咨询、技术培训等行当都是服务企业。

农、林、牧、渔业企业——这类企业利用土地或水域进行生产。种植或饲养的产品多种多样，可能是种果树、苗木培植，也可能是养珍珠。

现在有不少企业已是跨类型经营，如开一家汽车修理厂，应是服务企业，你提供的是汽车修理劳务服务，但你同时出售汽油、机油、轮胎和零配件，那就兼做零售业，所以要以主要经营内容来决定一个企业的经营类型。

五、选择——适合自己的目标

天上的星星亮晶晶，哪颗星星属于我？了解了国内外职业的分类与职业的发展预测，你是否感到天高任鸟飞，海阔凭鱼跃，条条道路通罗马；同时你又觉得满天星斗，眼花缭乱。了解是登高望远，开阔视野，激活思维；选择是锁定目标，孜孜以求，渴望成功。选择是成功的起点，选择更是运筹帷幄，是对自身、对社会、对未来的一次全面而深入的剖析与决断，是勇气与智慧的大比拼。正确的选择，是成功的一半。

（一）从社会需求出发做出选择

社会是创业的大舞台，要想在社会大舞台上获得创业的成功，就必须使创业目标与社会需求保持一致。这就是人们常说的急社会发展之所急，供社会发展之所求。只有这样，社会才能支持你的创业行为，承认你的创业成果。社会需求可以参照专家的分析（就像我们上面的内容），寻找结合点，选择创业目标；也可以结合自身情况，从身边捕捉和发现商机：善于从“问题”中发现商机，想想你在工作与生活中遇到过什么问题，其他人遇到过什么问题，通过倾听他人的抱怨，了解他人的需求和问题，这也许就是你创业的目标，很多新企业、很多创造发明,就来自于生活;善于从市场中捕捉商机,留心和收集各种信息,培养自己灵敏的信息触觉,在各种各样的信息中搜寻机遇;主动出击,进行广泛的社会调查,在广泛的社会调查的基础上发现机遇;关注社会变化、关注时代潮流,在社会变化和时代浪潮中去捕捉机遇;步入社会的交叉地带和行业交叉地带,在社会的交叉地带和行业交叉地带探寻机遇;开拓空白地带,在社会的空白处挖掘机遇和创造机遇。高职学生在创业初期,由于资金与技术的局限,可以从服务与营销入手,如公共事业服务、网络服务、餐饮服务、旅游服务、咨询服务、邮政快件服务、维修服务等等;营销天地也很广,开个茶室、开个影楼、开个网吧、开设家教公司、营销电话卡、营销电子产品、营销体育产品、营销学习用品、做外贸业务等等。

欧元的出台,是人人皆知的信息,海宁有家皮革企业从中得到商机,欧元的大小与原欧洲各国货币的大小有别,欧元启用,必定对皮夹有新的要求,于是这家企业赶在欧元启用前,生产了大量适合欧元的皮夹,在欧元启用时出口欧元使用国,结果得到了丰厚的回报。航天技术好像离我们很远,但宁波有家电子企业,为"神舟五号"生产电子配件,企业老总得到了到发射基地观看发射实况的殊荣。随着汽车的日益普及,由此而产生的商机不断涌现,从维修保养,到汽配件的营销,而今汽车装饰与美化、汽车俱乐部、汽车咖啡屋等也悄然兴起。

(二)从自我优势出发做出选择

不同的行业因其性质、特点不同,对创业者的能力要求也不同,而任何人又不会全能全知,有所长,必有所短。因此,在你选择目标时,必须正确地认识自己的能力与优势,了解自己的个性与特长。你要了解自己能做什么,如计算机专业的可以做计算机的营销、维修与服务;广告专业的可以开设广告设计公司;外贸专业的可以自己从事外贸交易;营销专业的可以从事中介服务等等。力求做到扬长避短,与创业的具体要求相匹配。否则,舍长就短,必无好结果。

(三)从自我兴趣爱好出发做出选择

从商业来看,成功与兴趣有密切的联系。一个人的兴趣和爱好往往能成为其生活和事业的主流,而取得意想不到的成就。因此,在选择创业目标时,请考虑你自己的兴趣爱好。当你的兴趣爱好与你的创业意向、社会责任感结合起来时,就可以给你带来许多创业的灵感与乐趣。丁磊中学时代酷爱电脑,高考时听从家长的劝导,报了通讯专业,毕业后到宁波电信局工作,可谓专业对口,但他还是自己跳了出来,在IT行业大展宏图。

然而,每个人能够适合其发展的事业是有限的。如果你选择先就业后创业,通常情况下,大都先从自己原先工作的行业范围内求发展,做贸易的还是做贸易,搞设计的还是搞设计,只不过原先为别人打工,创业自己做老板。当然,也不排除半道出家者,虽然选择事业与原先工作毫不相关,但顾客定位仍然是原先工作所认识的顾客。

(四)从自我实力出发做出选择

确定目标,还要充分评价你的财务状况,办企业除了自身能力、外在机遇,创业需要有启动资金,自己积累、向家庭借钱、与同学合股、从银行或金融机构贷款、争取风险投资。财务状况要有明细表,精打细算,量力而行,留有余地,不能影响正常生活。一般情况,有多少钱办多少事。对高职学生而言，志向要大，目标要实，计算要精，起步要小，任何大企业都是从小企业发展而来的。

(五)正确认识专业与创业

创业与专业既有联系，又无绝对联系，至今还没有确切的数据可以证明专业内创业与专业外创业之比。曾几何时，在创业的天地里，可以不分老幼、不分学历、更可不分专业。中国乡镇企业的崛起就是一大明证，今天下岗工人的再就业与再创业，依然在说明着这样一个问题。然而，21 世纪是知识经济时代，知识经济是以知识为基础的经济。经济合作与发展组织对知识经济的内涵概括为：知识经济是建立在知识和信息的生产、分配和使用之上的经济。因此，创业对创业者和知识要求已超过任何一个时期，今天没有知识要创造辉煌的业绩已变得十分困难，但是专业与创业还没有十分明确的联系。

张瀛在大学学的专业是会计。1994 年大学毕业后，进了沈阳的一家公司做财务，1998 年辞职前往地中海国家塞浦路斯求学。2002 年来到北京，在北京一家会计师事务所从事审计工作，希望在北京闯出一番事业，却未能如愿以偿。终于，在 2003 年初，她回到了老家沈阳，希望在沈阳开始自己的事业。在一个偶然的机会，一个“免费学电脑”的广告吸引了张瀛的注意，这是一家名为席琳电脑的电脑培训公司。经过两个月的考察学习，张瀛对席琳的情况已了如指掌。3月份，张瀛在沈阳开出了一家席琳电脑培训的加盟连锁店，短短一段时间，张瀛的小店生意火爆。

2003 年 4 月底，张瀛怀着对浙江市场的信心，将沈阳的店托付给亲友管理，自己只身来到杭州。5 月，张瀛的席琳电脑培训就正式在杭州落户，度过初期信誉危机，张瀛已逐渐在杭州电脑市场站稳脚跟。一个财会专业的女生，最终在电脑培训市场放飞了创业的梦想。①

小孙是 2002 年杭州商学院法律专业的毕业生。离开学校后，他便开始了多彩人生的种种尝试，先是在杭州一家服装公司跑销售。一段时间后，小孙辞职，到农贸市场开起了调味品店，2003 年 6 月又开起了服装店。谁能想到法律专业竟能调出多彩人生。

从我们了解的毕业后直接创业，并在市场里坚持闯荡的学生，多是广告专业和计算机专业的毕业生。

林中达，宁波职业技术学院商业摄影专业 2003 届毕业生。2003 年 3 月，即将毕业的林中达，渴望早日接触社会，锻炼自己，于是他来到系里为他推荐的一家摄影工作室和一家广告公司当助手，一边实习一边完成毕业设计。

实习期间，林中达曾多次跑人才市场，寻找适合自己的工作。“毕业生该经历的过程，如递简历、面试、遭淘汰等，我都经历过。”通过观察，他发现，宁波还没有上规模的广告公司，中小型的广告公司又都没有专门的摄影部，而是将摄影交给专业的

① 电脑培训是座富矿. 钱江晚报. 2003-8-11.14.

摄影公司做。因此，林中达觉得，现有的广告公司能提供给自己的就业空间和发展空间较小。

当时，林中达所实习的广告公司发展前景不错，但他还是走出来了。毕业后，林中达在宁波世纪龙腾租下了一间不大的办公室，投入四五万元的硬件设备，开始经营自己的事业。开始林中达也遇到来自社会环境、市场竞争等诸多方面的压力和阻碍。在实习期间，林中达没有接触过跑业务、拉客户等环节。公司成立后，生存的首要问题就是客户，从跑单到摄影，林中达必须一肩挑，压力很大。跑业务时，受刁难、吃闭门羹是常有的事，林中达说："公司要运作，就必须能吃苦，有自信。"在一年左右的时间里，公司已经有了5家长期客户。

知识经济时代呼唤复合型人才，一专多能，跨学科发展。专业是创业的基础，但并不决定或限制你的创业目标的选择。

(六)寻找创业的切入点

确定创业方向。万事开头难，创业尤其如此。然而，选择好适合于自己的创业方向，开一个好头是至关重要的。平稳、顺利的开局会大大增强你的自信心，帮助你积累起一定数量的资金，为进一步创业打下基础。随着创业经验的日趋丰富，企业实力的日益雄厚，事业会越干越大，创业者的感觉会越来越好。如果选错了创业方向，一开始就碰一鼻子灰，先赔一笔钱，"出师未捷身先死，长使英雄泪满襟"，往往会使创业者的信心受到重挫，甚至动摇创业者的决心。那么，如何做出正确的选择，确定自己的创业方向呢？综合目前的市场形态和专家意见，我们认为，可以从以下四个方面入手。

1. 从见效快的项目做起

让创业投资尽快产生效益，这是创业者的共同心愿，但见效的快慢是相对的，是比较而言的。我们在确定投资项目时，可以着眼于从相对能较快产生效益的项目做起。这里，专家们从6个方面给我们提供了参考性意见：第一，小型比大型好。小型项目投资少，形成生产能力快，运作环节相对较简洁，一旦出现明显的行业风险，也能凭借"船小调头快"的优势来规避风险。第二，轻工优于重工。轻工业产品大多为消费品，如文具、玩具等，从产品设计到产出的过程较短，投资风险较小，有望在较短时期内见效。第三，餐饮和食品优于一般用品。民以食为天，千家万户一日三餐是绝对少不了的。更何况，我国目前正在全面进入小康社会，一轮新的消费升级热潮正在形成，餐饮业和食品业更是面临巨大的发展机遇。第四，做女人的生意比做男人的生意更能赚钱。中国城市家庭中，女人多为掌握财政的"一把手"，女人一般也更愿意在美容、健身、服装等消费领域花钱。因此，针对女性消费者的市场机会会比其他市场机会更大。第五，小孩比大人更容易形成新的市场消费热点。在我国，大多数家庭都是独生子女，在城市尤为如此；父母们更乐意为自己的"小皇帝"买单，孩子们的需求很大程度上左右着家庭的消费。第六，专比杂好。综合经营、多种经营虽然有利于减少风险，但专业性强容易形成生产经营特色，容易在短时间内打响某一品牌，所以通常形成品牌都需要依靠专业经营特色。从这一角度来看，初创时期，加盟品牌连锁经营不失为一条见效快的创业捷径。

2. 从干小事、求小利做起

经济生活中有一条规律是得到大家认同的，即风险与收益是成正比的。一般而言，风险大、收益也大；风险小，收益也小。对于已经有了一定基础，有能力发展多项业务的公司，为了开拓发展空间，扩大赢利层面，有时大胆去冒一点风险，也是值得的。然而，对于刚刚涉足创业门槛的大学生来说，创业的资本还不雄厚、经验更为欠缺，应该避免参与风险大的投资，而应该将为数不多的一点资金投于规模较小，但风险也小的事业中去，先求小利，而后，依靠滚动发展再赚大钱。不少企业家开始创业时搞的都是极不起眼的小本买卖，然而，稳扎稳打、步步为营，大事就在逐步发展中与你相约。

举世闻名的快餐王国麦当劳的创业故事是很能够说明这个道理的。那是在上个世纪的1928年，年轻的麦克唐纳(后也被译作麦当劳)兄弟在美国东海岸的加利福尼亚开一个小影院，并在影院边上兼营一个专卖汉堡包的小食店，但看起来毫不起眼，每个仅15美分的汉堡包第一年的营业额竟高达25万美元。这比小影院要赚钱，于是麦克唐纳兄弟便干脆专营汉堡包，并成立了当时规模不大的麦克唐纳，并得到了很好的发展。二十几年后，一个名叫克罗齐的小老板从麦克唐纳兄弟手中逐步买下了整个快餐公司并将连锁店开到了欧洲、南美、非洲乃至亚洲，建立了世界上最大的快餐王国。

这是一个典型的从小处开始创业、稳步发展而卓有成就的成功例子。

3. 参与品牌特许经营是一条创业捷径

随着市场经济的逐步规范化和人们消费品位的提高，品牌意识在我们的生活中变得越来越重要，不管是商业营销还是服务行业，商家们都着力营造他们的品牌，消费者已愈加重视品牌。在这种形势下，近几年来出现了颇为热门的品牌特许经营，吸引了一大批创业者。2003年，在杭州举行的“2003年春季特许经营(浙江)展览会”竟吸引了5000多个投资者，400多家品牌参展商与上千创业者签订了合作意见，其中300余人当场签下了加盟合同。合作的项目多为彩扩(数码冲印)、家具销售、快餐等与大众生活关系密切的行业。因为是特许的连锁经营，所以，创业者可以省去许多前期准备和审批过程，其营业场所装潢等琐碎事宜一般也由品牌商统一安排。最主要的是连锁特许经营的门槛不高，首次投入一般都在10万～20万元人民币以内，大部分创业者可以承受。因此，加盟品牌特许经营不失为一条创业捷径。

4. 迂回创业，借鸡生蛋

资金问题是大学生创业面临的第一道坎，要突破这一道坎，无锡的一些大学生正以“借鸡生蛋”的方式寻找自己的创业入口。

毕业于苏州大学管理学院的陆同学与两个校友组建的创业团队以一个部门的名义挂在了一家颇具实力的人力资源公司旗下，每年的营业额按一定比例与公司分成。之所以走这条路，陆同学表示，首先可以免去许多前期投入，如去工商局登记、注册，租赁办公地点、置办办公设备等，省下一大笔资金和不短的一段时间；其次，开业投入仅数万元房租、水电费等也都由公司“买单”。这样，稳扎稳打起步，等时机成熟再考虑“自立门户”也是一条较为可行的路。

毕竟作为刚刚走出校园的大学生，很少能轻松拿出足够的资金来运作一个公司，而“借鸡生蛋”，能利用别人的资金、品牌、组织机构、社会关系、人员去干事业，事成之后，大家参与利润分成，这是公平的，更是可行的。应当承认，采取迂回创业的方式是一种现实的选择。

(七)党的十七大给创业者提供了最佳创业机遇

中国信息经济学会电子商务专委会副主任，全国网络营销计划推广委员会巡讲团专家，联合国开发计划署创业孵化器项目指导专家，天津市职工科技大学教授王汝林先生分析。

1. 抓住民生项目，开发潜在服务商机

党的十七大指出：发展为了人民，发展依靠人民，发展成果由人民共享。党的一切奋斗和工作都是为了造福人民。因此要：“保证群众基本用药”、“加快解决城市低收入家庭住房困难”、要做到“学有所教、劳有所得、病有所医、老有所养、住有所居”等内容，处处体现出关注民生、构建和谐社会的音符。

现在许多新创业的朋友苦于瞪着两眼，找不到项目，党的十七大报告传达的信息告诉我们：围绕民生方面开发新的商业项目，商机巨大，前景广阔。仅以“学有所教、劳有所得、病有所医、老有所养、住有所居”为例，就包涵着丰富的内容。需要我们深入理解其内涵才能找到我们创业入手的对接点。

仅以老有所养这句话为例就不再仅指吃的饱、穿的暖、住得下，还包括：

养生需求：包括老年食品，老年保健品，老年理疗品，老年营养品、老年文娱用品、老年旅游用品、老年视听用品、老年书画用品以及老年服装的开发、销售、配送。

陪侍需求：包括拐杖、扶椅以及生活不能自理老人的陪护、理疗、就医等。可以开发的领域十分广泛。

休闲需求：随着现代科技的发展，老人的休闲不再只是打扑克，下象棋。已经创新化、理疗化，静心化、电子化了。可以开发的项目很多。比如“网上钓鱼”、“漫步转身理疗器”、“能听音乐的晃动躺椅”、“无土栽培的微型花卉”、“具有语音提醒功能的床头座钟”、“具有活动手指功能的‘大厦重建’”等。商品很多，商机很大。

2. 进行生态思考，“开发”绿色营销“商机”

党的十七大上提出了一个新名词——“生态文明”。生态文明建设，把党的政策理论与百姓的实际愿望联系到了一起。发展为了什么？就是为了国计民生，就是为了不断提高人民群众的生活水平，就是为了使祖国的天更蓝，山更青，水更绿。更能喝上放心水。吃上放心肉。

这种生态文明建设的要求，不仅应该成为每一个劳动者奋斗和努力的目标，而且，建设和培育生态文明的要求，应该成为我们创业者行动的指南。

从这种生态思考中，我们就会发现巨大的商机。什么商机呢？这就是进行“绿色营销”。所谓绿色营销，是指以保护环境和回归自然为主要特征的营销活动。其主要特征是：提倡绿色消费观念，创造绿色消费环境，营造绿色消费的群体意识。培育绿色文化，进行以绿色产品为主要标志的产品开发和市场开拓活动。

这种绿色消费浪潮，适应了人们保护和改善生态环境、实现全球经济可持续发展的要求。

因此,得到了快速的发展和各国消费者的认同。

绿色营销的内涵十分丰富。它包括绿色食品、绿色家具、绿色家电、绿色旅游、绿色信贷、绿色建设施工等。随着生态文明建设的开展,大型超市会用可降解塑料袋,替代了长期使用的包装袋,快餐店的可降解纸质容器会代替泡沫塑料包装盒;饭店会取消使用一次性筷子;一些宾馆和写字楼会采用节能型冷却塔或冷水循环,一些工厂企业会进行废热回收、飞尘回收;一些建筑工地会进行噪声控制,等等。所有这些项目都会提供大量的创新采购机会,增值采购机会。这对创业者难道不是极大的好事吗?

3. 依据创造条件让更多群众拥有财产性收入的要求,开发“多维创收”的商机

党的十七大提出的“创造条件让更多群众拥有财产性收入”的原则,不仅要求我们要多拓展渠道、多提供机会,让老百姓的财富保值增值,而且,要开辟新渠道让老百姓拥有和获得更多的财富。

实践中,“财产性收入”是指家庭拥有的动产(如银行存款、有价证券等)、不动产(如房屋、车辆、土地、收藏品等)所获得的收入。它包括出让财产使用权所获得的利息、租金收入等;财产营运所获得的红利收入、财产增值收益等。更包括品牌的转让、域名的转让、品牌和商业信誉的使用许可、专利等无形资产的转让所获得的收入。这就为我们广大创业者进行品牌扩张,网络连锁、专利折价入股等提供了新的商机和新的思路。创业者应该抓住机会实现多路进财,多维创收。

4. 把握文化大发展机遇,开发“文化营销”商机

中华民族的伟大复兴,必然伴随着中华文化的繁荣兴盛。小说、音乐、戏曲以及群众性文化活动的繁荣,必然延伸和带动文化产业和文化相关产业的发展和繁荣。还会影响和带动文化创意产业、文化服务产业、文化娱乐产业的发展和繁荣。特别是随着社区建设的加强。社区必将成为群众文化的重要阵地。

不仅书、报等将大量进入社区,而且,现代影视、音像制品、电子图书、电子阅览等也将获得快速发展。特别是,由于我国文化底蕴非常深厚,具有地方特色的民间工艺品,民间剪纸,年画,竹编、草编工艺品和丰富多彩的民间艺术都将得到发展和壮大。必将开启和形成一个巨大的文化商品市场。必将产生和提出大量的商业需求,提供大量的商业机会。

更为重要的是:这种文化的大发展和大繁荣,必将推动现代营销学的发展。文化营销必将成为新的、重要的营销内容。

企业文化学的奠基人劳伦斯·米勒说:今后的500强企业将是采用新企业文化和新文化营销策略的公司。这句寓意深刻而又富有哲理的话值得中国的企业和企业家深思。

劳伦斯·米勒的论断,既指出了跨国企业营销战略转变的趋势,又指出了世界500强企业营销战略的重点。正因为文化营销中所蕴涵的知识底蕴和文化因子,已经成为未来财富的重要源泉。成了新形势下最有生命力的、可以增值的价值。因此,广大网络创业者一定要看到和把握这种趋势。紧紧抓住文化营销的战略链条。特别是网络创业中,这种对产品的文化沟通将更加便利,更加广泛,更加互动。因此,也就提供了更多开拓和获得商机的可能性。

5. 抓住人力资源亮点 开发人力资源培训商机

党的十七大报告指出要建设强大的人力资源大国。经济和社会的快速发展和繁荣，必然提出更高的、更加急迫的人才需求。因此，从事人力资源的开发和建设的创业者，特别是从事职业技能培训、职业介绍、职业指导的机构必将获得千载难逢的发展机遇。

因此，从事人力资源开发的创业者，应该抓住党的十七大提出的新亮点，根据现代技术更新快、发展快的特点，进一步大力开发其中的商业机会。不仅可以开展专业技能培训、安全培训、创新管理培训，而且还可以开展定点培训、定向输送、定期培训、定向输出以及创业培训、二次创业培训等创新培训项目。开发人力资源和就业需求对接市场以及网络化的培训和招工市场。为人才的培养、招工、输送搭建绿色通道。①

(八)选择适合于自己的经营方式

对于创业者而言，除了寻找合适的切入点，选择适合于自己的经营方式也是一个重要的课题。大学生创业应尽量利用自己的知识和科技优势，发挥自己的特长，以使自己在创业竞争中取得先机。目前，大学生创业选择较为普遍的经营方式有以下几种。

1. 咨询服务

咨询服务业是近几年来迅速兴起的新兴行业。创业者利用自己在某一专业领域掌握的科学技术和专业知识，为顾客提供诸如金融投资咨询、固定资产评价评估、专业材料数据服务以及设计等专业性较强的咨询服务，使顾客在接受咨询中获得知识及利益。

2. 商业零售

商业零售的进入门槛较低，规模大小可由创业者的实力来决定。但由于其销售对象为最终消费者，因此，竞争十分激烈，经营场所的位置，服务对象、定位、商业区域人气等因素对创业成功与否影响较大。

3. 代购代销

这是指用合同的形式，受人委托代为收购、销售的一种经营方式。这种经营方式灵活，经营范围比较广泛，尤以农业产品季节性营销较为常见。代购代销需要有一定的经营场地，经营者可以从中赚取一定比例的代购代销费用。这种经营方式的长处是资金投入少、风险较低，但是，经营者须特别注重信誉。

4. 来料加工，来样加工

从事生产、加工的创业经营经常采用来料加工、来样加工的经营方式。这种方式由于产品的销路有保障，因此风险较低，但创业者须与对方签订规范的合同，明确双方的权利、义务，以防止经济纠纷。近年来，在对外贸易业务中，也经常采用这种经营方式。

5. 餐饮服务

餐饮服务是一种最为普通，科技含量较低，但潜力巨大的行业，其门槛也不高。但正因为上述几个特点，其行业竞争最为激烈。如果创业者没有明显的行业优势和经营特色，要在这

---

① 大学生创业网讯. 中国大学生创业网，2008-08-26.

一行中获得大的成功较为不易。

六、进行——SWOT 分析

在你确立了创业目标，有创办企业的理念与策划后，你还需要对其进行检验，考察它的可行性。SWOT 分析即优势（Strength）、劣势（Weakness）、机会（Opportunity）、威胁（Threat）分析法。

优势是指你的企业的长处。如机遇优势、技术优势、服务优势、资金优势、地域优势、产品优势等等。

劣势是指你的企业的短处。如价格劣势、广告劣势、客户劣势等。

机会和威胁是你需要了解存在于企业外部的你无法施加影响的因素。机会是指周边地区存在的对企业有利的因素，如产品日益流行、附近没有同类商店、新建住宅小区的落成，潜在顾客的增加等。威胁是指周边地区存在的对企业不利的因素，如同类产品企业多、原材料价格上涨导致你出售的商品价格上升、产品过时等。

分析的结果，你必须有以下几种决定：

坚持自己的目标，并进行全面的可行性研究。

修改自己的目标。

放弃原有的目标，另寻目标。

科学地确定目标，是事业成功的一半，请走好这一步。

思考与练习

1. 你认为高职学生可以涉足哪些行业，而哪些行业较难涉足？为什么？

2. 根据自身实际，你会选择何种行业进行创业？为什么？

3. 设想你将创办一家小企业，尽可能全面地思考你可能遇到的问题，并试填写附录 2 的创业计划书。

第五讲

创业与就业

引 子

浙江越秀外国语学院经贸英语专业毕业生陈建明，2002年毕业时被绍兴县新天龙纺织有限公司录用，担任业务经理，负责欧洲市场的开拓，工作业绩极为出色，2003年就使公司销售额首次达到1.5亿元，2004年更进一步提升为2.5亿元，2005年被派往美国负责美国办事处的筹建工作及市场开拓，又使公司业绩突破3亿元，深受公司的器重，但其在2006年开始艰辛的创业之路，创立绍兴县柏鸿纺织品有限公司，现任该公司总经理。

浙江越秀外国语学院应用英语专业毕业生杜建斐，2004年毕业后进入国家级重点中专——绍兴市职教中心担任专业教师，工作稳定，待遇优越，但其却在2005年离开稳定的工作岗位，创立绍兴市卓越教育培训学校，经过几年的发展，该校已经成为集学历文凭教育与业余培训于一体的专业培训机构。

一、稳健——先就业后创业

有了理想，有了目标，再加上激情、冲劲和活力，大学生创业有着独特的优势，但同时我们还需要理智和冷静。创业并不是简单地开一家公司，也不是开了公司就会财源滚滚来。美国安利事业创始人之一、200万员工的跨国企业领袖理查德·狄维士在其著作《自助者天助》中写到："你有没有梦想？有人朝着梦想走，一下子就成功了……杰伊和我念高中时，就开始梦想创业，我们开着第一部小货车踏上为期三周的运输之旅，我们做生意了，为自己工作，就算遇到爆胎或路面崎岖不平，我们仍然享受旅途上的每一分钟。"①这段文字以轻松、优美的笔调记录了一段创业之路，但我们不能忽视，在创业路途中，理查德·狄维士也遭遇过"爆胎"，也走过"崎岖"之路。

对于创业路的坎坷，你是否有了足够的准备，包括能力、素质和资金？你是否有了足够的经验来帮你处理和承受各种问题、困难和压力？在竞争异常激烈的当今社会，决定创业者成

① 能创业的大学生是社会的财富. http://www.gog.com.cn/gzrb/g0215/ca347898.htm.

功与否的因素有很多，诸如专业技术能力、社会交际能力、组织管理能力、营销能力、洞察能力、筹资能力、用人能力、开拓能力等，而这些正是刚走出校园的大学生所欠缺的。即便你在校期间已经开始小规模创业，但那只是在小溪中划船，风浪不大，且老师随时都能在岸边协助。而走上社会就像驶入大海，要时刻准备接受巨浪的考验，要完全依靠自己的力量到达彼岸。

从目前来看，选择先就业后创业的人越来越多。因为，大部分毕业生的创业条件都不成熟，都需要从职场上增长和充实各方面的见识。事实上，就业与创业非但不矛盾，就业还有助于创业。与校内的学习和课余的实践相比，就业是真正地步入社会，且需要你融入社会和适应社会。就是在这样的过程中，不仅使你的能力得以提高、阅历得以丰富，更使你的心智得以成长、思想得以成熟，而这些都将成为你创业的宝贵财富和制胜法宝。因此，先就业后创业，不失为充分融入社会，从职场中提升创业能力的一种好途径。

(一)就业帮助你第二次认识自己

在确立创业目标前我们已经进行了第一次自我认识，认清自己的性格和气质，知道自己适合做什么，不适合做什么；认清自己的学识和能力，知道自己掌握什么，欠缺什么；认清自己的优缺点，知道自己的长处是什么，短处是什么。通过这几方面的认识做到自知。但是，从生活的多棱镜中，会映射出怎样的你？你对自己的才貌、学识、成绩、贡献以及自己在别人心目中的地位等等，有没有估计得过高？真正遇到问题、遭遇困难、面对压力时你又会如何表现？等等。诸如此类的问题，都需要通过第二次自我认识来解答。

就业是进行第二次自我认识的有效途径。通过在职场上认识和鉴别不同的人、不同的事和不同的环境来进一步认识自己，这是一次自我认识的深入。在不断深入认识自己的过程中，不仅能修炼和完善自我，还能使你的创业目标不断完善，并更为明确。

某高职院校旅游专业的李怡，喜欢旅游。同时与宾馆工作相比，她觉得导游社会地位高，更具吸引力，因此在选择专业方向时，她选择了导游方向。李怡成绩优秀，办事踏实，个体素质不错，并考取了导游证，但李怡性格内向敏感，不善言辞，不善与陌生人打交道。就业后，李怡在带团的过程中，发现自己的个性与职业要求差距太大，难以适应。李怡是个要强的人，希望成为一名出色的导游，因此内心充满了痛苦。经过反复的思考并结合职业指导教师的建议，李怡尝试着到酒店工作，她的压力比带团小多了，办事踏实的优势得到了充分的发挥，工作过程中她发现酒店管理工作也很有发展前途。

(二)就业帮助你获取经验

一艘货轮在空船返航途中，在浩渺的大海上，突然遭遇巨大风暴，货轮在暴风雨中不停地摇晃着、颠簸着，水手们惊慌失措，只有老船长镇静地指挥着："打开所有货舱，往里面灌水。"水手们更是不安和不解："往船里灌水不是自找死路吗？"船长镇定地说："大家见过根深干粗的树被暴风刮倒过吗？被刮倒的都是没有根基的树。"水手们半信半疑地照做了。四周的暴风巨浪依旧那么猛烈，但随着货舱里的水位越来越高,货轮渐渐地平稳了。船长告诉那些松了一口气的水手们:“一只空木桶,是很容易被风打翻的,如果装满水负重了,风是吹不倒的。船在负重的时候,是最安全的;空船才是最危险的。”①

遇事镇定自若的老船长与惊慌失措的年轻水手,他们的区别就在于“经验”。所谓经验,按辞海的解释,泛指由实践得来的知识或技能,也指由历史证明了的结论。

对行业缺乏深度审视,对社会和大众消费缺乏深刻了解,对具体的市场开拓缺乏经验与相关的知识,缺乏从职业角度整合资源、实行管理的能力,盲目创业,是大学生创业的“通病”。有的大学生也许会说,“我们学过《市场营销》、《企业管理》”,“我们知道如何计算盈亏”,“我们了解什么是风险意识”……但是,学识不同于见识。学识可以从书本上、课堂中获得,而见识则是经一事、长一智,必须从经验中积累而成。

陆游云:“纸上得来终觉浅,绝知此事要躬行。”只有充分融入社会,增进对人、对社会的认识,丰富自己的知识体系,积累各种经验,才能促进自己事业的发展和人生目标的实现。一位拥有20年创业经验的总经理曾说:学历是打基础,而就业中经验的积累很重要。就业不一定要找好的环境,最好找没有冷气、不必戴领带的地方,从工人做起。在工作中磨炼个人的耐力,累积各种经验。

胡明川,宁波职业技术学院商业摄影专业2002届毕业生。

在高中就开始接触油画的胡明川,为了锻炼和提高自己的绘画水平,经常在课余接一些为餐厅画壁画的小工程。进入大学后,他选择了商业摄影专业以拓宽自己的技能,并萌生了开一个工作室的念头。他充分利用自己的课余时间,跑摄影棚,或是为同学拍照。大一暑假,在老师的介绍下,他接下宁波金国宝大酒店400平方米壁画的工程,并为自己挣得了进大学后的第一桶金,1000元。这项工程对胡明川的影响很大,在老师的指点下,使他的创作初显成熟。

胡明川始终认为,实践很重要,无论是材料的运用,还是设备的使用,都要从实践中获取经验。因此,无论是在校期间还是走上社会,胡明川都紧紧把握每次实践的机会。

大二暑假,胡明川随老师赴广州考察学习。在两个月时间里,他细心观察,虚心向专业人士请教,使自己的摄影技术渐渐成熟。大三实习期及毕业以后,胡明川先后到上海、杭州和温州的三家公司工作。在上海,是一家规模不小的照相馆。虽然待遇很好,但不是专业的广告摄影公司,不能满足胡明川对专业技能的需求。于是,他来到杭州一家专业的产品摄影大公司。几天后,公司又将他介绍到温州一家小有名气的商业摄影公司,跟着一位专业师傅当学徒。在温州的两个月时间里,用胡明川自己的话说,“我把自己埋得很深”。他虚心跟师傅学技术,从了解产品的定位,到拍摄产品时如何选角度、如何调光线、如何用底,再到学习与客户交流。胡明川将自

① 众行管理咨讯研发中心.新进员工职业化训练学习方案之心态篇.广州:广东经济出版社,2003.

己深"埋"在工作中，每天从早上8点做到深夜12点，努力吃透师傅教给他的知识和技巧。从只被允许在师傅边上看，到为师傅打灯，再到完全自己拍摄。艰苦工作中获取的经验，尤其对拍摄冶金、玻璃等高难度产品的技巧的掌握，让胡明川获益匪浅，为他现在的创业打下了坚实的基础。

2003年夏天，胡明川成立了自己的工作室——斑点广告摄影工作室。过硬的技术，加上良好的信誉帮胡明川建立了不少客户，有广告公司、报社、超市、饭店等。

回想当初的日子，胡明川感慨地说："虽然每月只有600元工资，但确实学到不少真本领，积累了不少宝贵经验。"

由此可见，就业的经验就是创业之本。从小地方开始，许多小事的积累会帮你一步一步接近最终目标。

(三)就业帮助你建立良好的人脉关系

所谓人脉关系，是指人与人之间积聚起来的深厚的因缘。在现代商业社会里，人脉关系是工作者愈来愈重要的资源。在许多聚会、社交场合或研讨会上，有些人极力想认识每一个在场的人，扩大自己的关系网，为工作赢得一些便利。

国内知名购物网站"当当"网的董事长曾说："人脉关系对我的重要性太大了。以我做企业的经历，我的感受是，有许多机遇，给谁都一样，但是为什么给你？靠的就是人品和人脉关系。"因此，借助你的第一次就业，建立起良好的人脉关系，对于你将来的创业会起到有效的推动作用。

人脉既包括你的上司、你周围的同事，也包括你的客户、你的同行，以及你在工作中接触到的所有值得你交往的人。良好的人脉关系不是靠共同的吃喝玩乐建立起来的，而是在互敬、谦虚和学习中形成的。尤其是结交一些客户朋友，结交同行或相关行业的一些朋友，在你的独立创业中，他们将成为你的首批"支持者"。同时，他们的人脉也许又能为你创造不少机遇。

除以上几点外，创业开始还需要资金的投入来注册办证、租办公室、购买设备、雇佣员工、进行宣传推广等，就业能帮助你积累这第一笔创业资金。

综上所述，就业是创业的助跑器，就业可以成为未来创业的基石。鼎强电子的董事长徐进达在冷冻空调业工作十余年，才创立"贡山空调"，展开创业之路。他曾说：创业没有时间表。只有本身的主观条件与客观条件允许，时机成熟，你才掌握了创业的契机。因此，自我认识不够、缺乏实践经验的大学生，在羽翼还未丰满、准备还不充分时，不要急于当"老板"。先在就业中积累经验、完善自我，让就业为你将来更好地创业助一臂之力。

二、寻找——就业岗位

今天的青年创业者很可能就是明天的成功企业家，但是创业成功并非易事，需要掌握创业的技巧，学会创业的方法。拥有世界各地共18家旅馆与度假中心的桑纳斯塔连锁旅馆总裁斯蒂芬妮·桑纳班德说："当你找到一份工作，而它会带领你进入另一个视野，这就是开创事业，而这份工作就是你事业的起点。”[1]因此，有志创业的大学生不必拒绝就业，并且要善于抓住就业机会。

(一)选择对口行业为上策

有了创业目标的毕业生，如果能进入对口行业就业，对将来的创业自然会起到极大的推动作用。当你毕业时，若有机会从事对口行业，就要紧紧抓住。

从事对口行业，能帮助你充分了解到诸如产品和技术优势、经营策略、营销策略、人力资源、信息资源、业务流程、行业关系等本行创业所要面临的种种问题；能帮助你学习处理各种人际关系、克服各种困难，学习每一个部门的运作、每一个业务流程的开展，借鉴上司的管理方法、上司的经营策略。对口行业的从业经历，能帮助你冷静应对创业可能出现的各种变化、可能遭遇的各种挫折、可能经历的各种风险。

因此，从对口行业的点点滴滴中积累经验，并充分地为我所用，将为你的成功创业打下扎实的基础。

外贸专业的小陈，由于在校期间考出了报关员和外销员的职业资格证书，毕业时顺利进入浙江一家著名民营企业工作。小陈在了解企业产品和主要业务后，就开始跟着师傅接受公司的外贸订单，然后联系下游厂家生产，组织货品，到海关办理相关手续等，几个来回后，小陈熟悉了外贸出口的整个流程，工作起来得心应手。几年以后，小陈就成了企业的业务骨干，拥有了一批固定的客户，为独立创业打下良好的基础。

(二)“改嫁”其他行业不失为下策

求职者当然都希望自己能专业对口，学有所用。尤其是志在创业的大学生，更希望就业岗位能与自己的创业目标相符，从中学到行业经验。但从现实情况来看，人才供求失衡，专业结构需求失衡，也许你找不到理想的行业，而必须“改嫁”非本专业的行业。对于这种就业现状，我们要冷静对待，切不可片面强调专业对口而坐失良机。

企业管理专业毕业的印家玮，一踏出校门即面临居高不下的失业率阴影。在工作着实难找的情况下，她选择了以“一年一约”的派遣人力身份，进入明基电通担任总机工作。印家玮坦白地说：“其实那个时候我根本不了解何谓人力派遣。”不过，当工作机会来临时，印家玮并未因人力派遣属于非正式员工而加以拒绝，反而乐意地迎接属于她的第一份工作的挑战。

虽然在一般的印象中，总机工作的学习机会不如其他工作多，不过，笑容甜美的她并不抱怨，从接听电话的应对技巧、接待、行政总务，到熟悉人力资源的运作等，甚至倾听误打客户的抱怨电话，每一个学习的机会印家玮都非常珍惜，“尤其这份工作对于人际关系的掌握有很大的帮助”。在每天人来人往的明基电通柜台前，印家玮永远以最专业的态度、最甜美的笑容，接听每一个电话、接待每一位访客。

① [美]贾森·里奇. 赵思愉泽. 瞄准 CEO. 上海：上海远东出版社，2000. 57.

后来，明基的柜台前就再也看不到笑容可掬的印家玮了。因为她已经顺利地申请转调部门，不但成为明基正式的一员，而且进入了明基的手机部门担任业务助理一职。①

从此例可见，不同的行业既有各自不同的运作方式、业务流程、行业环境，也有着共性。只要自身能融会贯通，凡事多留心，多看、多做、多悟，同样可以学到经验。

弯路也是一种路。对于涉世不深的大学生创业者，第一次就业很能锻炼毅力、培养能力和挖掘潜力，即使与你的创业目标行业不符，也不妨"做一行，学一行"。只要有心，总会有一份经历，同样可以积累创业的财富。

(三)避开种种择业误区

就如毕业生容易进入择业误区一样，志在创业的大学生也容易进入误区，例如："牌子不响的单位学不到东西"；"月薪不高，还得受雇于人，不如不干"；"做个小职员，不如当个小老板"等等。想创业的大学生必须调整好自己的心态，今天的就业目的在于为明天的创业做准备。因此，不要太过苛刻地择业，错失历练自己的机会。

1. 不必苛求"名牌企业"

求职者对于知名大企业的看法总是，内部环境好，发展空间大，自然可以学的东西也就多。对于将来想自己创业的大学生来说，进入大企业更是尽快帮助自己积累经验、开创未来的好"基石"。同时，大企业又是一种高地位、好名声的象征。于是，大企业往往"门庭若市"，而小公司门前多是徘徊犹豫者。

其实，大企业虽好，也存在弱点，例如：程序过于复杂，运作不够灵活；内部分工严格，不得随意涉足其他部门的工作，学习面就比较狭窄。而小公司虽然环境不及大企业，但运作相对灵活。尤其对于志在创业的大学生来说，小公司期望每个职员都竭尽其能，因此你能接触到公司运作的各个方面，参与公司从小到大的发展过程，从而积累个人事业发展的经验。

此外，大企业人才济济，对于高职生来说，很难得到重视。例如全国最大的塑机生产基地——宁波海天集团每年都招收不少高职毕业生，且薪水不低，但他们接触的仅限于最基本的机械操作。而小公司人才相对紧缺，高职生容易得到重视而被赋予重任，因此就有不少锻炼和学习的机会。

2. 不必追求"高含金量"

许多大学生在求职时，往往以薪水的高低来衡量工作的好坏。在全美拥有 21 家服饰店的尼科尔·米勒公司的执行长巴德·康汉说："有些年轻人错在要找高薪而又轻松的工作。"薪水高，责任当然就重，要求就多。寻找工作之初，凡事都须学习，要尽可能避免这种事。最好由低薪的工作起步，专心学习，证明自己的能力。②

对于大学毕业生来说，最重要的是要用发展的眼光来看待自己所要从事的工作。对有志

① 年轻人第一份工作：人才派遣. http://www.career.com.tw/outsourcing/newidea_5.htm.

② [美]贾森·里奇. 赵思愉译. 瞄准 CEO. 上海：上海远东出版社，2000.92.

创业的大学生来说，更应如此。你的就业不仅仅是冲着钱去的，而是要为将来的创业打基础、做铺垫。创业资金的积累固然要考虑，但是创业经验的积累更重要。因此，只要这个公司能让你学到创业所需的知识和经验，就不要过于在意报酬。况且，职场新人也不可能一下子就获得很高的薪酬，需要在以后的工作中一步步提高。如果一味追求高报酬，反而会忽视许多机会。

23 岁刚参加工作时，他做麦当劳保洁员；①

34 岁时，他成为东北麦当劳负责人，年薪 70 多万元；

他衣着朴素，面带微笑，说话和气；他的名字叫林明。

1988 年，刚从中国南方一所大学毕业的林明来到澳大利亚。1989 年，林明 23 岁时，他从报纸上看到麦当劳一家餐厅招聘从半夜 12 点到早晨 7 点的清洁工，就去应聘了。从那天开始，他就埋头在麦当劳刷卫生间、擦坐椅。

林明说，并不是生活逼迫他去刷厕所，而是他对麦当劳有一种特殊的感情。1988 年 1 月 26 日他刚到澳大利亚时，正赶上澳大利亚建国 200 周年，叔叔领他到麦当劳大吃了一顿。小时候，他就听叔叔讲过麦当劳创始人雷·克罗克的故事。雷·克罗克从麦当劳兄弟手里买下麦当劳餐厅后，遇到许多挫折，雷·克罗克凭借坚韧不拔的毅力，把难题一个一个地解决。比如原来麦当劳餐厅每星期发一次工资，后来公司资金周转不开，员工就和雷·克罗克一条心，两个星期领一次工资，公司顺利渡过了财务难关。林明心里记住了雷·克罗克的名言：世上没有东西可以取代坚毅的地位，才干不能，有才能而失败者比比皆是；天才不能，才华横溢又毫无进取者不胜枚举；单靠教育不能，受过教育但潦倒终生者充斥世间；唯有坚毅与果断者能够无所不能，得到成功。

机遇——派到北京开餐厅

1991 年年底，澳大利亚麦当劳发了一个文件，征集优秀的、会讲中文的员工到北京王府井开办中国第一家麦当劳餐厅。澳大利亚麦当劳只挑选了两名员工，林明就是其中的一个。

1992 年 3 月到 6 月，林明和同事一直在北京做开业筹备工作。

林明说："看一个地方是否卫生，就是看卫生间是否清洁。清洁的卫生间不是有香水的味道，它应该是没有任何味道的。这是我在澳大利亚学到的知识。在国外，工作就是工作，就是能养活你的职业，它没有高低贵贱之分。"

工作和事业是有区别的，选择一家令你景仰的公司，从基层做起，这是在为事业做着准备。

① 我从刷厕所到麦当劳地区总监.高教在线网博客，2007-08-08.

考验——用影子提高营业额

1992年7月，林明升迁为澳大利亚新南威尔士州一家麦当劳的经理，当时总部每周安排一名神秘客人，对餐厅产品的品质、服务等进行打分。林明管理的餐厅获得了新南威尔士州第一名。

1992年11月，澳大利亚有20多年历史的第17号店遇到一个难题，当时餐厅的营业额怎么也上不去。林明接手之后，从品质、服务和清洁着手，尽量做到百分之百为顾客提供满意服务，林明更是以身作则，他相信领导者的影子是最能带动员工的。经过一段时间的努力，第17号店的营业额比上一年提高了百分之十几。

管理者和被管理者的唯一区别就是管理者能发现问题和解决问题。

1995年4月1日，林明回到北京麦当劳工作，1999年9月，他成为东北麦当劳负责人、高级经理，年薪70多万元。当时东北只有7家麦当劳餐厅，从2000年1月到2003年3月，林明带领员工在辽宁、吉林、黑龙江三省总共开了30多家麦当劳餐厅。

3. 不要盲从"热门行业"

一些毕业生在求职时，容易盲目"跟风"，一味追求热门行业，如目前较"吃香"的IT行业、金融机构、政府机关等。而事实上，择业要考虑自身条件及职业特点，热门行业并不一定适合每一个人。

19世纪中期，美国加州传来发现金矿的消息。许多人认为机不可失、时不再来，纷纷奔赴加州。17岁小农夫亚默尔也加入了这支庞大的"淘金热"队伍。他历尽千辛万苦赶到加州。经过一段时间，他同多数人一样，没能挖到一点金子。

淘金梦是美丽的，穷山恶水的艰苦生活却令淘金者难以忍受。特别是当地气候干燥，水源奇缺，寻找金矿的人最痛苦的是没有水喝。许多人一面寻找金矿，一面不停地抱怨。

某个淘金者说："谁送我一壶凉水，我情愿给他一块金币。"

有一位说："谁让我痛快饮一顿，龟孙子才不会不给他两块金币。"

其中一人发誓："老子出三块金币！"

站在一旁的亚默尔，看见这些人发牢骚，停止埋头挖掘，心想：如果我把水卖给这些人喝，也许能比挖金矿更快地赚到钱。

于是，他放弃了寻找金矿，从远方将河水引入水池，经过加工成为饮用水。别人笑他胸无大志，他毫不介意，继续卖他的饮用水。后来，许多人深入矿山空手而归，而亚默尔靠卖水发了大财。①

一味地"随波逐流"，结果往往会使你在激烈的竞争中无法发挥自己的才能，或者在其位

① 李振东.经营一生的机会.北京：中国时代经济出版社，2003.241.

却难尽其职，既影响工作，又使自己失去了积累经验和获得发展的机会。

4. 不要介意当“小职员”

一艘轮船的正常航行，少不了任何一个部件；一家公司的正常运转，同样少不了任何一名员工。因此，即便你只是个“小职员”，公司既然聘请你，你的劳动成果自然就有价值。大学毕业生不要怕从小事做起，从小事中同样可以获取经验。

台湾著名的电视制作人陈光陆，在电视圈足足待了18年，他25岁时就当上制作人，打破了电视界的惯例。然而，当他第一次到电视台工作时，担任的不过是一个很小的节目助理。

在当时那个环境，助理的职务等于是小伙计，所有的杂务必须一手包办，几乎是没日没夜地工作，但薪水却很低。陈光陆曾经想到跳槽，但事实说明，外面的好工作也不好找，还不如先认真地干下去，积累经验，等待机会。苦撑了两年之后，机会终于让他等到了。他联系上名歌星邓丽君，想制作一个节目。凭着邓丽君在海峡两岸的知名度，这个节目的企划案立刻得到电视台的首肯。但是，由于当时的陈光陆年轻又没有知名度，电视台里有人怀疑他的能力，曾一度反对他担任制作人。结果，陈光陆的处女作《君在前哨》推出后，造成极大轰动，他因此被提名角逐金钟奖。①

对于想创业的大学生来说，更不能“以事小而不为”，尤其不可有“怀才不遇”的想法，抱怨眼前的工作无法带给你成功。与其憧憬着未来，不如从眼前的小事做起，就如西方的一句谚语：大成功，来自很多小成功。将通向你理想的道路分割成现实的每一步，走好这每一步，才能最终达到你的理想。因此，经历“小职员”的工作，从公司的小事做起，使自己熟悉最基础的业务流程，对将来的创业不无裨益。

以6万元起家，创办了《农家女百事通》杂志，6年后又创办了农家女实用技能培训学校的谢丽华女士说：“我认为事业成功最最起码，也是最最重要的一点就是，要想做大事的人，一定不要拒绝做小事，而且必须从小事做起。”一个连小事都做不好的人，他绝不可能成就大事。当然，有的人也可能一辈子做不了大事，但他会把每一件小事都做得很好，那么，他一定是一个走到哪里都会受欢迎的人，最终他也一定是一个成功的人。

(四)关键还要靠自己

中国工程院院士，上海第二医科大学的戴克戎教授在南洋模范中学演讲时说：“公爵是因为偶然的出身而成为公爵，而贝多芬是靠自己成为贝多芬的。”无论从事什么类型的行业，无论进入怎样的公司，无论在其中处于怎样的地位，机会在你身边，关键要靠自己。尤其是将来要创业的大学生，更要抓住就业机会，在做中学，主动发现问题、解决问题。从实际工作中学到的经验和体验出来的知识，才是真正能推动你事业发展的财富。

在职场上有不少新人频繁跳槽，工作中遇到困难，跳槽；人际关系紧张，跳槽；看见好工作，跳槽；甚至莫名其妙就想跳槽，总觉得下一个工作才是最好的。他们凡事浅尝辄止，遇难

① 请珍惜你的第一份工作. http://news.xinhuanet.com/employment/2002-10/15/content-597371.htm.

而退，遇到任何问题，首先想到的不是“我该如何处理”，却是“我该换个工作”。他们希望见到美丽的彩虹，但却不愿经历彩虹出现前的风雨。这样跳来跳去，结果一事无成。

志在创业的大学生切不可因为就业的不理想而频繁跳槽。跳槽其实就是一种逃避。遇事不依靠自己的智慧和能力去解决，却一心想要逃避的人永远不会进步，也永远不会成功。拿破仑曾说过：“不想当将军的士兵，不是好士兵。”同样我们也可以说：当不好士兵的人，成不了好将军。如果你不能善待你的第一次就业，那么你将错失许多成功的机会；如果你能以正确的态度对待第一次就业，对待职场上的各种问题，那么这就是你创业的良好开端。

志在创业的大学生，请善待你的第一次就业，靠自己的用心、细心和专心为明天的创业积累财富吧！

三、争做——一个好员工

毕业生步入职场，就进入了一个不同于校园的全新环境，尤其是准备将来创业的毕业生，只有做一个“入乡随俗”的好员工，才能学好社会课堂的每一课，从而有效地为创业打基础。

（一）做一个对公司负责的好员工

1. 调整心态，适应你的工作

大学毕业生初涉职场，总会遇上不顺心的事，例如：公司环境不如想象的好、工作太乏味、同事不好相处、领导不好“伺候”、活多薪水少等等。造成这些抱怨的原因主要在于没有及时调整好心态，没有努力适应工作，安心就职。

心态是指我们看待事物的精神状态。即看待事物时，我们将精力集中于哪一点或哪一个方面。刚走上社会的大学生，经历的事情不多，在校时又往往容易通过“道听途说”，对社会抱有过高或过低的期望值。期望值过高，发现工作的各方面远不及自己所期望的那样美好，自然就会情绪消极；而期望值过低，一开始就带着消极情绪踏入职场，自然也不能很好地融入工作环境。其实，“人生不如意，十有八九”，不要把工作中的一点点不顺心、一点点摩擦夸大，让消极情绪影响自己的工作。美国汽车大王亨利·福特说过：“当一切似乎都不顺利的时候，要记住——飞机是逆风起飞的，而不是顺风起飞的。”

想创业的大学生，更要在第一次就业中学会时刻保持积极的心态，适应周围环境的变化。因为，在你创业的过程中，不顺心的事也许会更多，而且必须由你一个人来承担和解决。如果不能及时调整心态，改进自己的处世方法，只是一味地怨天尤人，就无法适应瞬息万变的社会环境。

此外，志在创业的大学生在工作中也不要因过于讲“个性”，而成为“要性格”。年轻人往往精力充沛、年轻气盛。尤其在进入一个新环境后，希望能表现出自己最佳的一面，得到别人的肯定和赞赏。但事实上，职场不同于学校，职场重视的是个人职责和团队合作，而不是“争当冠军”；是要利用合适的时间、合适的成本、合适的人物、合适的价钱来办到合适质量的事情，而不是“完美”的事情。初入职场，还是要心平气和，踏踏实实，切不可急功近利。宽容工作中的小小摩擦，坦然接受工作中的小小不如意，以积极的态度适应你的工作。在激烈的竞争中能生存下来的，往往不是最强的，而是最能适应环境的。

2. 承担责任，做好你的工作

某家工具厂的主管，有一天向人抱怨有家材料供应商办事效率极低。“如果没有办法如期拿到材料，我们公司就不能准时交货了。下个礼拜我们有一批很重要的货要批出去，可是有个零件到现在还没到，本来一个月前就该送到我们公司了！那家材料供应商根本也没在想办法，我们公司也一样！”

听他抱怨的人问他：“那你打算怎么解决这个问题呢？”

他一脸惊愕地回答说：“喔，我刚刚知道有这个问题，可是这不关我的事，那不是我部门负责的，也不在我的工作范围之内。”①

职场上存在很多类似这位主管的例子，也经常能听到“这不是我的错”、“没人要我做这个”、“这不是我负责的”、“要不是……不会这样的”等等，诸如此类推卸责任的话。一个公司在聘用员工时，不仅赋予了员工以权利，还有责任。因此，初进职场的大学毕业生，不可任性妄为，要有责任心。

责任心是指一个人对其所属群体的共同活动、行为规范以及他所承担的任务的自觉和负责的态度。主要包括责任认识、责任感和负责行为三个方面。在其位，就要谋其职，还要担其责。

《奥兹法则》一书中有一则小故事。

有家电脑公司刚成立不久，开设地点是在一个小车库里，公司惨淡经营，历经艰辛，最后终于接成第一笔生意，买主是名列财富500强之内的大公司。公司内部欢腾不已，连卡车司机都感染到了这种气氛。这位司机是为一家货运公司做事的，这次负责用18轮的大卡车将这家电脑公司所售出的电脑运到买方。

这位卡车驾驶员深知此行的重要性，务必要将货物准时送达。但是，当他连续开了8个小时，停在第一个过磅站时，他发现全车的重量高出法定标准500磅。他也明白，如果要等到一切安全过磅的程序完成，他必定会错过交货时间。不过，这位卡车司机并未告诉自己说：“这我可无能为力了，又不是我的错。这是那家电脑公司的错，他们忘了把重量考虑在内。我会打电话给这家公司，看看他们要怎么做。”相反的，他一肩担负起解决问题的责任。他卸下卡车前面和后面的保险杠，并移除多余的水箱，把这些东西藏在附近的灌木丛里，打算在回程时再收拾这些东西。这些举动让他的车的重量低于标准50磅，从而顺利通过了过磅检查。②

当你在工作中犯错的时候，同样要有承担错误的勇气，而不是把责任推到别人身上。工作中没完没了的抱怨和牢骚，并不能显得你就是“完人”，却反而会使你丧失工作的主动性，并且容易焦虑，最终影响到工作。

责任心强的人，意志力就强，遇事不慌张，凡事都能有所担当；责任心弱的人，意志力也就

①② 傅国伟. 职场新人的入门忠告. 北京：海潮出版社，2003.9.17.

弱，办事拖拉，遇事埋怨。要创业就更要有责任心，一个没有责任心的人，无法成就大事业。

(二)做一个对自己负责的好员工

1. 虚心请教，积累工作经验

富兰克林是美国的政治家、科学家，他在合众国创建时，曾建立了许多功绩，故有“美国人之父”之称。

有一次，富兰克林到一位前辈家拜访，当他准备从小门进入时，因为小门低了些，他的头被狠狠地撞了一下。出来迎接的前辈告诉富兰克林：“很痛吧！可是，这将是你今天拜访我的最大收获。要想成功，就必须时时记着低头。这也是我要教你的事情，不要忘了。”

从此，富兰克林牢牢记着这句话，并把“谦虚”列入一生的处世方法之中。①

踏入职场后，有些大学毕业生优越感太强，自以为有“一杯水”，足以应付工作；还有些毕业生则因虚荣心理，害怕让人看到自己的不足，在工作中“不懂装懂”。对于前者，要记住《尚书》中的一句古训：满招损，谦受益。就是说，自满招致损失，谦虚得到益处。对于后者，则要记住“寸有所长，尺有所短”，职场新人在工作中遇到疑问和困难是很自然的，不必忌讳自己的不足。

在做中学，在学中做，这是大学毕业生初涉职场必经的过程。工作中有许多东西需要学习和积累，从了解公司的基本运作，清楚自己的工作职责，到如何能出色地完成手头的工作，如何配合好同事的工作，如何与人沟通，再到如何在工作中创新，如何提高自己，等等。工作就是新一轮学习的开始，既要学习如何做事，也要学习如何处事；既要学习如何为人，也要学习如何在工作中做学问。与在校读书不同的是，职场里的学习，没有老师手把手地教，只有靠主动、虚心地请教。过于自满，看不到自己的不足，或者害怕暴露自己的不足，都只会使自己的不足之处越来越多。最终，不但无法出色地完成工作，甚至还会影响工作，从而影响你自身的发展。

卡耐基说过这么一段话：“结交朋友有助于博学多闻，交谈有助于互相教益。”要使朋友成为你的老师，要让学问的用处和交谈的乐趣有机融合。要乐于和悟性高的人一起相处。你说的话须博得听者的喝彩，你听到的话须使你多识多闻。也就是说，要善于同能成为你老师的人交友，并从他们身上学习宝贵经验。

在职场上不要“羞于开口”，不管是对做得比你好的同事，还是经验丰富的老员工；也不要“怕开口”，尤其是对你的上级，虚心的员工永远是受青睐的。想创业的大学生更要像海绵一样吸取见识，充分有效地利用身边的学习资源，虚心向上级、向老员工、向同事请教，补上知识结构、职业技能中的薄弱环节，学习创业过程中必需的技巧和经验。

2. 诚心领教，把握学习机会

新职员除了虚心向别人请教外，还要能认真听取别人的意见，诚心领受别人的指正。涉

---

① 钟泽胜、魏美珍. 渐入佳境——30天完成学生到职员角色的转换. 北京：中国时代经济出版社，2002. 156.

世不深的大学毕业生，考虑问题不够周全，处理事情不够仔细，在工作中难免会有出错的时候。这时，如果有人对你进行指点，或对你提出意见，这正是一个提高见识和学习经验的好机会，关键就在于你能否把握。俗话说“忠言逆耳利于行”，工作中有不足或出现失误没有关系，只要你能意识到存在不足和产生失误的原因，而别人的“赐教”正是帮助你弥补不足，改正错误的“一剂良药”。

如果你在听取对方的意见或建议后，还是认为自己的做法是对的，也大可不必对对方的意见或建议产生排斥心理，反而可以借此机会学习从不同的角度看待事情，学习不同的处事方法和处事态度，丰富你的人生阅历。

因此，诚恳接受别人的建议，甚至是批评，你会发现自己所积累的财富越来越多。

（三）做一个善于沟通的好员工

沟通是人类社会交往的基本行为过程，用任何方式或形式，在两个或两个以上的主体间传递、交换或分享任何种类的信息的任何过程，就叫做沟通。如今，许多企业都把“是否具有沟通意识”作为衡量员工素质的标准之一。

职场就好像一艘船，大学毕业生踏入职场，也就意味着加入了“水手”的行列。一艘船要想在大海中乘风破浪，需要每个水手的相互配合。尽管每个人从事的岗位不同，性格也各不相同，在工作中或许会有摩擦和不协调，但是有一点应该是共同的，那就是企业的发展离不开员工的共同努力，而员工个人的发展，则是与整个团队的进步紧密联系在一起的。因此，新职员只有融入团队，与团队中的每一员“携手同行”，与周围的人有效沟通，才能使自己有所收获。

1. 与上司沟通

新职员对上司往往带有“严肃”、“不易相处”等刻板印象，因而对上司“敬而远之”。

其实，这类想法会阻碍你的工作，甚至你自身的发展。你无法知道上司的想法，上司也无法知道你的想法；你的言行可能冲撞到上司，你也可能觉得上司的言行冒犯了你；你可能无法理解上司的某项决定，上司也可能不理解你的工作方式。这些种种的不协调，最终必会影响你的工作和你在工作中的学习。因此，与上司进行有效的沟通，可以帮助你了解上司的性格，了解上司为人处世的方法，从而帮助你建立起和谐融洽的工作环境，减少与上司相处中不必要的摩擦。同时，也可以帮助你在与上司的交流中，从上司身上学习工作经验和社会经验，为你将来做“上司”打下基础。

——在上司面前要谦虚，要讲究礼仪和说话的技巧。尤其是新职员，不要因急于想得到上司的赏识，而在上司面前夸夸其谈自己的想法和建议，锋芒毕露，似乎想与上司平起平坐。

——不要将个人情绪带入到与上司的交流中，上司不是你的出气筒。这不仅会影响到上司与你沟通的情绪，还会让上司觉得你是个容易让个人问题影响到工作的人，从而不放心将重要工作交给你。

——当上司布置任务时，要专心聆听。待上司讲完后，将工作任务复述一遍加以确认。有不明白之处，要即刻问清楚。如若不然，必然会影响到工作的成效，严重的甚至会造成不可挽回的损失。

——在工作进行过程中，遇到任何难以解决的问题，或者难以定夺的问题，都不要擅自做主。应该及时与上司沟通，征求意见。即使你认为自己的点子很好，也必须在向上司征求意见时委婉地提出，如："是不是可以……"、"不知这样的方法是否可行……"

——当任务完成后，要及时向上司报告。如果上司表示可以，你就圆满完成了一项工作；如果上司对结果不满意，你就要问清哪里做得不好，请上司帮助找出原因，加以改进。

——在向上司汇报工作时，要理清思路，突出重点，删繁就简，并在最后恭请上司点评。

——不可越过你的直接上级向更高一级上司汇报工作；不可在未经上司同意的情况下直接行事。即使在特殊情况下，你已经这样做了，也要通知你的上司，让他知道，以免产生不必要的误会。

——当你认为上司的某项决定不够合理时，不要愤怒，也不需逃避。换一种语气，冷静地表明自己的观点，"我认为……是不是更好些"。如果他是一位英明理智的上司，一定会考虑接受你的建议。

——当上司批评你时，要虚心接受，抓住上司认为你错误的关键所在，并当场请教改正的方法。涉世不深的新职员，很容易在工作中犯不理智、不成熟的错误。因此，不要把"金子"当成"沙子"，要把上司对你的批评，当成是对你的关心，当成一个学习的机会。没有上司的指正，也许你永远无法意识到自己的问题，也就无法在工作中得到进步。

——在工作中遇到困难和疑问，可以多多向上司请教。上司永远喜欢认真钻研业务的员工，并且，凭借他多年的工作经验和社会经验，定会为你提供有效的建议，给你不少启示，帮助你提高工作水平。同时，在请教中能帮助你积累宝贵的创业经验。

2. 与同事沟通

在工作中，接触最多，与之相处时间最久的就是同事。随时对你的工作进行配合的，也是你的同事。因此，有效地与同事沟通，经常与同事交流，能帮助你开拓工作思路，学习不同的处事方法，增进相互间的了解、理解和谅解，从而促进合作、团结和友谊。

——要主动与同事打招呼，并善于发挥微笑的魅力。

——不要以着装和外貌取人，对待同事要一视同仁。

——要正确对待同事的成绩和错误。既不可对同事的错误幸灾乐祸，也不可嫉妒同事的成绩。

"唯我独尊"，看不得别人好的职场处事态度，只能使你脱离群体。而在一个讲合作的社会中，一个人是无法成功的。

——在与同事交流时，要学会倾听。要面带微笑，正视对方的目光。对对方的讲话要有所回应，确认沟通的信息。

——在工作中与同事产生摩擦时，切不可怒气冲冲、怨气十足地与对方争执。先要冷静下来，看问题出在哪个方面。是自己的问题？还是对方的问题？还是双方的沟通问题？无论是自己的问题，还是对方的问题，只能对事，而不能对人。不要将个人偏见带入工作。如果是沟通的问题，则只要将出问题的环节重新确认即可，并吸取教训。

——可以和同事交流一些生活中的私事，增进与同事间的互相了解，加深感情。寡言少语无法与同事联络感情，容易让同事觉得你不好相处，因此就无法得到同事的信任。信任是建立在互相了解的基础之上的。

——遇到困难要向同事求援。不要怕麻烦别人，这样反而能表明你对同事的信任，对他处事能力的肯定。遇事多向同事请教，可以从同事身上学习经验。当然，要讲究时间、场合和分寸，不要让同事为难。

此外，与同事之间的交往还要注意几条警戒线：有好事不通报；明知而推说不知；进出不相互告知；有事不肯向同事求助；冷淡同事的热情；常和一个人"咬耳朵"；向一个同事打听其他同事的私事；神经过于敏感；该做的杂务不做；领导面前太献殷勤。

在创业过程中，团队的作用尤为重要。一个人的精力和能力都是有限的，拥有一支有向心力，对集体的发展能尽职尽责的团队，势必对你的事业会起到强有力的推进作用。因此，要想在将来构建一支队员间能有效沟通的团队，成为一个能有效驾驭团队的好老板，就要先做一个善于沟通的好员工，在就业中学会处理好与同事之间的关系。

四、赢得——发展机遇

每个人都渴望成功，所以一直为成功而执著准备着。当很多人一直紧盯着眼前的东西的时候，其实成功就离你不远，也许你一转身，前景豁然开朗。

(一)成功离不开机遇

日本著名的企业家松下幸之助曾经被人问起，如果他失去了机遇怎么办？他不假思索地回答："我就推上小车去卖面条，我的面条要做得最好吃，最能招徕顾客，我一定会在不断努力中再次寻找机遇。"①由此可见，机遇在成功中起着重要作用。

无烟炸药的问世

1896年的一天，瑞士化学家熊旁做试验时，不小心把盛满硝酸和硫酸的混合液瓶碰倒了。溶液流在桌上，一时未找到抹布，他赶紧出去拿来了妻子的一条棉布围

① 苏佳斌.机遇学.北京：中国物资出版社，1999.1.

裙来抹桌子。围裙浸了溶液,湿淋淋的,熊旁怕妻子看见后责怪,就到厨房去把围裙烘干。没料到靠近火炉时,只听得"扑"的一声,围裙被烧得干干净净,没有一点烟,也没有一点灰,他大吃一惊。事后,他仔细回忆了经过,顿时万分高兴。他意识到自己已经合成了可以用来做炸药的新的化合物。为此,他多次重复了实验,肯定了结果无误,遂将其命名为火棉,后人称之为硝化纤维素。就这样,一条围裙引出了世界上第一种无烟炸药的问世。

摄影技术的诞生

1838年,法国物理学家达盖尔正在研究令影像保留在胶片上的方法,但研究多时,仍不得要领。有一天,他突然发现有一个影像留在了胶片上。他于是将附近的化学物品逐一挪开,看看究竟是什么东西造成了这个现象,最后,他发现,原来是一支温度计打破后遗下的水银。摄影技术便从此诞生了,真可谓"踏破铁鞋无觅处,得来全不费工夫"。①

拿破仑·希尔曾经说:你的失败也许是因为你需要"另一点东西"把成功带给你。熊旁到厨房烘干弄湿的围裙,让他发现了"另一点东西";一支破碎温度计中的水银帮达盖尔找到了缺少的"另一点东西"。机遇就是这样,往往隐藏在一个角落里,你需要比别人耐心一些,目光敏锐一些,才能找到别人未找到的"另一点东西"。

成功创业离不开机遇,尤其是首次创业的大学毕业生,若能赢得发展机遇,就能帮助你走好关键的第一步。

胡忠伟,1976年生于沈阳市苏家屯区一个普通的农民家庭,1994年考入沈阳大学。1995年,家境贫困的胡忠伟在当家教打工的时候,发现了儿童英语培训的巨大商机。他利用业余时间创业,用3000元办起了仅有20名学员的"小学馆儿童美语班"。如今,小小的英语培训班,已经发展成为拥有固定资产上千万、员工400余人的教育集团。在许多人眼里,胡忠伟的创业简直就是一个奇迹。不名一文的大学生,大学一年级下海创业,9年拼搏成为千万富翁,胡忠伟的创业经历是如此的神奇,以至于有人惊呼他简直就是"沈阳的比尔·盖茨"。

当接受记者采访时,胡忠伟总结了自己六个方面的创业"秘籍",其中之一就是"抓住机会"。他说:通过家教工作,我了解到家长非常重视孩子的英语学习,而且将成为一种趋势。获得了这样的市场信息,才有了办英语培训班的举动。炒股票、五爱市场倒货、练摊,这样的行业最早都被人们认为是不务正业。然而,抓住了这些行业先机的人,都成了市场淘金者。有人说我的成功是因为我幸运,赶上了英语学习热门的早期阶段,然而,谁又能否认这种偶然其实是一种必然呢?一次成功的创业,

---

① 偶然事件导致的发明与发现. http://yewiedong.xiloo.com/dtI.htm.

最重要的是抓住第一次成功的机会。我办班没多久，每个月的收入竟达到 1 万多元。①

志在创业的你，主动去寻找机遇，赢得机遇吧。记住法国著名作家卢梭的一句话："失去机遇，只得孤芳自赏，怀才不遇；把握机遇，才能如鱼得水，左右逢源。"

(二)机遇偏爱有准备的人

"守株待兔"的故事家喻户晓，那个可笑的农夫，把"偶然"当成"必然"，坐等兔子的再次撞上来。事实上，兔子不是等来的，同样，机遇也不是等来的。机遇的产生不是必然现象，正如法国生物学家巴斯德所说："机遇只偏爱那种有准备的头脑。"

中国观众开始认识游本昌是从电视连续剧《济公》的播出开始的，从此他的名字连同"济公"这一形象便深深地印在亿万观众的脑海中。

少年时的游本昌就精于模仿，热爱表演，济公和卓别林的形象曾对他产生巨大的影响。凭着他良好的表演天资，他被保送到上海戏剧学院深造，并在大学毕业后极其幸运地被吸收进中央实验话剧院。然而，凭借《济公》一剧被观众所熟知时，游本昌已是 52 岁了，为了济公这个角色，他已不知不觉地准备了近 40 个年头，在他 30 多年的从艺生涯中，经历了无数的坎坷，忍受了漫长的寂寞，才终于在艺术上有所成就。

在 30 多年时间里，除了某些例外，游本昌所扮演的几乎都是小角色、小人物，对于一个演员来说，这不能说不是一场悲剧。然而，他却从不气馁，只是通过默默地耕耘和锻炼，对每个角色进行精工细凿，力求演好每一场戏。游本昌在接受记者采访时曾说："为什么我游本昌演济公？因为我演过话剧，演过哑剧，电视剧导演听了熟悉我的人介绍我有喜剧表演才能，我才幸运地饰演了济公。我们不要等别人发光，等别人抛彩球，自己沾光；我们要自己发光，要高速运转，才能产生热。我运转的动力是什么？就是千方百计地追求上乘演技。"游本昌还说："当机会到来时，只有早有准备的人才会跃身而起，抓住机会；而没有任何准备的人，只能眼看着机会白白地从身边溜走。"②

俗话说：台上十分钟，台下十年功。有多少像游本昌一样的艺术工作者在台下默默苦练，就是为了有朝一日上台的时候能够展现自己最精湛的技艺。但如果他们只是等待机会，而不为机会的到来做足准备，那么结果只能是浪费机会，再难得的机会也只能是毫无意义的。因此，志在创业的你，只有时刻注意积极吸收和有效利用职场上各种有利的资源和信息，为你将来"大展拳脚"做好充分的准备，才会有能力去捕捉机遇。

(三)善于捕捉机遇

生活中处处都有机遇，歌德曾经说过：谁把握机遇，谁就心想事成。但是出现机遇并不等

---

① 一个贫困大学生的创业传奇. http://www.gzcy.com/learn/cydf_view.php? cydf_id=32.

② 益创、柏桦. 善用机会创造成功. 北京：西苑出版社，2002. 92～100.

于取得成功。

两个商人一同到非洲去推销皮鞋。因为非洲炎热,那里的人大都喜欢打赤脚。一个推销员看到非洲人都打赤脚,很快失望了,他马上给公司发去电报:"这里的人都打赤脚,皮鞋在这儿没有市场。"另一个推销员面对同样的情况,却惊喜万分,他喜不自禁,也给自己的公司发出了电报:"这里的人都没有皮鞋穿,市场潜力大得很。"最终,他的公司引导非洲人购买皮鞋,从而在皮鞋销售上大获成功。①

在你的工作中,随时有可能产生机遇,关键看你是否善于捕捉机遇。千万不要挑剔机遇的大小,不要苛求一次机遇就能成就大事业。机遇错过了就没有了,只有珍惜和积累每次机遇带给你的成功,才能达到最终的成功。

1. 广览信息挖掘机遇

曾经在与一位旅游专业的老师闲谈时听她说:"我每星期都去一次书店,一坐就是一下午,找最新上架的书籍来看,并做必要的记录。每年我都至少去一个地方旅游,尤其是新开发的景点,是一定要去的,这样才能不断更新自己的专业知识。因为,理论毕竟是死的,只有不断更新的信息才是活的,才能使我们不断进步。"同样的,一个领导者或企业家也应该采用各种方式不断吸收知识,通过各种渠道主动寻求信息,以随时保持信息的灵通。

在信息爆炸的当今社会,每时每刻都有新情况、新问题出现,这些信息中就存在着许多发展机遇,只要你善于挖掘。例如:房产越炒越热,新住宅越来越多,必定需要大量的建筑材料和建筑工人。同时它也将带动装修业的发展,更多的人进军装修业,也就需要更多的装修工人。某个卡通片深受儿童欢迎,制造成角色人物样子的玩具就会吸引不少孩子前去购买。若是某一厂家再帮人物玩具设计几套衣服供其更换,自然又会引起孩子们极大的兴趣。再如:上世纪80年代中期,报刊等传播媒介介绍中国丝绸之路,并用种种拍摄手法,突出该路的特质,使人发思古之幽情,不少青年人纷纷结队前往旅行。此现象,造成背囊、丝路介绍指南等书籍及用品的畅销,不少丝路探险的旅行团也乘机兴起。②

因此,在职场上要做一个有心人,多方面、全方位地网罗信息。同时,我们还需要认真分析信息,才能有效地利用信息。首先要从众多的信息中挑选有价值的为我所用。其次,当你发现某些信息中可能蕴含机遇时,需要分析这些信息是否真实,这些信息对你是否适用,这些信息是否足够让你着手做事,等等。再次,在找到机遇,着手创业前,认真做一个市场调查,能帮助你搜集更具体的信息。

2. 通过思考把握机遇

在多听、多看、多问的同时,还需要多思考。美国发明家爱迪生说过:"我生平从来没有做出过一次偶然的发明。我的一切发明都是经过深思熟虑,严格试验的结果。"

机遇对每个人都是平等的,但是为什么有的人得到机遇却无法成功,或成果不大呢?原

① 苏佳斌.机遇学.北京:中国物资出版社,1999.169.

② 苏佳斌.机遇学.北京:中国物资出版社,1999.180.

因之一就是，他不懂得如何利用机遇。只有深入分析机遇，包括分析发展前景、分析公众需求、分析风险因素、分析周围环境的影响，等等，才能真正把握住机遇。

1981年，英国王子查尔斯和黛安娜要在伦敦举行耗资10亿英镑、轰动全世界的婚礼。消息传开，伦敦城内及英国各地很多工商企业都绞尽脑汁想利用这一千载难逢的发财机遇。有的在糖盒上印上王子和王妃的照片，有的把各式服装染印上王子和王妃结婚时的图案。但在诸多的经营者中，谁也没赚过一家经营"望远镜"的商号。

这位老板想，人们最需要的东西就是最赚钱的东西，一定要找出在那一天人们最需要的东西。盛典之时，有百万以上的人观看，将有一多半人由于距离远，而无法一睹王妃尊容和典礼盛况。这些人那时最需要的不是购买一枚纪念章、买一盒印有王子和王妃照片的糖，而是一副能使他看清人和景物的望远镜。于是他突击生产了几十万副马粪纸和放大镜片制成的简易望远镜。

那一天，正当成千上万的人由于距离太远看不清王妃的丽容和典礼盛况，急得抓耳挠腮之际，千百个卖童突然出现在人群中，高声喊道："卖望远镜了，一英镑一个！请用一英镑看婚礼盛典！"顷刻间，几十万副望远镜被抢购一空。不用说，这位老板在经营上大获成功！①

在这个事例中，我们并不能说其他商家没有抓住机遇，只是那位生产简易望远镜的老板善于思考，善于更好地利用机遇，从而看准了那一天公众需求最大的东西——望远镜。

3. 与人合作获取机遇

由此可见，诚恳、好学、谦虚、友善、体谅、宽容能帮助你建立起良好的人际关系。也许某一天这种和谐的人际关系就能给你带来机遇，或者帮助你把握机遇。

吕薇，宁波职业技术学院中专部财务会计电算化专业98届毕业生，目前是宁波著名广告公司——飓风广告有限公司的总经理。

"飓风"成立于1999年8月，它的第一位客户源于一次招聘会。当时，吕薇为新成立的公司招员，她那张精美的公司招贴立刻吸引了很多求职者。其中，就有一位外贸公司的董事长，他认为画报的设计十分独特，于是上前与吕薇交谈。言谈间觉得吕薇待人亲切、有礼、诚恳，做事有冲劲、有活力，于是当场将自己的一个广告交给了吕薇。如今，这位客户已经与"飓风"连续合作了5年，成了"飓风"的长期客户。

靠诚意吕薇争取到了第二位长期客户。当时，从该公司接手的仅仅是一笔4000元的小单子，而吕薇为了定设计稿，却往公司跑了十几趟。她执著的工作态度打动了公司老总，从此将该公司所有的广告交给飓风，还为飓风介绍了不少客户。

俗话说：三个臭皮匠，顶个诸葛亮。一个人的智慧、眼界、能力总是有限的，如果有广泛的人际关系，有良好的人缘，捕捉到机遇的可能性自然会更大。首先，在与朋友、与上司、与同

---

① 卡耐基经商之道. http://www.booksea.com/zz/jjlgaogwozheng/kljjs/015.htm.

事、与客户的交谈中,你能够得到更多、更广的信息和资源,能开阔眼界、增长见识。也许他们提供的一条信息或者不经意间的一句话,就是你渴求多时的机遇。其次,有了好人缘,就有了众多的"助手"。或许你能得到有地位的名人的扶持,那么这将是一个绝佳的机会;或许你能得到"贵人"相助,让你更好地捕捉机遇,把握机遇。如今有许多大小企业家报名参加 MBA 学习班,在为自己充电的同时,其目的还在于,在学习班上可以广交商界朋友,扩大人际关系,赢得更广泛的人缘,从而为自己创造更多的机遇。

所谓天时、地利、人和,人的因素在成功中也是不可或缺的,好人缘中同样蕴藏着不少成功的机遇。但是,我们仍需记住,无论具备怎样有利的外界条件,自身的努力始终不可少,否则就只能做扶不起的阿斗。

思考与练习

1. 以你自己在学习、生活和实习中的体会,谈谈工作中烦躁、不安、抱怨等情绪形成的原因及克服办法。

2. 小李想成为一名小老板。他从工厂离职后,在城里办了一家烤肉店。但他并不照看生意,整天上网、与朋友闲聊。店里的卫生设施差,也不对外供应快餐。他待员工不好,经常拖欠工资,也不及时与供货商结账,这家店不久就倒闭了。

(1) 小李的行为错在哪里?

(2) 结合小李的行为,谈谈应该怎样有效利用就业来帮助创业。

3. 按照以下思路,试试在社区里寻找你的创业机会,并将你的创业想法用文字概述。

思路 1 在社区里努力寻找你想要却又找不到的产品或服务。这里有几个例子供你参考,不过,它们并不一定适合你的情况。希望你在这些例子的启发下,产生出你的想法。

· 在当地的商店里,玩具的品种很少,顾客的选择余地不大。

· 当地没有令人感到舒适的、可与朋友会面的休闲咖啡店。

· 社区里没有办法既快捷又可靠地为住户发运包裹。

· 当地最近香菇缺货,得买别的来代替。

思路 2 判断社区里哪些产品或服务质量较差。这里有几个例子供你参考,不过,它们并不一定适合你的情况。希望你在这些例子的启发下,产生出你的想法。

· 这里的粉刷工不肯细心地刷墙,总是拖泥带水,地上涂料星星点点。

· 到商店买东西,碰到售货员结账或整理货物,他(她)就会把你放在一边,你只得耐心等待。

· 在车站,你从来搞不清哪儿是队头,哪儿是队尾,特别是在上下班客流量处于高峰的时间里,人们总因秩序混乱而深感不满。

第六讲

创建自己的企业

引　子

方太厨具公司董事长茅理翔，经历了十年会计，十年供销后，1985 年由乡党委安排创办慈溪无线电元件九厂，当时厂里只有 6 台冲床，他开始了第一创业。谁知刚上手，1986 年，市场上黑白电视机严重积压，24 家供货厂家逃得只剩 1 家，茅理翔的厂作为一个加工型企业，整整 6 个月没有生意，欠了工人们半年的工资，工人们哭的哭，骂的骂，走的走，茅理翔一筹莫展。他引进了时任长河针织厂副厂长的夫人当他的副厂长，自己东奔西跑，看市场，找技术，寻机遇。几经挫折，甚至遭遇车祸，大难不死，到河南信阳寻求新产品，几乎绝望。在痛苦中他掏出所有笔记本一张一张地翻，似乎在捞救命稻草，他找到了一个在火车上认识的北京人的电话号码，他知道那个萍水相逢的朋友前不久说要去日本，说不定他能带点什么新产品回来。第二天他从信阳跑到北京，那朋友真的从日本带回了一种电子点火器。茅理翔如获珍宝，当场在朋友的办公室把那点火枪拆了，一看，他们厂真能做，真是天无绝人之路。一个半月后，电子点火器成了他的第一个产品，他的第一份合同是 7 只点火器，他的第一桶金是 42 元人民币。1992 年，茅理翔开发的 30 多个型号的点火枪系列已畅销美国、德国、法国、西班牙等国家和中国香港、中国台湾地区，产值过亿，产销量连续 6 年居全球第一，市场占有率达 80%。①

自我创业一般从小企业起步，因此要了解小企业的含义、特点以及一般形式，这是每一个创业者应该具备的基本知识。

我国民营企业的类型主要有：股份有限公司、有限责任公司、外资企业、中外合资企业、中外合作企业、乡镇企业、股份合作企业、合伙企业、个人独资企业、个体工商户、农村承包经营户等法律形态。

对不同法律形态的企业有不同的要求，主要有：开办和注册企业的成本；开办企业手续的难易程度；业主的风险责任；寻求借款的难易程度；寻找合伙人的可能性；企业的决策程序；企

---

① 余华文，吴渊. 一切从家开始——中国民营企业管理. 杭州：浙江大学出版社，2004.

业的利润所得等。

一、认识——小企业

(一)小企业的定义

小企业是得到国家扶持的一种企业类型，享受一定的政策优惠。因此，大学毕业生应当了解国家是如何定义小企业(small business)的，为争取国家的扶持打下基础。小企业的特点是“小”，“小”是规模的概念，企业规模可以通过企业的生产要素和经营结果的状况反映出来。从世界各国的实践看，企业规模的大小主要是从企业雇用人数(employee)，企业资产(assets)和企业销售(经营)收入(turnover)等几个方面来衡量的。[①] 小企业最常见的法律形态是：个体工商户、个人独资企业、合伙企业和有限责任公司。

1. 企业雇用人数

与其他标准相比，企业雇用人数标准较为清楚和简单。这里所说的企业雇用人数，指的是全职劳动者，临时性和半职劳动者要折算成全职劳动者。企业人数不包括企业所有者和其实际上在企业中工作的家人。小企业雇用人数的标准因不同的国家和产业而不同，一般情况下，多数国家以制造业小企业标准为统计依据。

2. 企业资产量

企业资产量的多少，既能反映企业规模，也能反映企业运行的质量基础。这一指标多为金融部门所偏好。

3. 企业经营收入

企业经营收入包括企业销售收入和服务业的收入。

4. 其他数量标准

在有些国家，根据产业的需要和实际情况，还使用了一些非主流的小企业标准：以产品增加值，即销售额与总成本之间的差额，衡量企业的规模，或以某种生产资料作为评价小企业的标准。如美国运输业，以少于5辆运输工具为小企业的标准。旅馆的房间数、织布机数甚至机器的总马力，都在一些国家被当做小企业的标准。

但是，根据上述小企业衡量标准，常常会出现这样的情况：假若一个企业的资产规模是2亿，但它当年的销售收入却只有400万；另一个企业的资产规模是800万，但它当年的销售收入是6000万；还有一个企业的资产规模是20亿，但它只有15个员工。这些企业到底是不是“小企业”？这样就会因衡量标准相互干涉而出现混乱。另外，考虑到我国关于资产数额和销售收入在5000万以下的企业都是小企业的规定，与习惯性和常规理解不相符的情况，有些专家提出了资产规模在1000万元人民币(含)以下的企业，就是“小企业”的概念。

不同的企业法律形态都有各自的特点，了解它们，有助于你为自己的企业选择适当的法律形态(见表6-1)。

---

① 蒋伏心.小企业问题：定义、借鉴与对策.江海学刊，1999(6).9～15.

表 6-1　各类企业法律形态的特点①

	业主数量和注册资本	成立条件	经营特征	利润分配和债务责任
个体工商户	业主是一个人或家庭；无资本数量限制	成立条件简单，业主只要有相应的经营资金和经营场所就可以了；个体工商户可以起字号	资产属于私人所有，自己既是所有者，又是劳动者和管理者	利润归个人或家庭所有；由个人经营的，以其个人资产对企业债务承担无限责任；由家庭经营的，以家庭财产承担无限责任
个体独资企业	业主是一个人；无资本数量限制	投资人是一个自然人；有合法的企业名称；有投资人申报的出资；有固定的生产经营场所和必要的生产经营条件；有必要的从业人员	财产为投资人个人所有，业主既是投资者，又是经营管理者	利润归个人所有；投资人以其个人资产对企业债务承担无限责任
合伙企业	业主两个以上；无资本数量限制	有两个以上合伙人，并且都依法承担无限责任；有书面合伙协议；有合伙人的实际出资；有合伙企业的名称；有经营场所和从事合伙经营的必要条件	依照合伙协议，共同出资，合伙经营，共享收益，共担风险	合伙人按照合伙协议分配利润，并共同对企业债务承担无限连带责任
有限责任公司	由两个以上50个以下的股东组成；注册资本因不同经营内容立出法定下限	股东符合法定人数；股东出资达到法定资本最低限额；股东共同制定公司章程；有公司的名称，建立符合有限责任公司要求的组织机构；有固定的生产经营场所和必要的生产经营条件	公司设立股东会、董事会和监视会。并由董事会聘请职业经理管理公司的经营业务	股东按出资比例分配利润，并以出资额为限承担有限责任

(二)小企业的特点

1. 有自己独特的市场

小企业没有巨大的市场开拓、占有能力和全面活动的实力，但有自己独特的市场，主要体现在以下方面。

——区域性。小企业能够在一定地域范围内实施有效的市场占领；

——行业性。小企业能够针对某一个行业开拓和占领市场；

——把握需求结构性差异。小企业可能不必满足某一市场所有层面的需求，而针对其中的部分需求有效营销，比如针对某一档次或者消费群体；

——针对性。针对具体的市场展开密集性策略，在小的方面比人家更到位。

---

①　国际劳工局(日内瓦). 创办你的企业. 中国劳动社会保障出版社，2000 年.

因此，小企业的市场细分工作和适应性目标市场的选择非常重要。

2. 经营的灵活性

一个市场经济社会，小企业为数众多，在数量上占有绝对优势，美国、日本如此，意大利的小企业尤其成功。在我国，小企业也勃发强大的生机。他们经营灵活，生命力、适应性强，也是技术进步和经营管理创新的重要推动力量。

3. 管理的科学性

“生存”是小企业最紧要的问题，活下去是硬道理，小企业的战略核心是业务，一切行为均体现出明显的业务导向，因此，小企业一般较少关注纯粹的职能工作。小企业的领导核心往往是创业者，对于小企业来说，创业者个人或群体对企业有着巨大的影响力。小企业规模不大，组织结构相对简单，而且结构、制度、流程等处于动态、快速的变动之中。

小企业人员少，管理架构扁平，人与人之间一般可以便捷地面对面进行沟通。由于沟通的直接性，加之创业者以及骨干员工多半有血缘、乡缘、学缘等关系，企业往往有浓厚的“家”的色彩，情感性因素较多，人情味较重，组织更多的是靠“人”来维系，而理性的味道淡一些。

小企业盘子小，任何一个看似小的人和事都可能导致企业的兴衰成败。尤其是“人”的因素，小企业做大的过程，实质上就是人才汇聚的过程；小企业做大的结果，常常是因为加入的新人带来了企业突破的机会。所以，小企业应当更加重视“人”的工作。

小企业虽然适合大学毕业生自主创业，然而一个企业能否生存下来，并发展壮大，成为吸纳劳动力，创造社会财富的生力军，要受到多方面因素的制约：自身能力、社会需求、市场动态、创业时机、发展计划、资金筹措、企业选址等都是重要的环节。

二、市场调研——企业永恒的主题

市场是企业的永恒主题，无论是企业创办之前，还是创办之后，都必须了解市场、分析市场，掌握消费者的想法和需求，项目的市场前景，竞争对手情况以及其他经营中需要考虑的问题。根据市场的需求来创办企业、运行企业。离开了市场，企业就没有生命力。因此，这里还是要向你介绍如何了解市场行情。

(一)市场调研的主要内容

1. 市场环境调研

包括政治法律环境、经济环境、科技环境和社会环境调研等。政治法律环境调研，主要是对政府的方针、政策和各种法令、条例，以及国外有关法规与政局变化、政府人事变动、战争、罢工、暴乱等可能影响本企业的诸因素的调研。经济环境调研，主要是对国民总收入增长、国民收入分配的地区和社会格局、储蓄与投资变化、私人消费构成、政府消费结构等宏观经济指标进行调研。科技环境调研，主要是对国际国内新技术、新工艺、新材料的发展速度、变化趋势、应用和推广等情况进行调研。社会环境调研，主要是了解一个社会的文化、风气、时尚、爱好、习俗、宗教等。

2. 市场需求调研

包括市场需求容量、顾客和消费行为调研。市场容量调研，主要是指现有的和潜在的人口变化、收入水平、生活水平、本企业的市场占有率、购买力投向。顾客调研，主要是了解购买本企业产品或服务的团体或个人的情况，如民族、年龄、性别、文化、职业、地区等。购买行为调研，是调研各阶层顾客的购买欲望、购买动机、习惯爱好、购买习惯、购买时间、购买地点、购买数量、品牌偏好等情况，以及顾客对本企业产品和其他企业提供的同类产品的欢迎程度。

3. 市场供给调研

主要调研产品或服务供给总量、供给变化趋势、市场占有率；消费者对本企业产品或服务的质量、性能、价格、交货期，服务、包装的意识、评价和要求；本企业产品或服务的市场寿命、消费者对本企业产品或服务更新的态度、现有产品或服务能持续多长时间、有无新产品或服务来代替；生产资源、技术水平、生产布局与结构；该产品或服务在当地生产和输入的发展趋势；协作伙伴竞争对手的状况，即他们的产品或服务的质量、数量、成本、价格、交货期、技术水平、潜在能力等。

4. 市场行情调研

整个行业市场、地区市场、企业市场的销售状况和销售能力；主要是商品供给的充足程度、市场空隙、库存状况；市场竞争程度，竞争对手的策略、手段和实力；有关企业同类产品的生产、经营、成本、价格、利润的比较；有关地区、企业产品的差别和供求关系及发展趋势；整个市场价格水平的现状和趋势、最适宜于顾客接受的价格性能与定价策略；新产品定价及价格变动幅度等。

5. 市场销售调研

主要是对销售渠道、销售过程和销售趋势的调研。企业产品是自销还是代销，是完全通过自设网点销售，还是部分经由代销网点销售；代销商的经营能力、社会声誉、目前销售和潜在销量；委托代销的运输成本、工具、路线、仓库储存能力等；人员直销和非人员直销各自优劣；采用哪种广告媒体（如电视、广播、报纸、杂志、广告牌）引人注目、效果较好；服务方式的优劣，如成套供应，配件准备、分期付款、免费维修、价格折扣、技术培训，哪种方式最受顾客欢迎等。

市场调研的内容，看自己企业的需求重点，确定调研的重点，有的需要详尽，有的则可简略。

（二）积极收集、研究二手资料

二手资料的收集和分析是了解信息的快速有效而又经济实惠的办法，没有充分分析二手资料之前，一手资料的收集工作不宜展开，否则很可能徒劳，甚至导致市场调研的无效。

二手资料可以分成内部数据和外部数据。内部数据是指来自企业内部的自有的数据。这些数据有的可以马上应用，有的要经过调研人员的进一步处理才能用。外部数据收集途径主要有：①出版物。如商业年鉴、民间组织或协会的统计数据、政府部门的统计数据、报纸、杂志等。②计算机数据库。如网络查询、国家或地方统计局的数据库、各大型零售商的进出仓货物数据库等。最近，国家几个部委已经把相关统计数据放到 Internet 上，查阅起来更加方便。③向专业提供商业数据的公司购买。国内已有几家能提供这种数据的公司，其做法是对固定样本家庭的日常消费进行调研,形成一些基础数据,供企业和研究人员参考。

大学毕业生初创企业可以说是一穷二白,但具备网络应用能力,学校拥有大量报纸杂志,可以从中收集到二手资料,以尽快了解业界动态。大学毕业生自己的网站应有效利用,利用网络可以便捷地查询各种有用信息。此外,网上传播省时省力,当前很多专业的市场调研公司已开始利用网站开展调研活动,大学毕业生创业更要学会利用自己的网站进行市场调研。

地方报纸及营销类杂志不可或缺,大多数初创小型企业的产品仅供当地及周边市场,地方报纸就是了解发生在身边的人和事的耳目。营销类杂志则向自主创业的大学生打开了一扇学习别人市场调研和营销经验的窗口,只有虚心学习,才能有所进步。

(三)如何实施有效的创业市场调查

实现企业各种目标的关键是正确认识目标市场的需要和欲望,并且比竞争对手更有效、更有利地传送目标市场所期望满足的东西。而市场调研是了解目标市场需求和竞争对手行动的真正有效手段,为达到有效实施的目标,自主创业的大学毕业生应做好以下几项工作。

1. 明确自己要干什么

大学毕业生在做市场调查的过程中,首先应当明确自己要做哪方面的决策,然后再明确需要收集哪些信息。为了更好地做到这一点,可以访问行业专家,了解行业内部对这些问题是如何处理的。

创业者还应当知道市场调研的能力和局限性。市场调研能够提供营销决策所需要的信息,但它不能提供解决问题的方案,方案需要通过自己的判断才能形成。

在现实中,创业者对营销问题的模糊认识是普遍存在的,而调研又如何容忍得了这种"模糊"?所以创业者应当对准备创办的企业实施一次问题梳理,针对具体问题进行追溯,掌握所有可能导致问题的行为和因素,找准方向,以保证调研确实有效。

2. 调查问题设置要明确

联合利华公司的"冲浪"超浓缩洗衣粉在进入日本市场前,做了大量的市场调研。包装经过预测试,设计成日本人装茶叶的香袋模样,很受欢迎;调研发现消费者使用冲浪洗衣粉时,方便性是很重要的性能指标,产品又进行了改进。同时,消费者认为冲浪的气味也很吸引人。可是,当产品在日本全国销售后发现市场份额仅能占到2.8%,远远低于原来的期望值。问题主要出在:冲浪洗衣粉在洗涤时难以溶解,原因是日本当时正在流行使用慢速搅动的洗衣机。另外,大多数日本人是露天晾晒衣服的,"气味清新"基本上没有吸引力。

上面的例子表明调查问题设置的重要性。所收集的信息必须有助于营销问题的认识和解决,所有信息最终都应该与营销决策有关。

调研设计的目标是要收集相对于调研费用而言的最有价值的信息。同样的调研问题在实施中可能产生不同精确度的信息。信息的精确度是受很多潜在误差的影响的。不要使自己成为精算师,调研设计的目的不是想力求获取尽可能精确的信息,而应该在一个明确的预算水平上尽可能使潜在的误差小。

3. 几种常见的市场调查方法

创业者除了可阅读有关市场方面的出版资料外，最直接获得市场资讯的途径，就是直接对市场进行调查，以获取市场情报。但要知道，这种获得的市场情报，也并非完整，如果市场调查方法不当，甚至会产生偏差，所以正确而客观的市场调查方法就格外显得重要，这里介绍三种常见的市场调查方法。

——观察型调研

通过观察相关的人、行为和环境来收集原始数据。例如，某个保健品制造商这样测试它的广告效果：在人们观看过程中测量其眼部运动、脉搏及其他身体反应。再如城市装束，一个迅速发展着的特色服装连锁店，在各种市场调查方式中更喜欢观察法。“我们不理人们说什么”，“我们看他们的行为”。公司通过在其店铺中对顾客进行录像和照相来了解顾客情况，以便迅速决定推出什么样的商品。

观察性调查可用于获取人们不愿或不能提供的信息。在有些情况下，观察可能是获得所需信息的唯一途径。反过来说，有些事是不能被观察到的，例如感情、态度和动机或私人行为。长期的或不经常性的行为也很难去观察。

——询问式调研

将所拟调研的事项，向被调查者提出询问，以获得所需资料。它是收集原始数据中使用最广泛的一种方式，也是收集描述性信息的最佳方法。例如公司如果想了解人们的知识、态度、偏好或购买行为，往往采用此方法，在美国每年有超过 7200 万人因各种调查而受到询问。此方法的好处是灵活性强。它可以用来收集许多不同场合下的不同信息，和观察性、实验性调查相比效率高、成本低。

然而，问讯式调查也存在一些问题。有时人们无法回答调查的问题，因他们想不起来或从来没想过做了什么，为什么去做；或是人们不愿回答陌生提问者的问题，或认为涉及个人隐私；被询问者也可能在不知问题答案时乱答一通等，使得问讯式调查结果质量受到影响。

——实验性调研

又称市场营销实验，是通过小规模的营销活动来测验某一产品或某项营销措施的效果，以决定是否有扩大规模的必要。这种方法是收集因果关系方面信息最适当的方法。采用这种方法的一个关键是环境因素不变。如果企业要测量广告的效果，可以选择两个条件相近的地区，甲地和乙地，假设两地生活习惯、水平以及人口素质、数量相同，同时销售同一商品，甲地做广告，乙地不做广告，实验期一个月。结果该商品在甲地销售了 5000 件，乙地销售了 3000 件。实验结果表明做广告比不做广告销售量多 2000 件。

1996 年，广州泰奇食品企业有限公司想搬写字楼。不久，有人介绍了一幢九层总面积近 5000 平方米位于广州新河埔路的新大厦给泰奇公司，按泰奇公司的要求只需要两层就足可以解决自用的问题。由于价钱很优惠，整幢租用的话还可以冠名“泰奇大厦”，当时，泰奇公司确实很想把整幢大厦租下来，除了两层自用以外，其余的则分租出去。但能否顺利将其余七层都分租出去呢？那只有做一个详细的市场调查了。

于是，在企业经营者和几个高级管理人员的策划下，泰奇公司动用了大约5万元人民币在《广州日报》做了两次招租广告。为了突出真实性，还杜撰了“永怡大厦”招租这样一个醒目的报眼广告，但两次招租广告总共还不到100个客户的咨询电话，而且，大多数的准客户都表示价格太高了，有意租用的客户就更少了，最终，泰奇当然就没有租下那幢大厦。

4.收集信息的方式

收集信息的方式一般包括：邮寄问卷、电话、面谈或计算机进行，不同的收集方式有其各自不同的优缺点。

(1)邮寄问卷法。邮寄问卷法是通过被调查者邮寄统一印制的问卷和填写说明，由被调查者填写后再寄回来的一种数据收集方式。有些征订单、产品说明书、征询意见单都可当做邮寄问卷加以利用。

(2)电话法。电话法是指通过电话向被调查者询问了解有关问题的一种市场调查方式。随着电话的普及、科学的发展，此法在市场调查研究中的潜力越来越大，一些调查者甚至使用“全自动电话调查”，利用声音应答技术来进行问讯。用问讯者的录音提问，应答者通过接电话来回答问题。

(3)面谈法。面谈法就是调查人员通过与被调查者面对面交谈、提问、讨论来获得有关信息的调查方式。可按提问的顺序发问，也可自由交谈。

当面询问有两种方式：个别和集体询问。个别询问可与人们在家中或办公室里，在大街上或购物中心进行面谈，很灵活。集体询问通常是邀请6～10人一起聚几个小时，由一个受过训练的主持人介绍关于产品、服务或某个组织的情况，环境一般都很舒适、幽雅，主持者鼓励大家轻松、自然地讨论(有人笔录)，以获得人们真实的感觉与想法。同时，主持人也要保持讨论围绕主体进行，所以又叫焦点集体问讯。

(4)电脑协助电话问询。选择最佳的接触方式取决于调查者想要什么样的信息及所接触的对象的人数及类型。计算机和通信技术的发展对收集信息的方法有很大影响。例如，许多调查公司现在使用“电脑协助电话问询”，专业的问询员给全国范围的对象打电话，电话号码往往是随机抽取的。当应答者回答问题时，问询者从屏幕上阅读问题并直接把应答者问题写入电脑。另外，一些公司使用电脑问询的方式，电脑可能被放置于调查中心、贸易展览、购物中心或零售店。应答者坐在计算机前，自己从屏幕上读出问题，并把自己的答案输入电脑。

5.抽样设计

营销调研往往需要从局部的调查中得出有关整体的结论，这就是抽样调查。包括三项内容：一是调查哪些人(抽样对象)；二是调查多少人(样本大小)；三是如何抽样(抽样程序)。

(1)抽样对象。抽样对象并不总是显而易见的。例如要想了解家庭购买轿车的决策过程，究竟应调查丈夫、妻子还是全体家庭成员？要想了解工业用户对物资采购的意见，应调查用户的采购部门、使用部门还是领导部门？只要购买者、使用者、决策者和影响者处于分离状态，调研人员就需要对抽样对象作出选择。

(2)样本大小。大样本当然比小样本提供的结果更可靠，但大样本的调查成本高，而且往往没有必要。只要抽样程序正确，即使样本不足总体的1%，也同样能提供可靠的调查结果。

(3)抽样程序。抽样程序有两类：一是随机抽样，二是非随机抽样。随机抽样是指整体中每一个体都有机会被选做样本，包括简单随机抽样、分层随机抽样和分群随机抽样三种。非随机抽样是指在整体中不是每一个体都有机会被选作样本，包括任意抽样、判断抽样和配额抽样。具体选择哪一种抽样方法，应根据情况而定。

(四)市场信息的消化与吸收

市场信息的分析整理对初次创业的成败是非常关键的。由于自主创业初期得到的信息大多数是二手信息，有的是过时的，有些是一些夸大或误导的信息。作为创业者必须具备较强的计划、分析和文字表达能力，及时将市场信息消化、整理，应主动地研究市场，以求获得最真实的市场信息。

三、计划制订——企业的蓝图

目前，中小企业的总量约占全国企业总数的99%左右，多数是民营企业或创业型企业。在经济比重上，中小企业已经占据了国民经济的“半壁江山”。但小企业(含民营企业)的平均寿命只有7.02岁，约有70%的企业在第一个5年内倒闭，在剩余的企业中又有70%的企业在第二个5年内倒闭。小企业要茁壮成长，应当从产品命名、市场细分、资源利用、营销创新等方面制定切实可行的实施计划。

(一)企业与产品命名

对企业而言，一个好的品牌名称是品牌被消费者认知、接受、满意乃至产生忠诚度的前提。新生企业在一开始就应该有一个便于传达品牌定位、传播的“名字”。命名时应该注意以下几点。

(1)取名要有个性，能突出自身特点；

(2)取名要巧妙别致，给人以美感；

(3)名字要有寓意，要能体现企业文化或产品特质；

(4)名字要易识、易记、吉利、不违背习俗。

在企业名与品牌名的关系处理上，小企业一般宜采用两者合二为一的方法，这样有助于减少营销费用。如果是购买已具有一定知名度的品牌产品，则应继续使用原来的名称。企业可以借公众知名资源来命名，以便于记忆、传播、推广。另外，“合法抢注”也是小企业可以借鉴的一种方法。例如，“采乐”最先是“西安杨森”生产的去头屑洗药，“采乐”洗发水则是后来由广东一家小企业推出的洗发产品，市场上许多人甚至连营销人员都误认为“采乐”洗发水也是西安杨森的产品，这家小洗发水企业以抢注名牌的策略成就了自己。

(二)经营区域市场

区域市场是小企业的根据地，首先在区域市场上创造优势，在某几个区域市场内提高市场占有率，在有限的空间内创造局部优势，赢得较大市场份额，从而有效抵御竞争攻势，保存并壮大自己，这是小企业赢得竞争的重要策略。区域市场开发也是有计划的市场推广，当企业在自身实力、知名度有限的情况下，使企业市场投入高度集约化，成为一个统一的作战团队，同时可以通过区域市场的拓展，达到先易后难，先重点后一般的全局发展目标。

小企业专注于区域市场，不但能减少失误，而且能为日后大规模的市场拓展活动积累宝贵经验。新品上市活动往往面临着许多不确定性，企业需要检验营销方案、需要磨合营销队伍、需要调整营销政策和管理模式，等等。小企业如果把有限的资源分散利用，竞争力会大打折扣，甚至可能血本无归。

(三)培养拳头产品

先依靠某个拳头产品来做品牌、做市场，待局面打开后再推出其他产品，从而逐步发展壮大。对小企业而言，这是比较切实可行的产品策略。

烟台喜旺公司的前身是卖熟肉的个体户。创业之初，山东肉食市场的竞争异常激烈，除全国性品牌双汇、雨润、得利斯雄踞山东市场外，本地品牌也各不相让。在此竞争格局下，喜旺公司经过仔细分析，发现自己在烟台市场上拥有一项拳头产品——猪头肉，且"喜旺"猪头肉的独特美味为其他任何企业的同类产品都无法媲美。喜旺决定凭借"喜旺"猪头肉这一产品先树立自己的专业形象，待"喜旺"猪头肉大量占领山东市场后，喜旺迅速推出了几十个品种的肉制品，企业也很快由个体户变成了集团军。①

(四)做自己擅长做的事情

"贪大求全"是小企业最大的忌讳之一，初创企业应将有限的资金用在刀刃上，做自己最擅长的事情。以"蒙牛"乳业为例，在创业初期并未建立自己的工厂，甚至连物流配送也进行外包(社会化运作)，而将人力、财力、物力集中于自身的强项营销上。

(五)创新——永恒的主题

当市场趋于饱和时，企业的产品及营销都趋于"同质化"，市场细分的难度加大，小企业从行业中脱颖而出的机会减少。此时，小企业可以考虑采用另外一种做法：创造并牢牢控制一个市场。创造新市场通常有产品创新、营销手法创新、使用方法创新 3 种方法。

"山东九阳"根据国人爱喝豆浆的传统和消费者对方便和卫生的新需求发明了九阳豆浆机，该产品使"山东九阳"从一家小企业在短短几年内就创造了年销售十几亿元的销售神话。"皇明太阳能"则通过率先生产、推广太阳能热水器而成为中国的"太阳能大王"。如果在研发方面没有优势，"营销方法创新"也是不错的思路。在药品市场未开放之前，中国药品市场的产品和营销手法高度雷同，山西傅山药业率先推出了"义诊营销"这一重大举措并一举打开了局面。1998 年前，老百姓普遍对医院的收费不满，很多人因为价高而舍不得去医院。傅山药业在 1998 年创立的"免费社区义诊"迎合了当时的社会需求，公司靠创新的"义诊营销"模式

① 牛天.小企业如何出人头地.创业家，2003(8).

创造了单品种销售额达到5亿元的销售记录。"使用方法创新"也是一种很有效的营销策略。1991年"金龙鱼"在国内率先推出小包装食用油并赢得了市场青睐，并成长为食用油行业的老大。①

四、企业选址——企业的新园②

经营总离不开一定的场地，场地选得好，能使你如鱼得水，生意兴隆。企业选址是很讲究的，商业企业一般应该掌握以下10个细节。

(1)交通便利。流通企业重在聚集人气，要选择较有利于经营，顾客步行方便的场所。

(2)接近人们聚集的场所。初创企业应选择顾客易记住的地点，当老顾客向别人宣传介绍时，比较容易指引。

(3)选择人口增加较快的地方。企业、居民区和市政的发展，会带来更多的顾客，并使其在经营上更具发展潜力。

(4)要选择较少横街或障碍物的一边。许多时候，行人为了要过马路，因而集中精力去躲避车辆或其他来往行人，而忽略了一旁的店铺。

(5)选取自发形成某类市场的地段。在长期的经营中，某街、某市场会自发形成销售某类商品的"集中市场"。事实证明，对那些经营耐用品的店铺来说，若能集中在某一个地段或街区，则更能招徕顾客，因为人们一想到购买某商品就会自然而然地想起这个地方。

(6)根据经营内容来选择地址。销售的商品种类不同，其对店址的要求也不同。有的店铺要求开在人流量大的地方，比如服装店、小超市，但并不是所有的店铺都适合开在人山人海的地方，比如保健用品商店和老人服务中心，就适宜开在偏僻、安静一些的地方。

(7)要有"傍大款"意识。即把店铺开在著名连锁店或品牌店附近，甚至可以开在它的旁边。与超市、商厦、饭店、24小时药店、咖啡店、茶艺馆、酒吧、学校、银行、邮局、洗衣店、冲印店、社区服务中心、社区文化体育活动中心等集客力较强的品牌门店和公共场所相邻。例如，你想经营吃的，那你就将店铺开在"麦当劳"、"肯德基"的周围。因为，这些著名的洋快餐在选择店址前已做过大量细致的市场调查，挨着它们开店，不仅可省去考察场地的时间和精力，还可以借助它们的品牌效应"捡"些顾客。

(8)位于商业中心街道。东西走向街道最好坐北朝南；南北走向街道最好坐西朝东，尽可能位于十字路口的西北拐角。另外，三岔路口是好地方；在坡路上开店不可取；路面与店铺地面高低不能太悬殊。

(9)要选择有广告空间的店面。有的店面没有独立门面，店门前自然就失去独立的广告空间，也就使你失去了在店前"发挥"营销智慧的空间。

(10)选择由冷变热的区位。与其选择现在被商家看好的店铺经营位置，不如选择不远的

① 严红、李青.小企业经营宝典.广州：广东经济出版社，2002.104.

② 郭书芹.开店选址不可忽视细节.经营吃的不如学KFC.扬子晚报，2004-02-06.

将来由冷变热目前未被看好的街道或市区。

生产企业要考虑货物运输的便捷,水、电等能源供给等因素。其他类型企业的选址则比较灵活。

五、登记注册——企业合法的户口

登记注册是创业阶段的重要步骤和主要内容。只有注册登记,才有合法资格;只有注册登记,才能享受各种权利;只有注册登记,才能在合法的大道上不断发展壮大。

(一)申请开业

开业登记所要具备的条件:与生产经营或者服务规模相适应的资金和从业人员;固定的经营场所和必要的设施;符合国家法律、法规和政策规定的经营范围;符合国家规定的企业名称。

企业申请开业登记,因申办的企业类型不同,向工商行政管理局提供的文件和证书有所不同,一般需提供组建负责人签署的登记申请书;主管部门或审批机关的批准文件;资金信用证明、验资证明或者资金担保;企业主要负责人的身份证明;经营场所使用证明及其他有关文件、证件。登记的主要内容有:

(1)企业名称。指的是企业的名字和字号。企业名称应反映其自身所属的行业,并具有专用性和排他性。因为企业名称一经核准登记,在规定的范围内享有专用权,受国家法律保护,其他单位或者个人不得与之混同或者假冒其名称。而且,已经核准登记的企业名称,在同一范围内的其他企业不得再使用这个名称。

(2)企业的负责人姓名。按照规定是指:独资企业的负责人指投资者本人;合伙企业的负责人指由全体合伙成员推举的负责人;有限责任公司指全体股东或股东代表大会选举产生的公司董事长或经理,即以后的法定代表人。在办理登记时,企业的负责人必须使用真名,不得使用别名或假名。由于企业负责人直接承担企业法律责任和经济责任,是企业行政管理和经营管理的执行者,私营企业负责人在工商行政管理机关核准登记之后,就是该企业的法定代表人或法人代表,企业不得随意更换。

(3)经营地址。是指企业固定的或者主要的生产经营场所所在的市、县(区)、乡(镇)、村及街道的门牌地址。企业的生产经营场地一经核准登记后,就是合法的生产经营场所,任何单位和个人不得随意侵占,企业亦不得随意改变企业生产场所和企业经营地址。因市政规划或者其他原因需要拆迁的,拆迁者应按国家有关规定承担拆迁费用,并合理安排新的经营场所。企业应向工商行政管理机关办理变更登记。

(4)企业的种类。是指独资企业、合伙企业或有限责任公司几种类型。独资企业是指一人投资经营的企业,它对企业的债务负无限责任,即要承担债务的全部偿还责任,并不以出资额为限。合伙企业指二人以上按照协议投资,共同经营、共负盈亏的企业,合伙人对企业债务连带负无限责任。有限责任公司是指投资者以其出资对公司负责,公司以其全部资产为限对公司债务承担责任的企业。

(5)注册资金。是指企业自有的固定资金和流动资金的总额,它是企业财产的货币表现,同时反映了企业生产经营能力和企业的规模。

(6)经营范围。是指企业生产经营的商品类别和服务项目。根据企业生产经营的商品类别和服务项目在企业中所占的比重大小,经营范围被分为主营项目和兼营项目。经工商行政管理机关核准登记的经营范围就是法定经营范围,企业不得擅自超越。在实际的经济活动中,区别企业合法经营与非法经营的界限是企业是否超越核准登记的经营范围。

(7)经营方式。是指企业在生产经营活动中所采取的方式和方法,即自产自销、代购代销、来料加工、商品批发、商品零售、批零兼营、客货运输、储运、装卸等。

(8)从业人员。指企业中的全体生产经营人员。

(9)雇工人数。指不包括企业投资者在内的企业生产经营人员。

(二)领取营业执照

申请开业后,工商行政管理机关将在审查核实的基础上填写《企业法人营业执照》或《营业执照》,由主管领导签署意见并记录在案,同时出具企业核准登记通知书,通知被核准的企业。法定代表人领取执照并行使签字备案手续,企业即宣告成立。

办理合法开业手续,一方面是开展业务,合法经营的前提条件,另一方面也是维护合法权益的保证。如果因为自己没有合法经营手续、没有合同章、没有银行账号、没有发票,忙前忙后联系了一笔业务,真要签合同、交款、提货时,却不得不找第三者转手,就会被第三者分了利。更有甚者,被第三者得利后甩掉,自己分文未得,白忙活一场。

(三)进行税务登记

领到了《企业法人营业执照》或《营业执照》,虽说创业的主要过程已经结束,但是还要有一些必须进行的登记,也同开展经营活动有关系,不能忽视。税务登记就是其中的一环。

纳税人在申报办理税务登记时,应根据不同情况,提供下列有关证件或资料:营业执照;有关合同、章程、协议书;银行账号证明;居民身份证、护照或其他合法证件;税务机关要求提供的其他合法证件和资料。

办理了税务登记后,企业还应该进行纳税申报。纳税申报是纳税人为了正确地履行纳税义务,扣缴义务人为了正确履行代扣代缴、代收代缴义务,将发生的纳税事项或者代扣代缴、代收代缴事项向税务机关提出书面申报的一项法定手续。也就是说,企业领到营业执照开始生产经营活动之后,在一定期限内应向税务机关申报。企业办理纳税申报时,还应根据不同情况,相应提交下列有关证件、资料:财务、会计报表及其说明材料;与纳税有关的合同、协议书;外出经营活动税收管理证明;境内或境外公证机构出具的有关证明文件;税务机关规定应当报送的其他证件、资料。

(四)进行银行开户

企业一旦开始运营,每时每刻都与资金打交道。企业购买原料、卖出产品、发放工资、缴纳税款、支付利息等,怎样才能有效地使用资金?这就必须掌握同银行打交道的基本知识,利用现代社会发达的信用制度,为你赚钱服务。

企业在获得了“营业执照”之后应当选择当地一家银行或信用社开户。一般在城市里，工商银行、交通银行、建设银行、中国银行、农业银行等专业银行在各市的分（支）银行、分理处、办事处以及各局委事业单位等设立的各种信用社已经覆盖了城市的每一个角落，形成了一个银行服务网络。所以企业在成立之初，选择开户银行也有了一定余地。现在一般的银行是“进去容易出来难，存款容易贷款难”，而且服务水平、效率等等各方面也不尽相同。最好在适当比较、调查之后，选择一个银行或信用社，开立账户。

银行账户是指企业和经营单位等在银行、信用社开立的收支款项的户头。企业在银行开立账户后，可以直接收取支票和汇票，把应收款存入银行，这样既保证了款项的安全，还可以按规定获得利息，增加收入。在购买大宗商品时，可以直接签发支票，而不必支付大量现金，减少了很多麻烦。到外地进货还可以通过银行办理汇款，比到邮局汇款方便一些。如办理企业信用卡账户，则可到各地特约单位购物，或到自动取款机上提取现金。在银行或信用社开户的企业，在资金周转困难时，可以更方便地向开户银行或信用社提出贷款申请，取得贷款。

企业可以持工商行政管理机关核发的营业执照到当地银行或信用社提交申请表，在申请表中填清企业名称、企业负责人、企业性质、企业地址、经营范围和申请开户的理由。等批准后，还要填写印鉴卡片，作为银行、信用社审查结算凭证合法性的依据。印鉴卡片应载明开户企业名称、开户账号、企业地址、企业负责人和财会人员。同时，印鉴卡片上必须盖上有权见证人私章和企业公章，并且注明盖几枚章方为有效。这样，开户才算真正完成。

在企业生产经营活动中，经常要进行结算，比如出售商品后收取买方的货款，购买原料需要支付卖方价款等等，这些活动在金融行业中都称为结算。

结算有两种，一种是现金结算；另一种是非现金结算，也叫转账结算或票据结算。由于成交金额大，支付大量现金既不方便又不安全，因此企业往往委托银行把货款从买方账户转到卖方账户，完成付款行为。转账结算又分为同城结算和异地结算，同城结算就是付款方和收款方在同一城镇内的结算；所谓异地结算是指付款方和收款方不在同一城镇的结算。企业可以运用的同城结算方式有支票结算和委托付款结算；异地结算方式有汇兑结算、银行汇票结算和信用结算。

（五）企业成立

大学毕业生自主开办企业有下列几种方法。

1．原创企业

即寻找新的市场、填补市场空缺，按自己的方式创办企业。能否成功取决于创业者对有关市场和产品及服务了解的程度。

（1）发明和发明家。创业家们相信新产品或发明，但依靠绝妙想法给发明者带来的经济效益不到0.5%。

（2）新业务。经济发展、技术进步、人们生活和工作方式的改变有时创造出新的业务机会，小企业创始人应该善于挖掘这些机会。

2．模仿企业

即创办的企业是对现有企业模式的改进或模仿。由于对现有产品和服务的不满足，从而激发小企业创始人的想象力，从中找到创立小企业的机会。

3. 经营家族企业

家族企业的平均寿命为24年，企业延续艰难。但美国98%的企业是家庭所有。如果大学毕业生有家族企业的话，从经营家族企业开始创业也是不错的选择。因为具有很好的归属感，有强烈的共同目标，可以使人努力工作，同时具有较大灵活性，必要时可以迅速决策和实施变革。

思考与练习

1. 进行一次成功小企业的调查，以此为例说明小企业起步应该做好哪些工作？防止和避免哪些问题的发生？

2. 假设你已经着手准备创办一家小企业，请完成以下练习。

(1) 在下表的顶端列举你的企业将出售的所有产品或服务。如果你的产品或服务超过5项，请自行增加列数。

(2) 在表的第一列中填写产品或服务的特征，并完成本表格的相应内容。你需要考虑产品的不同特征，如质量、颜色、规格、包装、零配件、维修，以及服务的态度、效率、质量、安全等。

特征 \ 内容 \ 产品或服务	1	2	3	4	5
质　量					

(3)企业将设在什么地方？

(4)选择该地址的主要原因是什么？

(5)销售方式(选择一项并打✓)。

将把产品或服务销售或提供给： □最终消费者 □零售商 □批发商

(6)选择该销售方式的原因是什么？

第七讲
管理自己的企业

引　子

方太的文化理念里加进了茅忠群的一句"名言":"想一想,还有更好的办法。"茅忠群认为,未来唯一持久的优势,就是有能力比你的竞争对手学习得更快。

在谈到经营之道时,茅忠群认为:

一是经营好人才才是大赢家。首先,员工绝不仅仅是为了物质待遇而工作,更多的是为了精神上的尊严和实现自我价值。这首先意味着员工不仅是工作的伙伴,还是生活中的朋友,彼此之间在人格上是同等的。其次,意味着工作本身不是强迫员工必须服从,而是在双方协商自愿的基础上,选择更利于员工成长的工作项目。这样,工作也就成了员工追求自我价值的一个平台。"以人为本"的管理,就是要坚持"三位一体"的人性假设。首先,按"经济人"来关心职工,满足员工的基本需要。其次,以"社会人"来对待员工。实质就是从过去的"让人去适应物"转向"以人为中心"的管理方式;还要用"文化人"来培养职工,一个人一生就要不断地接受新知识、新技能的教育和培养,这样才能够适应发展的需要。

二是最好的管理就是没有管理。授权是塑造员工忠诚度的最好工具。人通过合法的途径取得最大利益,来满足个人的需要,是企业发展和社会进步的根本动力。同时,人也具有无私奉献、积极进取、勇于承担责任等人性优点,以及损人利己、懒惰、逃避责任等人性弱点。我们不能奢望创业阶段"无私奉献"的人们,在企业正常发展阶段还要永远地无私奉献下去。让雷锋吃亏就没有人愿意再学雷锋。要弘扬无私奉献精神,就要考虑从物质或精神两方面对奉献者给予回报。同时,如果企业没有对违反制度的行为进行制裁,就会使遵守制度的人吃亏,从而导致对人的惰性的放纵。

三是流动本身就是人才增值的一种方式。其实人才的流动,从宏观上看有一个供需关系在制约着它。当需求大于供给的时候,一定会有人才流动。尤其是对现在一些非常热门的企业来说,比如说前几年 IT 人才流动就比较大。如果在这个企业里没有适合他们发展的空间和舞台,他们自己的这种预期和实际得到的差异就会比较大,也就有流动。

四是必须具有终身教育概念。科学技术的裂变效应将会导致知识更新速度的不断加快,你今天懂的东西，说不定明天早上就过时了。因此，作为一个公司总经理，必须从这个岗位的要求出发，深知迅速完成知识技能的新一轮补充转换和升级的重要性。我认为一个人必须具有终身教育的理念，即一个人的教育不能只限于人生的某一个时期，必须终身接受教育。在知识经济时代，上学和上班同样重要，学生时代将进一步延长。

对于创立之初的企业能否在激烈、残酷的市场竞争中获得生存与发展，关键是如何进行经营与管理。要管理好自己的企业，创业者除了在实践中不断探索总结经验之外，还应学习有关的管理知识，以更好地指导实践。因企业管理涉及的内容众多，限于篇幅，本讲仅就团队建设、理财战术两个方面加以叙述。

一、组建——一个优秀的团队

有句话是这么说的：一流的企业经营者是员工为你拼；二流的企业经营者是你和员工一起拼；三流的企业经营者是埋头苦干自己拼。

创业之初的人事规划，第一要务便是决定所需的人力多寡，所需的技术水准，以及员工所应具备的人格特征，然后才能展开人才选聘及培训工作。

要决定所需人员，必须先通盘了解所创企业的整体工作内容，包括每一细节，然后才能做通盘的规划，设定每个员工的功能与工作职责范围。如餐饮店，一天当中有明显的高、低峰时段，便可考虑充分利用兼职人员，而专职与兼职员工的比例与职权分配，也都要事先拟定。

(一)人才招聘与选拔

企业是人才与资金的结合，在创业过程中，两者缺一不可，同等重要，如果股东或亲朋好友中，有具备经营能力或相关技术的人，可以加入新企业中，这当然为上上策。如果没有适当的人，便只好通过甄选，来寻求适任的人才。

人才的招聘和选拔可以分为四个步骤。

1. 确定企业的用人要求

由于企业在创办之初，规模一般较小，人才资源有限，所以应从本企业的需要出发，具体分析所需的知识和技能。在这个阶段，要在企业人力资源计划指导下，通过工作分析，确定企业用人的数量、类别、工作条件，拟定工作说明、工作规程，为下一阶段的工作准备条件。

2. 吸引人们来应聘

刚创办的小企业，要吸引人们来应聘，自己必须具备一定的条件，同时对应聘者提出一些要求。小企业能否吸引人们来应聘取决于许多条件：

——小企业的目标与发展前景；

——小企业的形象与声誉；

——小企业的工资福利待遇；

——小企业中培训和晋升的机会；

——工作地点与工作条件；

——小企业所属的行业状况；

——小企业空缺的职位类别等。①

一般来说，选用人力有下列几个途径：①寻求亲朋好友的推荐；②通过劳动就业指导单位推荐；③广告招聘；④到职业介绍中心招收；⑤到人才交流中心聘用；⑥应聘者自荐或推荐；⑦到大中专院校去招收；⑧猎头公司的帮助等。大学生创业，同学、校友是最佳的人力资源库。

3. 选拔应聘者

在获得大量的应聘者的情况资料和选拔渠道的基础上，就可以进入选拔录用阶段。一般来说，挑选员工的方式可以分为两种，即证件挑选方式和直接挑选。前者是指让应聘者提交履历表，相片等资料，企业在这些资料的基础上，作出是否试用、录用的决定；后者是指对应聘者采取面试以及各种测试的形式，直接作出是否录用的决定。

4. 选拔效果评估

当选拔工作结束以后，需要进行效果评估，从而为下次选拔提供依据。

(1)招聘选拔成本评估。如果成本低，录用人员的质量高，则效率高；反之，则效率低。而如果成本低，录用的人数多，则效率高；反之，则效率低。

(2)录用人员评估。如果录用人员不合格，则整个过程所花费的人力、物力、财力和时间都化为乌有，只有招聘到合适的人力资源才算完成任务。

(二)人员培训与发展

招进员工后，如何培训员工，使他得以发挥所长，为企业作出贡献，更是重要课题。小企业职工培训主要针对两种人：新录用的员工和原有员工。对于员工来说，应把握的技能主要有三种：技术技能、人际技能和解决问题的技能。培训大都希望改善其中一种或多种技能。②

随着新技术的发展和工作方法的改进，大多数培训项目的主要目的是更新和提高员工的技术技能，如培训邮局分拣员学会使用自动分拣机；培训汽车维修工人维修新型汽车；培训文秘人员操作计算机等。

几乎所有的员工的工作绩效都取决于他们与同事相处的能力。许多人需要通过培训来提高人际技能，包括学习怎样倾听、如何表达自己的观点、如何成为一个有效的团队成员等。

管理人员以及从事非常规性工作的人员，在工作中会遇到大量的问题，如果他们缺乏解决问题的技能，就要进行培训，包括提高其逻辑技能、定义问题能力、推理能力等等。

具体的培训方法主要有以下几种：①角色扮演；②模拟操作；③游戏；④案例分析；⑤集体研讨；⑥演示；⑦实际操作；⑧户外训练。③

人员发展是企业维持并提高生产率，并为将来的变化做准备的一种方式。以下是几种较为有效的员工发展实践法。

(1)在员工的职业早期阶段赋予其具有挑战性的工作。最初的挑战，尤其是他们能成功

---

①② 严红、李青.小企业经营宝典.广州：广东经济出版社，2002.101,104.

③ 蔡敬聪.创业成功学.广州：广东旅游出版社，2003.225.

地面对挑战时，能激励员工今后工作更出色。

(2)向员工提供空缺职位的详细信息。

(3)职业咨询。帮助员工明确职业目标和期望，决定自我开发活动，以达成职业目标。

(4)企业可以通过小组研讨会的形式，促进员工的发展。

(5)定期的工作变动可以防止员工技能过时，刺激员工的职业发展。

(三)工作评价

员工经过培训，在具体岗位上工作后，企业必须对其工作表现进行考核。

考核的目的有许多，例如，管理人员把工作评价的结果用于人力资源决策和人员的奖酬分配、晋升、调职、解聘等，都以工作评价结果为基础。工作评价结果还可以帮助确定培训和开发需求；可以作为人员招聘、培训员工开发计划的有效性标准；还可以使员工了解企业如何看待他们的工作。

评估的标准是什么？一般有三种标准。

(1)个人完成任务结果。如果重要的是结果，则应对员工完成任务的结果做评价。

(2)行为。当群体的绩效易于评价，而个人的贡献很难甚至不可能区分时，只能对员工的行为进行评价。

(3)特质。个人特质是最弱的一个标准，但应用广泛，因为它离实际的工作绩效最远，像自信、可靠、合作等特质，不与业绩高度相关，但在企业中，尤其是小企业中常常把它作为业绩评价的标准。①

到底应由谁来评估员工工作呢？

(1)中低层员工的工作评价，95%由直接上司完成。

(2)同事的评估是最可靠的资料来源。

(3)让员工自己评估。

(4)全方位评估法。即员工在工作中可能接触到的所有人，都可以成为评估者。大多数企业收集5～10人的评估结果。

以上评估主体可以结合实际情况运用一种或几种，每种评估主体都有其优缺点。

(四)制定薪资福利制度

任何企业要想留住员工，充分发挥员工的积极性和创造性，吸引更多的人才，除了要有一个公平合理的考核制度外，还必须有一个好的薪酬制度。在严格执行《劳动法》的基础上，建立一个好的薪酬制度通常要考虑以下因素。

(1)有竞争性的工资比例。一般一个企业员工的工资水平应略高于或等同于同地区同行业的平均水平。如果反之，则很难留住和吸引人才。

(2)如果可能，企业应根据物价上涨的幅度提高员工的工资水平，因为，生活费用的提高会影响企业员工的工资水平。

---

① 严红、李青.小企业经营宝典.广州：广东经济出版社，2002.107.

(3)生产率问题。如果生产率水平高,企业就有能力建立较高的工资水平,吸引人才,进一步促进生产力的发展;反之,生产率水平低,也就没有能力支付较高的工资。

(4)根据性质不同的工作,建立不同的工资比例,即合理的工资结构。

总之,报酬合理既有利于留住本企业的员工,又有利于吸引人才。高工资可以吸引和激励人才,但并不是激励人才的直接因素,它必须和工作表现、工作成绩结合起来考虑,才能使工资制度产生激励效力。另外,给员工提供一定的福利资金,同样有利于激励员工,吸引人才。

(五)避免选才与用人的误区

市场竞争就是人才竞争,而小企业受资金、规模、名气、体制等条件限制,与大企业相比,面临着人才难寻、人才难求、人才难留的问题。但是,这种状况存在的根本原因在于企业内部对用人的认识有许多误区。

1. 感觉评判的误区

小企业的经营者往往凭第一感觉和印象选拔、使用人才,而通常没有一个长远的人才战略规划,没有对人才结构进行科学的战略性设计。这种目光短浅的方法往往不能任用真正的人才,有时还会被心术不正的人钻空子。有些小企业的经营者犯了戴着有色眼镜看人的毛病,选择的都是同一类型的人。同一类型的人在一起工作不能互相取长补短,不能形成合理的群体结构,抑制群体效能的发挥。

大多数小企业都没有考核工作表现的制度,即使有,也只是停留在领导主观印象评价的表面上。现代企业必须建立和贯彻有效的工作考评制度,量化员工业绩,将主观评价和客观评价相结合。各级管理者应不折不扣地定期评价员工的表现,并适当要求员工以及与企业经营有关的所有员工参与评价,赏罚分明,使全体员工深知企业的价值取向,使他们的努力得到恰当回报。

2. 照顾关系的误区

小企业在发展初期,业务量少,企业规模小,仅仅依靠同学、亲戚朋友即可应付。随着企业的发展壮大,员工需要增加,不可避免地要雇用非亲员工。在这种情况下,就存在着如何对待同学亲友和非亲员工的问题。

许多经营者都称自己用人唯贤,唯才是举,而不是用人唯亲。但实际上,要真正做到这一点是很困难的。

现代企业日趋复杂,更需要有真才实学的人才。亲而德才兼备,当然可以任用,但亲而无才又居要职,就会影响企业的发展,亲者未必可靠,非亲者也未必不可靠,这需要长期考察,不可一概而论。

3. 重文凭、轻水平的误区

现在许多小企业招聘、用人中通常有追求高学历的做法,动辄招本科以上学历,而实际上许多工作岗位,只需要初中文化水平,有实践工作经验就可以胜任了。

有文凭的人可能是人才,但也可能有人是拿着文凭的庸才,眼高手低,并无实际工作能力；没文凭的人未必不是人才，其中会有许多从实干中锻炼成长的人才。

选拔人才既要看文凭，也要看水平，而且更要注重水平。

4. 注重物质激励的误区

有的小企业经营者认为给予员工丰厚的薪水，过年过节时发发红包，就可以留住人才。的确，就我国目前的经济发展水平来说，小企业员工最关心和重视的主要是物质待遇。因此，短期内物质激励最有效果，但是时间长了，有时会适得其反，反而造成员工对工资的刚性要求。

人的需求是多方面的，除了得到相应的报酬外，人还有许多诸如培训的需要、同事以及上下级之间融洽关系的需要、晋升的需要、成就感的需要等等。曾经有一项民意测验，列出5个因素，让1000名企业雇员选出自己重视的一项：结果有66%的人希望有一份自己喜欢的工作；52%的人看中工作稳定性；41%的人重视工作成就感；37%的人看中报酬；30%的人希望有继续学习的机会。正所谓事业留人、感情留人、待遇留人。也就是说在注重物质激励的同时，更要注意创造有利于员工成长的空间。

二、理清——自己的财务

"当家不理财，等于瞎胡来；理财不当家，等于撒钱花。"这句话是颇具深意的。如果反过来讲，应该是："当家需要理财，理财需要当家。"作为经营者，企业或商业中的每摊子事，都要挂在心上，比如筹集资金、购买原材料、安排生产、推销产品等，经营者无不一手操办。所以，经营者在企业中当家做主，一锤定音，没有理由不会理财。如果经营者理财有方，那么当然财源滚滚，潇洒自如了。反之，如果缺乏理财能力，不仅可能把本赔进去，而且可能债台高筑，度日如年。因此要当好企业的经营者，必须先学会理财。

（一）学习基本的理财知识

资金准备、风险计算、利润计算，这些都与财务知识有关，创业者必须学习和掌握一些基本的财务管理知识。

1. 准确的财务核算

这一项工作能反映你的资金运作情况。虽然你可以充分相信你的头脑，但用笔记下各项收入和支出，还是很有必要的，而且以清楚明白为宜。

事业一旦运作，各种费用往往会超出你先前的估算，就必须修正你先前计算的利润率。许多人在创业之初，感觉到业务运转正常，认为是该赚到一笔钱了。但经过财务核算之后，却会大吃一惊，赚到一点钱全拖欠在客户手中，甚至严重地影响事业运转。

准确的财务核算，使你清楚自己的经营状况和收入。有了财务的明确数据，你才可以正确地安排和推进各项事务，才能做到心中有数，知道如何应对。在别人眼里，你这才像一个正儿八经做生意的样子。从一开始，就要在行业中树立一个明确的形象，别人才不会忽视你这个新人，为以后打交道铺开道路。

通过财务核算，知道利润情况，才会切实体验到劳动的成就感和压力。

2. 精明的财务管理

财务的一个重要职能，是为决策提供依据，由此可以分析哪些产品投入少、利润高。有的产品，毛利很高，感觉上赚了不少钱。仔细计算，利润远不如某些常态的、不引人注目的产品。比如房地产市场，从表面看，高档房售价高，差价也大，利润丰厚，卖出1套，等于普通房7套。只有清晰明了的财务计算，才能准确反映两种投入的利润高低。事实上，高档房虽然利润高，但房子售量少，资金回收慢。投入高档房的资金，三年才能全部收回，而普通房的投入一年即可收回，三年内运行三次，利润反而高于高档房。这就为投资方向提供了依据。

财务也会提醒你，哪些支出太大，要节省，哪些投入还不够（比如广告、业务招待）应加大投资力度，有了财务的反映，你的决策才有依据。

(二)创业者需知的几条理财原则

财务管理的对象千变万化，财务管理的环境错综复杂，作为企业的经营者要想理好财，成为理财的高手，应遵循以下几条原则。

1. 要注意风险与收益的均衡

风险是客观存在的，它是指企业经营活动的不确定性影响财务成果的不确定性。由于风险的作用使企业的未来经营可能向有利方向变动，也可能向反方向变动。实际中，企业为了获得较多的收益，常常需要冒较大的风险，而风险较小，收益也较少。风险和收益均衡原则要求企业不能只顾追求最大收益而不顾风险，风险越大，预期收益也应越高。企业应使风险和收益适当地均衡，并采取措施分散风险，趋利避害，提高利润率，争取最大的收益。

2. 尽快查明支出增加的原因，确保收支平衡

各项费用及资金的运用，在预算确定后就要严格按预算执行，一旦发现超支就应迅速查明其原因，明确责任，制定措施，杜绝不必要的开支。在出现销售下滑，不能实现其预算收入时，应作为抑制支出的信号，也要相应地压缩相关的支出，以确保收支平衡。

3. 加强与银行往来技巧，不忘推销自己和公司

企业经营者在同银行及有关部门来往时，要随时不忘推销自己和公司，特别是主要往来的银行更为重要，应加强联系。

4. 与税务部门搞好关系，依法缴纳各种税金

依法纳税是企业的义务，但是在市场经济条件下，税种较多、征收环节复杂，税率也不一样。企业与税务部门保持密切联系，对不清楚的政策，请税务部门给予指导，能缓缴的缓缴，能免缴的尽量争取免缴，对一些优惠政策要争取充分享受。

5. 与主要客户维持良好关系，争取客户支持与协助

在经营活动中，企业购买材料要同供应商发生往来，推销产品要同销售商发生往来，这些往来均要通过结算。在结算中必须坚守信用，提高信誉度。企业应在互利的基础上，与他们搞好关系，相互支持，只有这样，在企业遇到困难时，他们才会给予协助。

6. 做好资金调度，充分运用剩余资金

企业财产物资的货币表现是资金，做好资金调度，实质上就是做好企业的物资调度工作。

为此，企业财务部门要按月编制切实可行的资金周转表，通过该表了解资金从哪里来？又流向何处去？产生不足的原因，以及筹措资金的渠道等。销售收入、收款计划的估计要保守，要沉着应付突发性支出，要充分利用剩余资金。为此，要掌握剩余资金究竟有多少？可运用的期限有多长？要注意投资的获利率以及获利后的课税问题。资金周转加快了，就可产生较好效益。

7. 提高员工的理财意识，发动员工理财

利润是通过资金周转产生的，在同样的销售利润率条件下，资金周转越快，利润越多，但是要加速资金周转不只是财务人员的事，材料采购、产品设计、工艺规程、生产状况、劳动效率、产品推销、货款回收等都与资金周转息息相关。因此，要动员每一位员工结合自己的岗位参与理财，对每一个部门及岗位应有资金的使用规划，做到事前有计划、事中有控制、事后有考核，根据完成情况的优劣给予奖惩，从而提高资金利用率。

(三)做好投资预算

对于创业者来说，最首要的一件事就是投资预算，即大体需要多少固定资本和流动资本。根据你的经营规模和能力，先估算所需的固定资本额，然后再决定所需的流动资本。像原材料、存货、租金、工资、税收、水电费、保险费、借款利息、宣传广告费等经营费用都应进行预算。日本近年提出"预算即结算"的经营口号，可见投资预算对整个经营过程的影响之大。经营前对每个经营环节应进行精心的资本预算，然后通盘考虑、精打细算，该购置的要不惜成本购置，可花、可不花的钱尽量节省。那种开张了几个月就关门大吉的商店、企业，很多情况下是由于经营者不善于做资本预算，大手大脚乱掷钱财导致的。

下面介绍一投资预算范例。

某君在A市的一个服装城租用一店面做服装销售(批发/零售)生意，掌握的具体资料如下：

1. 货品

计划经营的服装有

(1)T恤：进价20元/件，售价30元/件，在整盘货中销货比重50%；

(2)西裤：进价80元/条，售价100元/条，在整盘货中销货比重40%；

(3)西服：进价150元/件，售价200元/件，在整盘货中销货比重10%；

2. 租铺情况

签约期为4年，需付装修费10万元，租金3000元/月，水电费1000元/月，电话费150元/月，工商管理费150元/月，商定税金400元/月，租铺后办理工商营业执照及税务登记等手续费共约1500元，另外需交3个月租金的押金(合约期满可以取回)。

3. 经营时每月估计的其他开支

(1)工资：800元/人，共2人，计1600元/月；

(2)午餐：150元/人，共2人，计300元/月；

(3)运杂费、搬运费:400 元/月;

(4)包装费:200 元/月;

(5)差旅费:500 元/月;

(6)从业人员保险费:150 元/月。

4. 计划及预算

(1)货品的毛利率测算:毛利=售价—进价;毛利率=毛利/售价×100%;

T 恤毛利:30—20=10(元);西裤毛利:100—80=20(元);西服毛利:200—150=50(元);

货品的综合毛利率=T 恤的毛利率×T 恤在整盘货中的销货比重+西裤的毛利率×西裤在整盘货中的销货比重+西服的毛利率×西服在整盘货中的销货比重,即:10/30×50%+20/100×40%+50/200×10%=17%+8%+2.5%=27.5%。

(2)每月应摊销的装修费和开办费用:每月应摊装修费=租铺时付的总额/租期共计的月数=100000/48=2083.33(元);

每月应摊开办费(案例中为办理工商执照和税务登记证的费用)=办证照总额/租期共计月数=1500/48=31.25(元);

每月共计费用额=每月摊销的装修费+每月摊销的开办费+租金+水电费+电话费+商定税金+工商管理费+工资+午餐费+运杂费+搬运费+包装费+差旅费+社保费=2083.33+31.25+3000+1000+150+400+150+1600+300+400+200+500+150=9964.58(元)。

(3)求每月能收支平衡的生意额

收支平衡时(未有盈利)的生意额=费用总额/毛利率=9964.58/27.5%=36234.84(元)。

(4)资金占用情况

装修费+押金+每月费用(除去摊销装修费、开办费部分)+货品成本。其中每月费用(除去摊销装修费、开办费部分)=9964.58—2083.33=7881.25(元);

货品成本=售价总额(即生意总额)—毛利(即费用总额)/每月货品周转次数;

设货品每月周转次数为三次,即每批进货 10 天内销清,则货品成本=(36234.84—9964.58)/3=8757(元);

资金占用总额=100000+9000+1500+7850+8757=127107(元)(约 12.7 万元)。

(5)亏损估算

如果租铺后做了 3 个月,第一个月亏了 2000 元,第二个月亏了 3000 元,第三个月亏了 4000 元,决定不再经营。则亏损估算为:3 个月累计亏损额+装修费和开办费(除去 3 个月已摊销部分)+押金+清存货的损失一店面转让费,即;2000+3000+4000+(100000－2083.33×3)+(1500－31.25×3)+清存货的损失一店面转让费。如果店面无人接手，清存货损失不计，则估计损失达 11.4 万元。

(四)学会正确记账

资金管理过程中重要的一环是严格的资金收付记载，如销售日记账、资金接收和支付日记账、存货日记账等。因此，创业者必须建立每日记账的习惯，因为适当而正确的记账记录，不但可以了解每日的开销情况，更是有效管理财务的基础方法。记账的方法主要有收付记账法和借贷记账法两种。对于创立之初的小企业来说，规模一般较小，所以大多采用收付记账法；当然，当企业发展到一定的规模，则采用借贷记账法。

在收付记账法下，一般将账簿分为收入账与开支账。收入账是指销售及现金收入流水账，记载着企业中每日的收入；开支账则是指现金支付、采购及费用等流水账，也就是企业中每日的开支记录。

在借贷记账法下，账户的“借方”用来登记资产和费用的增加，同时用来登记负债，所有者权益、收入和利润的减少；而账户的“贷方”则用来登记资产和费用的减少，同时还用来登记负债，所有者权益、收入和利润的增加。记入账户借方的数额合计，称为借方发生额；记入贷方的数额合计，称为贷方发生额。

对于一个账户来说，记入该账户增加方的数额一般都要大于或等于记入其减少方的数额，所以账户正常的余额应在记录增加额的那一方，也即资产类账户余额在借方，负债类和所有者权益类账户余额在贷方，费用和收入类账户一般无余额。由此，我们可以从账户余额的方向判断账户的性质。各类账户余额的计算公式如下：

资产类账户期末(借方)余额＝期初借方余额＋本期借方发生额－本期贷方发生额

负债和所有者权益类账户期末(贷方)余额＝期初贷方余额＋本期贷方发生额－本期借方发生额

为了方便了解、掌握借贷记账法下的账户结构，现将各类账户的结构列示如表 7-1 所示。

表 7-1　借贷记账法下的账户结构

账户名称	借方	贷方	余额方向
资产类	增加	减少	借方
负债类	减少	增加	贷方
所有者权益类	减少	增加	贷方
收入类	减少	增加	一般无余额
费用类	增加	减少	一般无余额

根据复式记账的原理，再结合借贷记账法的账户结构，对于任何一项经济业务，一方面记入一个或几个账户的借方，另一方面必然要记入一个或几个账户的贷方，并且借方与贷方的数额必然是相等的。企业发生的经济业务大致可分为资金流入企业的业务、资金在企业内部流动的业务、权益转化的业务和资金退出企业的业务。

运用借贷记账法加以处理如下：

(1)资金流入企业的业务。即资产与负债、所有者权益同时增加。资产增加记入有关账户的“借方”，负债和所有者权益增加记入有关账户的“贷方”。

(2)资金在企业内部流动的业务。即资产、收入和费用之间或资产要素内部的增减。资产和费用的增加以及收入减少记入相关账户的“借方”，收入增加以及资产和费用的减少记入相关账户的“贷方”。

(3)权益转化的业务。即负债、所有者权益和利润三者之间或一个要素内部有增有减。负债、所有者权益和利润增加记入相关账户的“贷方”，减少则记入相关账户的“借方”。

(4)资金退出企业的业务。即资产和负债、所有者权益同时减少。资产减少记入有关账户的“贷方”，负债及所有者权益减少则记入有关账户的“借方”。由此可以看出，每类业务都要同时记入有关账户的借方和另一些账户的贷方，且记入双方的金额相等。因此，借贷记账法的记账规则可概括为“有借必有贷，借贷必相等”。

在借贷记账法下，进行试算平衡的方法是通过编制总分类账户余额试算平衡表或总分类账户本期发生额试算平衡表来实现的。

期末余额＝期初余额＋本期增加发生额－本期减少发生额

资产类：期末借方余额＝期初借方余额＋本期借方发生额－本期贷方发生额

负债、所有者权益类：期末贷方余额＝期初贷方余额＋本期贷方发生额－本期借方发生额

(五)小企业涉及的主要税种介绍

1. 增值税

(1)纳税人

增值税的纳税人包括在中国境内销售、进口货物，提供加工、修理、修配劳务(以下简称应税劳务)的各类企业、单位、个体经营者和其他个人。

(2)计税方法

——一般纳税人计税方法

一般纳税人在计算应纳增值税税额的时候，先分别计算其当期销项税额和进项税额，然后以销项税额抵扣进项税额后的余额为实际应纳税额。应纳税额计算公式：

应纳税额＝当期销项税额－当期进项税额

当期销项税额＝当期销售额×适用税率

——小规模纳税人计税方法

小规模纳税人销售货物或者应税劳务取得的销售额，按照规定的适用征收率(商业为4％，其他行业为6％)计算应纳增值税税额。应纳税额计算公式：

应纳税额＝销售额×适用征收率

——进口货物退税

纳税人进口货物，按照组成计税价格和规定的适用税率计算应纳增值税税额。

——出口货物退税

纳税人出口适用零税率的货物，可以按照规定向税务机关申报办理该项出口货物的增值税退税。目前，出口退税率分5％、6％、9％、11％、13％、17％六档。

2. 消费税

(1)纳税人

消费税的纳税人包括在中国境内生产和进口应税消费品的各类企业、单位、个体经营者和其他个人。纳税人出口的应税消费品免征消费税，但是国家限制出口的产品除外。

(2)计税方法

消费税采用从价定率计税和从量定额计税两种方法计算应纳税额，一般以应税消费品的生产者为纳税人，在销售的时候纳税。应纳税额计算公式：

应纳税额＝应税消费品销售额×适用税率

应纳税额＝应税消费品销售数量×适用税额标准

3. 营业税

(1)纳税人

营业税的纳税人包括在中国境内提供应税劳务、转让无形资产和销售不动产的各类企业、单位、个体经营者和其他个人。

(2)计税方法

营业税的应纳税额按照营业额和规定的适用税率计算。应纳税额计算公式：

应纳税额＝营业额×适用税率

4. 企业所得税

(1)纳税人

企业所得税的纳税人包括中国境内的国有企业、集体企业、私营企业、联营企业、股份制企业和其他组织。

(2)税率和应纳税额计算方法

企业所得税的应纳税额一般应当按照应纳税所得额和33％的税率计算。应纳税额计算公式：

应纳税额＝应纳税所得额×33％

(六)摸清债务人的心理

应收的账款不能及时兑现，企业与客户之间就形成了债权债务关系。这是令所有企业老板头疼的问题。怎样理顺双方关系、解决债务问题呢？首先必须对债务人的情况有全盘的了解。

1. 存在争议

债务人包括公民和法人两种，法人作为债务人，因其是为一定的经济目的而存在，因而法人之间的债务纠纷，一般是债权人与债务人之间对债权债务的某些方面存在争议。这种争议可由一方过错而造成，也可因双方过错而造成，又可因一方认识错误而造成。

对此种情况，债权债务人双方同为一定经济目的，通过摆事实、讲道理，分清是非，一般可以解决。如双方协商不成，通过调解仲裁和诉讼，达成协议或裁决一般比较容易执行。处理这类债务，一定要抓紧时间，避免损失过大，否则将给解决纠纷造成困难。

2. 无力偿还

法人作为债务人，另一种情况是由于种种原因，已无力偿还。造成无力偿还的原因，有外部的，如市场物价变化；有自身的，如经营管理不善、拆东墙补西墙、挥霍浪费、各种经济联合体或私营企业内部发生纠纷等。

这类债务人对债务的心理状态，可分为积极的——即想方设法偿还债务；消极的——即无动于衷，漠然处之。对于积极的债务人，应尽可能地帮助支持，争取债务人早日清偿债务。对消极的债务人应施加压力，尽快采取法律手段，包括提出破产申请。

3. 故意拖欠

故意拖欠是指有偿还能力的法人，寻找种种借口，拖延履行义务。在实践中，经常遇到的是债务人声称无履行能力或答应履行，但到期变卦；也有胡搅蛮缠，听起来好像自己不但不应履行义务，反而还受到了损失。故意拖欠还有一种常见的现象，就是推躲不见讨债人员。

这类债务人的心理是：能磨就磨，能拖就拖，能少还就少还。对故意拖欠者，除了采取强有力的措施使其感到不履行义务对自己的经营活动有影响、对个人在声誉道德方面有损害外，请求国家强制力制裁是最有效的方法。

4. 存心赖账

存心赖账，根据其赖账心理形成的时间不同，可分为一开始就准备赖账、在变动过程中有机可乘赖账、根据讨债者的情况赖账三种。

这三种赖账一般表现为：拒不承认其义务，或强词夺理、吹毛求疵、寻找债权人的缺点，或干脆外逃难寻。一旦发现债务人赖账的动机就要引起高度重视，即请国家机关处理，同时收集必要证据，不给债务人可乘之机。

(七)每个经营环节都需精心管理

尽管财务管理十分重要，而许多小企业却几乎没有正规的财务管理。造成这种情况主要有两个原因：一是小企业通常没有专业的财务人员；二是正规的财务管理在一定程度上并不适合许多小企业的财务。

实际上，财务管理对于小企业同样具有重要的意义。首先，能帮助经营者做好现金周转的决策；其次，能使经营者明白自己是否真正赚钱，以及到底赚了多少钱。

1. 现金流量的管理

一家利润很高、规模很大的企业会破产倒闭吗？当然有可能。企业倒闭的原因不在于利润的高低，而在于现金的周转。当企业没有办法支付到期债务的时候，会像多米诺骨牌一样，很快垮掉。因为，成熟的企业多是建立在商业信用的基础上，企业既对外欠债，外界又欠企业的债。如何维持一种平衡，就是现金周转管理的重点，也是企业管理的重点。

财务上有专业的现金流量表处理这个问题，对经营者来说，显得复杂了一点。经营者可以通过以下程序确定自己未来一定阶段的现金流量，并据此提前采取相应的措施。

许多业务都有明显的周期，这种周期可能是一年、半年、三个月等，但很少是财务规定的一个月。因此，首先你必须根据自己业务的特点，确定自己现金管理的周期，而不是财务规定的周期。现金流量预计与你营业的规模具有直接的关系，因此，必须提前确定自己的业务规模。但实际情况可能有很大的出入，不要紧，因为现金流量预计仅仅是一种预计，是帮助你理解自己未来一段时间内的资金情况。

大家都知道，做100万的业务，本钱并不需要100万，或许10万8万的就可以了。本钱仅仅是营运周期内的启动资金。业务启动之后，完全可以从供应商那里获得一定的商业信用。同时，也可以通过销售获得现金收入，滚动进行。在现金流量预计的过程中，你一定要根据自己多年的经验，相对准确地作出判断。

只要你提前知道自己在现金周转问题上面临的实际情况，通常都可以顺利过关，不至于陷入四面楚歌的境地。而当供应商知道你的财务状况不好之后，一般不会再提供商业信用，反而会增加催款的力度，使你的现金周转雪上加霜。

在你经营过程中，或许你已经感觉到，在维持自己业务规模不变的情况下，通常不会面临资金周转的问题。资金周转困难一般都发生在扩大经营规模、实施新的创业计划、严重的营销决策错误上。所以再一次提醒你，事业上出现上述几种情况的时候，通常会出现资金周转压力，必须提前预算，做好准备。否则，将干净、彻底地终结你苦心经营的事业。

2. 利润的确定

当你辛辛苦苦经营自己的事业，除了获得满足感、成就感之外，你还希望获得更多的收益，也就是企业的利润。

许多经营者对利润的计算十分简单：经营一年之后，手上的现金比启动资金高的部分就是当年的利润。这种方法虽然简单，但过于保守。因为所有的存货、固定投入、应收应付账都没有进行相应的计算。适合的计算方法，应当计算简单、符合你事业的实际情况。这里讨论的利润核算是为你自己服务的，而不是给其他人审查或阅读的。

第一步，确定利润表上各分项的金额。

期初余额：利润周期开始时你资产的余额，包括现金、存款、资产价值。

应收账款：外界欠你的金额。建议你保守评估真实的价值，有很多可能不是按照账面金额收款的，甚至会成为呆账。一般你应当将账面价值打20%～40%的折扣。

应付账款：你欠别人的金额，尽管你实际还款的金额小于账面的金额，但计算利润的时候，还是应当按照账面的金额计算。

期末余额：利润周期结束时你的资产余额。除了现金之外，建议你保守评估，应当以立即变现的角度评估存货、固定资产的价值。

第二步，计算自己的利润。

利润＝期末余额＋应收账款－应付账款－期初余额

这种利润的计算方法虽然并不符合正规的财务制度，但对于你相对合理地评估自己的利润，具有一定的价值。

3. 管理好往来业务

无论经营什么行业，都涉及各种往来业务，而且通常伴随着资金往来，在商业信用已经广泛使用的现代市场环境中，你必须管理好生意上的往来业务账。

流水账是比较适合小企业管理往来业务的财务管理方法。记流水账的过程中需注意几点：第一，不同的客户必须分开；第二，一般采用产品明细带金额的方法记账；第三，记账说明的空白一定要足够大，详细记录当时的情况，以备与客户对账。另外，现在的电脑财务管理软件已经有了很大的进步，具有很好的实用性，尤其是一些专业的进销存管理软件，比较适合小企业管理自己的往来业务。①

4. 公私要分开

许多小企业混乱的财务现状，与经营者公私不分有直接重要的关系。本来现金周转、利润水平都处于相对理想的状态，但经营者个人的高消费会严重影响财务状况。同时，由于财务上公私不分，很难使你的事业正常发展。

我们都知道，尽量减少企业营运过程中的不可预计因素，是保证企业顺利运营与发展的重要措施。经营者的日常消费如果实施供给制，完全由企业按需供应，则将增加企业的营运费用，莫名其妙地比同行高出一截成本。同时，古人已经语重心长地告诉我们"由俭入奢易，由奢易俭难"，经营者如果不加以控制，很容易快速提高自己的消费水平。如果再有一些不良嗜好，处于创业期的企业通常很难承担如此高额的费用，离破产也就不远了。

公私分开对于合伙经营的小企业，具有更加重要的意义。如果有一个人不遵守游戏规则，大家都将不遵守游戏规则。转眼之间，前途光明的企业也就倒闭了。

自主创业，既承担必要的家庭责任，也有必要的个人消费。如果不能从企业中随便拿钱，岂不是要喝西北风？在实务中有一个良好的方法，可以解决经营者公私分开的问题，就是自己给自己开一份适当的工资。这是一个很好的创意与方法，可以解决小企业的许多问题。

首先，你有一份工资可以养家糊口，并在一定阶段维持一定的生活水平。同时，还可防止你过早地进入奢侈消费的行列，这对你积累必要的发展资金十分有利。

其次，每月固定的经营者工资，与聘请一名总经理的价值一样，是一种合理的营运成本，降低了企业的营运风险。

合伙企业的合伙人中，有多种情况。有参与企业业务的，也有不少不参与企业业务的，参与的程度、个人的能力也有一定的差异。如果采用同样的利润分配形式，是"鞭打快牛"，将严重损害部分合伙人的利益，影响其积极性，导致企业的解体。而通过工资差异的调节，至少可以缓解这种矛盾。

---

① 烨子. 成功企业管理的 8 大模式. 北京：中国盲文出版社，2002.202.

三、依法——经营企业

（一）规范用工

企业的经营离不开劳动用工，劳动用工属于"人"的问题，因而特别复杂。国家为了规范企业的劳动用工行为，出台了大量的法律、法规、规章、规范性文件和司法解释。这些法律规定纷繁复杂且多变，让初次创业的大学毕业生感到无所适从，使得实践中许多企业在劳动用工时经常步入一些法律误区。其后果要么是损害员工的利益，要么是损害企业自身的利益，但最终的后果则多是损害了企业自身的利益。因此，创业者应当强化规范用工的思想观念，注意下列几个典型的用工误区。

1. 规章制度出台后即能约束员工

企业可以制定规章制度来规范企业经营，约束员工的行为。但是法律规定了限制条件，主要包括三项：一是规章制度的内容要合法，即规章制度的内容不能与现行的法律法规、社会公德等相违背；二是规章制度要通过民主程序制订，即企业制定规章制度必须要经过职工大会或职工代表大会讨论通过，至少是职工代表同意；三是规章制度要向员工公示，即规章制度出台后要公开告知员工。法律同时规定，以上三项条件缺一不可，如果企业制订的规章制度不符合上述任何一项条件，则其不能作为人民法院审理案件时的依据。

2. 试用期内不签订劳动合同或只签试用期合同，不需要缴纳社会保险费

企业可以对新进员工设定试用期，但《中华人民共和国劳动法》（以下简称《劳动法》）规定，企业同员工未签订劳动合同但存在劳动关系的，作为事实劳动关系仍受法律保护，而作为事实劳动关系，企业要终止劳动关系，必须提前30天通知员工并应依法予以补偿。《劳动法》还规定，只签订试用期合同的，试用期不成立，该"试用期"即为劳动合同期限。此外，《劳动法》明确规定企业应为试用期内的员工缴纳社保费。

《劳动合同法》第十九条：劳动合同期限三个月以上不满一年的，试用期不得超过一个月；劳动合同期限一年以上不满三年的，试用期不得超过两个月；三年以上固定期限和无固定期限的劳动合同，试用期不得超过六个月。

3. 无视劳动者权益的误区

不可否认，小企业中普遍存在不严格遵守《劳动法》的现象。违反《劳动法》，侵害劳动者权益的现象屡见不鲜。具体表现有：

（1）剥夺劳动者自由。尤其是少数私营企业，为了赚钱，大肆剥削工人的劳动，进行严密监工。例如，有的小企业规定：上班时间工人不得离开工作场所，上厕所的时间不得超过5分钟等。

（2）无限制地延长工作时间，不按规定支付加班工资。小企业由于竞争激烈，生存异常艰难，一旦拿到了订单，无论如何都要把活赶出来。据调查，有些企业的工人每周上班时间超过70小时。在极端疲劳的情况下，极其容易酿成工伤事故。按《劳动法》的规定，平时加班应付工人200%的工资，节假日加班应付300%的工资。做得好的企业会发给工人一定的加班费；

做得不好的企业不但不给加班费，而且，对不加班的还要扣工资，甚至作为开除解雇的借口。资本的原始积累，从来都是残酷的，但应该建立在合法的基础上，否则劳动者将成为原始积累的牺牲品，法律会遭到践踏。

(3)劳动环境极差，劳动者安全无保障。由于企业小，资金少，工作条件差一时难以改变，但不能成为忽视生产安全的理由。许多企业没有消防设备，甚至没有必要的安全保障用具，工人的生命安全受到威胁，因此生产事故屡见不鲜。例如，2001 年 7 月《羊城晚报》报道了广东南海某鞋厂几名工人由于没有任何保护措施，长期在释放某种有害化学物质的环境中工作而致死的事件。

受经济利益的驱动，加上法律法规不健全，人们的法制观念淡薄，加上执法不严，很少有企业因违反《劳动法》而受到惩戒，因此纵容了这种现象。

企业这样做，表面上是企业占了员工的便宜，降低了成本。而实际上却损害了小企业的声誉，使小企业在吸引人才方面处于更加不利的局面。同时企业信誉下降，直接影响到企业的长远发展。

4. 员工辞职需企业批准

现行法律规定，员工辞职只需提前 30 天通知企业即可，没有其他条件。如果员工辞职时未办理工作交接或与企业有未了纠纷的，企业可通过仲裁或诉讼等法律途径主张自己的权利，但不能以此限制员工辞职。

5. 为员工办理退工手续是企业的权利和“砝码”

现行法律规定，企业应当在劳动关系解除或终止后 7 日内为员工办理退工手续，这是无条件的。同时法律规定，如不及时办理退工手续造成员工损失的，企业应当赔偿。

6. 违约金可由双方协商设定

劳动合同对劳动者的违约行为设定违约金的；仅限于下列情形：一是违反服务期约定的；二是违反保守商业秘密约定的。劳动合同当事人可以对由用人单位出资招用、培训或者提供其他特殊待遇的劳动者的服务期作出约定。企业可同负有保守商业秘密义务的员工签订保密协议。因此，从以上规定可看出，企业只能同两类员工约定违约金：一类是由企业出资招用、培训或者提供其他特殊待遇的员工；另一类是负有保守企业商业秘密义务的员工。除此之外的员工，企业均不能与其约定违约金，即使约定了，约定也是无效的。

7. 过了仲裁时效还有诉讼时效

《劳动法》明确规定，当事人应当在劳动争议发生之日起 60 日内申请劳动仲裁，即仲裁时效为劳动争议发生之日起 60 日，超过仲裁时效申请劳动仲裁的，仲裁机构不予受理。我国对劳动争议实行“先裁后审，仲裁前置”制度，即劳动仲裁是诉讼的必经前置程序。这意味着，如果确已丧失了仲裁时效，那么即使进入了诉讼程序，企业也丧失了胜诉权。

8. 企业有权随时对员工调岗调薪

目前司法裁判机关对调岗调薪问题的态度是：首先，承认和保护企业的用工自主权，即允许企业根据生产经营需要对员工调岗调薪；其次，在承认和保护的同时，也要防止此权力的滥用，比如滥用此权力进行打击报复等；最后，为防止此权力的滥用，企业应对其调岗调薪行为举证说明其具有"充分合理性"。由此看出，企业固然有权对员工调岗调薪，但这种权力却不是任意的、无限制的，企业仍应谨慎为之。

9. 效益不好时就可裁员

法律对于企业裁员明确设定了一些限制条件，这些限制条件是：①裁员仅适用于企业濒临破产进行法定整顿期间或者生产经营状况发生严重困难，确需裁员的；②确需裁员的，企业应提前30日向工会或者全体职工说明情况，听取工会或者职工的意见；③裁员必须向劳动行政部门报告并听取劳动行政部门的意见。企业在效益不好想缩减人员时，如不具备"裁员"的条件，则还是以协商解除劳动合同的方式为好。

10. 竞业限制只是针对员工的义务

所谓"竞业限制"，是指根据合同约定，负有保守企业商业秘密的员工在双方劳动关系终止或解除后一定期限内（最多3年）不得自营或为他人经营与原企业有竞争的业务。由于"竞业限制"看似只是对员工将来就业范围的一种限制，因此许多企业认为竞业限制只是针对员工的义务，以致实际出现了大量只约定了员工竞业限制义务，而无企业相应义务的合同条款。而实际上这些条款是无效的，无效的理由就是因为这些条款只约定了单方义务。权利义务相一致是法律原则，法律在规定员工竞业限制义务的同时，也规定了企业应给予负有竞业限制义务的员工一定的经济补偿，两者相辅相成。因此，企业在同员工约定竞业限制条款时勿忘自己经济补偿的责任，以免因约定无效而因小失大。

11. 辞退员工——"欲加之罪，何患无辞"

法律为了保护居于相对弱势地位的员工的权益，对企业辞退员工的行为设置了一些条件，加重了企业的责任。比如，因员工不服企业的辞退决定而发生争议需由仲裁或司法机构裁判时，企业应对其辞退决定具有充分的事实和法律依据负举证责任。这一举证责任相当厉害，它要求企业必须对其辞退决定所依据的事实和法律进行全面、详细地举证说明，以证明辞退决定理由的"充分性"。在"充分性"方面如稍嫌不足，则该辞退决定就会被裁判机构撤销。其后果是严重的，即劳动关系恢复，企业应赔偿员工自被辞退之日起至劳动关系正式恢复之日期间的工资损失。

（二）规范生产经营

守法经营、依法纳税、保护职工的合法权益，这是一个企业最基本的要求，也是它存在的基础。选择自主创业的大学毕业生，必须恪守这个理念，一切短期行为和不付出规则成本的经营行为，最终都将付出沉重的代价。

规范生产经营活动的法律条文众多，各行业还有其特有的相关政策法规。刚出校门从事自主创业的大学毕业生要掌握所有的法规是非常困难的，可以在生产经营活动中逐步深入学习，从而做到规范生产、规范经营。

1. 安全生产

人的生命是最宝贵的，人身安全得不到保障一切都无从谈起。国家为了加强安全生产监督管理，防止和减少生产安全事故，保障人民群众生命和财产安全，促进经济发展，制定了安全生产法。任何一个从事生产经营活动的创业者，应当对其有深入的了解。

大学毕业生选择自主创业时，首先应当了解安全生产法所规定的生产经营单位的安全生产保障以及从业人员的权利和义务。

2. 按标准组织生产

按标准组织生产经营活动是促进技术进步，改进产品质量，提高社会经济效益，维护国家和人民的利益，使标准化工作适应社会主义现代化建设和发展对外经济关系的需要，也是企业保持可持续发展的基本条件。

涉及产品的标准、规范分为强制性标准和推荐性标准。强制性标准是必须遵守的，而采用先进的推荐性标准是企业做大做强的前提条件。作为创业者要了解多如繁星的各类标准，一时难以做到全面了解，但心中一定要有按标准组织生产经营活动的理念。

(1)强制性标准。保障人体健康，人身、财产安全的标准和法律、行政法规规定强制执行的标准是强制性标准，其他标准是推荐性标准。省、自治区、直辖市标准化行政主管部门制定的工业产品的安全、卫生要求的地方标准，在本行政区域内是强制性标准。

强制性标准必须执行。生产、销售、进口不符合强制性标准的产品的，由法律、行政法规规定的行政主管部门依法处理；法律、行政法规未作规定的，由工商行政管理部门没收产品和违法所得，并处罚款；造成严重后果构成犯罪的，对直接责任人员依法追究刑事责任。

(2)推荐性标准。除强制性标准之外的标准为推荐性标准，国家鼓励企业自愿采用。

企业对有国家标准或者行业标准的产品，可以向国务院标准化行政主管部门或者国务院标准化行政主管部门授权的部门申请产品质量认证。认证合格的，由认证部门授予认证证书，准许在产品或者其包装上使用规定的认证标志。已经取得认证证书的产品不符合国家标准或者行业标准的，以及产品未经认证或者认证不合格的，不得使用认证标志出厂销售。

已经授予认证证书的产品不符合国家标准或者行业标准而使用认证标志出厂销售的，由标准化行政主管部门责令停止销售，并处罚款。情节严重的，由认证部门撤销其认证证书。

产品未经认证或者认证不合格而擅自使用认证标志出厂销售的，由标准化行政主管部门责令停止销售，并处罚款。

思考与练习

某IT企业的薪酬制度改革

某软件开发公司，从一个仅有十几人的小作坊式的不知名企业，经过10年的打拼，发展到今天成为业内屈指可数的全国知名软件公司，人员规模也迅速扩大到了近1000人。

在创业初期，公司就十来个人，谁技术过硬、贡献大，工资、奖金就高，全凭老板一支笔。即便是这样，大家觉得老板的判断是公平的，个个干得都很开心，也没有人有怨言。然而随着公司规模的逐渐扩大、人员增多,老板的判断也不是那么准确了,底下员工就开始议论,人心也开始浮动。倒不是因为个人工资拿得少,而是觉得内部不公平。于是,老板要求人力资源部去了解市场薪酬情况,但苦于没有可靠信息来源,只好通过同行之间非正式沟通获得零碎信息。不过总算有了进步,公司内部建立起一个初步的薪酬体系,员工的议论似乎也少了。

新制度经过一段时间的运作后,人力资源部招聘主管开始报告工作,由于公司提供的工资水平在市场没有竞争力,导致人力资源部开展招聘工作时遇到困难。经过了解,倒不是公司提供的待遇低,是因为公司的工资结构是基本工资十奖金,初次应聘者只认基本工资,对奖金他们没有把握,认为有可能是公司画的空饼,不愿意到公司来工作。这样,在招聘时就很难吸引到技术水平高的人才。公司高层就这个问题进行了讨论,由于公司的业务处于快速扩展的关键时期,正需要大量引进高素质人才,在这个节骨眼上,应该就工资结构进行调整,于是工资结构就变成了基本工资十浮动工资,员工的工资总额调上去,但是取消原有的奖金。在月度考核时,绩效优秀的员工除可以拿到全额工资外,还可以拿到超过他个人工资标准的超额浮动工资;绩效差的员工浮动工资就要被部分扣除或全部扣除。但是为了有效控制公司的工资成本,全公司的工资总额是不能突破公司的月工资标准的,即有人被奖励多少钱,就有人要被扣除多少钱。

对浮动工资制,一开始部门经理还挺配合人力资源部工作,认为这个制度对促进部门管理也有帮助。但是不久,新的问题出现了。当有员工被扣浮动工资后,就觉得公司的这个制度就是变着法子克扣员工的工资,本来一个人的工资标准是固定的,可是现在变得没有保障了,部门经理掌握着"生杀大权"。尽管通过一再的沟通与解释,员工仍然无法接受现实。而那些绩效优秀的员工,即便是拿着超额工资,也觉得不自在,因为他们多拿的钱,就是和他们在同一个部门的员工被扣工资的部分,同事之间总是抬头不见低头见,钱拿得多也不好意思。部门经理在实施过程中,也感受到来自员工的压力,如果浮动工资扣得过严,员工流动性增大,如果放松标准,优秀员工又得不到激励。所以部门经理最终放弃了这种与考核挂钩的浮动工资,部门所有员工都属于合格,即没有特别差、也没有特别突出的员工。整个公司的浮动工资体系就这样失去了效应。虽然发牢骚的员工少了,但是优秀员工的不满却在心里开始滋生。根据2/8原则,最大的产能是来自TOP 20%的员工。我们的工资制度到底该何去何从呢?

经历了这么一个过程,总结了经验和教训。公司领导认为,当时制定出基本工资十浮动工资的工资制度,正是在公司大量引进人才阶段,那个工资制度在特定时期已充分发挥了它的作用。但是随着公司逐渐步入正轨,大多数员工是需要正向激励的,于是仍然希望改为原有的奖金激励方式。但是任何好的激励制度都要建立在公司赢利的基础上,不然不利于公司的长期发展。如果从公司的利润中额外出一部分资金作为奖金来源的话,无疑会减少公司的利润。如果公司不拿出额外资金作为奖金的来源,可能奖金方案根本无法实行,但是原有的工资结构中浮动工资部分完全变为员工的基本工资,无疑是无条件地给全体员工变相地长工资,也不行;如果将原有工资中的浮动工资全部拿出来作为奖金的来源,肯定会影响员工的士气，他们会理解为公司普降工资，这是个敏感的焦点，可不能轻易动啊。一个尖锐的问题摆在了人力资源部经理的面前。

问题

1. 你如何评价该公司现有的浮动工资制？

2. 你如何评价该公司原来实行的奖金激励方式？

3. 如果你是该公司的人力资源部经理，你如何制定新的薪酬制度？并且如何才能让大部分员工支持新的薪酬制度？

第八讲
发展自己的企业

引 子

正当茅理翔的企业坐上世界点火枪大王的宝座时，危机悄然而至，由于电子点火枪技术壁垒低，容易模仿，一时间，慈溪、余姚、宁波等地10多家企业和几十家个体户蜂拥瓜分电子点火器市场，广交会上出现了近千家电子点火枪的摊位。1993—1995年连续三年，企业销售额一直徘徊不前，年利润只剩200万元，而员工已有1000多人，企业又一次面临生死存亡的重大危机。茅理翔准备第二次创业。1994年，茅忠群从上海交通大学研究生毕业，正准备去美国念博士。此时，身为飞翔集团董事长的父亲茅理翔说服茅忠群留在国内，帮助自己把企业做大。

经过几番深谈，茅忠群有条件地留下了。首先，茅忠群要求将公司从乡下搬到开发区；第二，要搞大产品，点火枪这玩意他坚决不做；第三，他要自带一批人马另起炉灶，原来的飞翔人不必到他的新公司来。对于前两点，父亲都同意了，但是问及他为什么要新起炉灶，茅忠群说自己不习惯老企业那些扯不断理还乱的复杂关系。于是，一家人约法三章，兄弟、姐妹、亲戚不能进入新公司，尤其不能担任干部或居实权的岗位。这样，方太从企业创建起就主动规避了家族经营的弊端，没有产生更深层次的矛盾。后来，方太探索民营企业家族制现代化管理一度成为诸多媒体的追踪热点，茅理翔一度成为淡化家族制学说的主角，但是追根溯源，有谁能否认茅忠群在推进家族制改革中所起的重要作用呢？

对于企业来说，选项目是关键。父子俩经过市场调研，最后把眼光落在了微波炉和抽油烟机上。当时抽油烟机市场上已有了玉立、帅康等名牌，而微波炉在浙江省还没有名牌。但进一步市场调研显示，进口的抽油烟机在中国水土不服，而国产抽油烟机又有诸多缺点，并且正掀起由薄型机向深型机转型的浪潮。在一片反对声中，茅忠群站在供需和竞争是市场经济的基准基础上，摒弃了传统保守的思维方式，提出了截然不同的看法，终于说服了父亲上马吸油烟机项目。方太经过10年艰苦创业，从200多家吸油烟机厂的最后一名，做成了中国厨具的第一大品牌，销售额达到6个亿。

茅忠群有着理性的思维方式和独立的思考能力。他尊重权威，借鉴经验，但又不崇拜并迷信其中，这种站立思考的姿态使他不得不不停地反叛和怀疑传统，不停地相悖于父辈的理论。最终，他走出了父亲的光环。①

陆群卫是湖州职业技术学院2001届毕业生，参与了首批创业园的佼佼者，他现在已是湖州益格电脑公司的老总，走上真正的创业之路。陆群卫告诉记者，在学校参与学生创业公司的经历使他毕业后大大减少了与社会的磨合期，所以毕业后他直接开办了公司，一切都驾轻就熟。如今，他的公司在湖州电脑市场中已小有名气。通过校园创业和实践活动，达成了学生与企业岗位的“零”适应期，培养了学生自立、自强的精神，提高了学生的就业竞争力，近几年来，该校毕业学生成为企事业单位的“抢手货”。

刚刚跨出校门迈向社会的刘万库，却带着自己的3名员工，把高校快递业务从湖州职业技术学院做到了杭州下沙高教园区，从大学生创业园的模拟市场做到了有10多家物流公司激烈竞争的正规市场。实际运作过程中意想不到的困难，没有将这个20出头的小伙子从创业路上吓退。自大二起在学校一手创办万方中介物流有限公司的经验，帮他渡过了一个又一个难关。

创业者在积累了一定的资金，并取得了较为丰富的创业经验之后，应该考虑使企业向更高的层次发展，不断做大自己的事业，从而实现人生的最大价值。本讲从小企业的发展策略、形象塑造、营销战术、品牌建设等4个方面加以介绍。

一、确定——发展策略

没有什么工具或策略可以确保一个企业长期生存，在竞争的市场上，只有不断地发展和捍卫自己的地位，才可能生存下去。这正如“逆水行舟，不进则退”，永远是强者生存。

不少小企业发展到一定阶段，似乎很容易夭折。在1997年前后，我国民营企业中一些明星企业纷纷倒闭，小企业长不大或小企业的健康成长，成为大家关注的一个问题。同时，我们也可以听到不同的声音，有人提出问题：小企业为什么要长大？小的是美好的。这已经成为一种熟悉的声音。诚然，尤其在国内的市场环境下，企业做大了，经常会招致一些意料之中或之外的问题，即所谓的“树大招风”。各种摊派、索取或实际税收的提高，竞争对手的恶意模仿、品牌被假冒，诸如此类的问题会随之而来。结果是，不少小企业并不是不能长大，而是不愿意成长。

成长带来的另一个问题是对于管理能力和复杂性要求的提高，原来的家族所有和控制，或者合伙制度可能就限制了企业的进一步成长。而要引入外部的管理能力或经理人则是风险很高的决策，万一引入的经理人不合适，轻者企业“伤筋动骨”，重则可能导致企业破产。在如此种种的担心和风险下，一些企业宁愿不要长大，也就不难理解了。

---

① 金羊网．走出了父亲光环的“方太”少当家．新闻周刊 2002－09－05．

确实,对于不少小企业主来说,做企业是他们赖以生活的工具,他们可能是将全部的资产和心血都投入其中,希望为自己与家人带来稳定和富裕的生活。在激烈的市场竞争中,他们首要的是如何避开各种风险,以使他们经营的业务不要受到致命的伤害。这就意味着,除非你所从事的业务是受到保护的或别人难以进入的,否则就不可能永保江山。古代的一些家庭作坊靠祖传秘方延续了很长时间的繁盛,他们在家族内部制订了严格的规矩以保护秘方不外泄。但这种靠血缘关系的技术保护经常因为没有后代,或秘方拥有者的意外死亡等原因而导致秘方失传,企业也因此烟消云散。因此,无论是对于大企业还是小企业,发展都是"硬道理"。发展中求生存,是基本的策略。但是要发展就存在方向和时机、速度等战略选择问题。下面就来简单谈谈小企业战略决策中这几个关键的生存发展问题。

(一)发展方向

方向是小企业首先要考虑的问题,这是关于企业所进入的产业的定位决策。大多数小企业最初的创业都是在黑暗中经过痛苦的摸索才确定下来的,最初是按照自己的经验和可利用的资源来决定进入的产业,运气在很大程度上决定了成功与否,不少是用试错法经过若干次挫折和经验后才看到未来的发展道路。企业家在这一阶段表现出来的眼光、商业判断和勇气、胆识等对成功起到很大作用。MBA 课程则在教导学生尝试做详细的创业计划书,以减少定位和发展的风险。小企业在定位或方向确立上可能存在的问题是定位模糊、定位过宽或定位摇摆不定。定位模糊者是不清楚自己的用户是谁、市场在哪里。我们经常看到一些小饭店,只有一两个厨师,而菜单上却列出有粤菜、川菜、湘菜、东北菜等上百道菜,结果只能是守株待兔,搞不清为谁服务。定位过宽的原因是不少小企业没有进行很好的市场细分,从而不能集中在某个专门领域,做成专业化的企业。小企业资源短缺,如果不能集中资源,是什么事也做不好的。而定位摇摆不定则可能是因为企业领导人一天一个主意,让企业发展无所适从。实际上,企业进入一个产业只是解决了定位问题的一半,另一半至少同等重要,这就是企业的适时退出问题。

(二)发展时机

时机的把握对于小企业来说至关重要。商机稍纵即逝。商机者,机会与风险并存也。适时而动,不失时机,说得似乎有些玄奥。举例来说:在 VCD 产业发展中,安徽有个企业叫万燕,首先开发出 VCD 技术和生产工艺,但到市场开发阶段则因为资金短缺等问题而延误了大规模商业化的时机。结果是,广东的步步高、爱多等企业发展起来,迅速占领市场。万燕因此成了"革命先烈"。但这也并不说明后来者就一定具有优势。方太在 1996 年决策进入抽油烟机领域时,全国已经有"老板"等多家名牌产品,生产企业已经很多。但方太看到自己在市场开拓和技术、管理等方面的优势,毅然进入这个领域,但选择的是当时市场上还没有引起注意的深度抽油烟机。与以前引入的浅度抽油烟机相比,深度抽油烟机功率强,更适合于中国家庭。在质量服务等方面严格管理下,方太推出的抽油烟机在众多的品牌中胜出,成为行业的佼佼者。方太的发展给人们的启示是深刻的:简单地抢占市场先机或模仿,都不是小企业发展的好的策略。

二、树立——良好形象

在市场经济条件下，对于刚刚创立的企业要想争得一块立足之地，拓展一片发展的区域，首要的一条是必须在社会公众面前展示自己的良好形象，以使社会公众了解你、认识你，进而接受你。企业形象指的是社会公众对企业的总体印象，是企业整体素质与文明程度的综合表现。当我们一讲到金陵饭店，我们的脑海中就会呈现出对这家饭店的总体印象：这是一家接待过许许多多国家级贵宾的高级宾馆，是一家高消费、高质量、一流服务的旅游饭店。这就是金陵饭店的形象。至于金陵饭店有多少客房，多少工作人员等细节，人们或许知道，或许根本不知，这无碍于对金陵饭店总体形象的概括。在现代社会不断进步、科技飞速发展的背景下，市场营销已进入"无差别化"时代。商品生命周期缩短，市场瞬息万变，商品力的相对地位下降了，传统的营销手段已难以适应新的市场环境，市场呼唤新的营销手段。在新的时代，企业竞争已不是孤立的产品竞争，而是升级为企业整体形象的竞争，形象力对企业的生存和发展显得日益重要起来，形象力与商品力、营销力一起成为决定企业生存和发展的三大要素。亚洲流传甚广的《日本公司经营》一书提出："在商品日趋丰富的社会中，选择哪个公司的产品很大程度上取决于企业形象。"

企业形象的功能不仅在于识别，而且在于沟通。好的形象可以降低通路阻力、减少营销成本、增加营销利润，同时好的形象设计本身就是售点广告。好的包装在商场里被消费者浏览时，传播功能不亚于5秒电视广告。据美国金宝汤料公司估算，平均每个美国消费者每年要看到该公司红白相间的听装产品76次，其产品包装的促销效果相当于每年2600万美元的广告效果。以麦当劳为例，它不是单纯意义上的"快餐店"，而是一个罩着一层"美丽光环"的靓女，这便是麦当劳的形象，它是企业理念、文化背景、企业行为、店铺氛围、视觉形象所构成的企业形象与产品形象、品牌形象的综合体。消费者在餐厅里所消费的不仅仅是炸薯条、汉堡包，而是消费一种文化，一种理念，一种美感。

那么如何塑造良好的形象呢？

(一)美的"仪表"

正如女同胞喜欢用化妆品和时装来打扮自己一样，企业也要注意从外表上来"打扮"自己。企业的环境形象如同人的仪表。优美舒适的环境，对内会使人奋发向上，勇于进取，使企业职工产生一种对企业的热爱及为企业效尽全力的信念。对外部公众来讲，优美的环境会给社会公众留下良好印象。尤其是商业企业，高雅的装潢、舒适的购物环境，不仅影响到消费者对商店的光顾率，而且还影响到消费者的购物信心，特别是医院、银行、超市、餐馆饭店等一些以服务为主的企业。现代营销理论认为，服务的无形性决定了顾客对服务质量预期的不确定性，为了降低这些不确定性，顾客总是千方百计地去寻求服务质量高低优劣的标志和证据，于是服务提供者的"仪表"——处所环境、人员、设备、沟通材料、象征、价格等都将是他们作出判断的依据。因此，服务提供者的任务就是"化无形为有形"，通过各种方式展示自己，让顾客从外表上喜欢自己。如果我们解剖一下麦当劳就能够充分了解到"仪表美"的内涵。走进每一家麦当劳分店,顾客的第一个感觉就是店内环境清洁、幽雅:别具一格的西式情调、简单明快的店内装饰、方便洁净的各种摆设,虽不豪华但窗明几净,充分体现了企业的经营宗旨和管理文化。单从餐桌的摆放上也能看出麦当劳在"周到"上下的功夫,有靠窗的、有靠墙的、有单人的、有双人的、有多人的,无论是喜欢宁静的、喜欢热闹的,搞对象的、单身汉、全家福,都能找到自己的就餐位置。为了吸引小顾客,甚至还预备了量身高的标尺,专门为更小的顾客准备的就餐椅更让人拍案叫绝。麦当劳餐厅内的布置也很有意思。一张张小小的餐桌,被分割在许多小的空间内,最多是四五个人共用一张餐桌。给人营造了一种适于私人交谈的气氛。对于情侣们来说,麦当劳更是一个互诉衷肠的好场所。此外,黄色的 M 标牌、笑容可掬的麦当劳叔叔的形象,从外表上给顾客一种平易近人的印象。

对一般企业来说,产品形象的优劣直接决定企业形象乃至整个企业的命运。产品形象可以表现在许多方面,但是,集中地讲,它主要表现在产品的质量、性能、商标、造型、包装、名称等在消费者和社会公众心目中的形象。从营销实践来看,西方发达国家的企业无不重视产品形象。从产品命名、款式的选择、色彩的搭配等方面,事先都通过大量市场调研,在广泛征求社会公众的意见后,对产品进行定位。

(二)美的行为

如果说,人要通过语言来表达喜怒哀乐,那么,企业要在公众中树立良好的形象,其行为就是最好的"语言"。人不仅要有美的外表,更要有美的心灵。买月票的北京市民都知道,麦当劳推出一项新举措,在所属 57 家麦当劳餐厅内代售公交月票。麦当劳在对北京发售月票的网点进行调查后知晓,北京有 600 多万人使用月票乘公交车,而发售月票的网点只有 88 处,乘客深感不便。于是他们便"拾遗补缺"干起了"代售月票"的营生,为广大乘客创造便利条件。此举一推出就吸引了大批食客络绎而来。其实,这种"好人好事"麦当劳做了不少,并且一直在做。高考前夕,在麦当劳宽敞明亮的餐厅里坐着不少手拿书本,只要一杯饮料就呆上好几个小时的考生,面对此景,麦当劳不但未赶他们走,反而特意为这些学子延长了营业时间。这些善举,一方面方便了市民,带来了良好的社会效益,同时,树立了良好的形象。绝不单单都是麦当劳自找麻烦,如此做法,不能不让人由衷地感叹赞赏,其实这正是麦当劳与众不同的高明之处。

(三)美的"心灵"

形象也好、行为也好,都应该源于企业的经营理念,这也是与现代营销中的 CI 理论相吻合的。在 CI 理论中,企业形象的基本要素,是企业的宗旨、文化,是企业赖以生存的原动力。企业理念系统是企业的基本价值观,是体现整个企业的"心灵"。主要有:企业基本价值观、行为准则、道德规范和员工责任感、荣誉感等。其中价值观是核心的内容,而行为准则、道德规范是企业基本价值观的外在表现。企业理念是公司的基本精神,它决定着企业的产品(位置、包装、价格)、营销、广告,企业与消费者、与政府的关系,企业的基本形象。企业的最高决策都以企业理念为准绳。麦当劳的可贵之处在于,其多年来所坚持的以"服务"、"优质"、"清洁"为核心的企业文化,从一开始就把为顾客提供周到、便捷的服务放在首位。所有的食物都事先盛放在纸盒或杯里，顾客只需排一次队，就能取得他们所需要的食品。麦当劳在为顾客提供快速服务的同时，十分重视食品的质量，不断改进菜谱、佐料，努力迎合不同年龄、性别、层次、地区消费者的不同口味。为贯彻企业经营宗旨，对人员要求极其严格。包括工作人员不许留长发，妇女必须戴发网，丢在地上的碎片必须立即捡起来，顾客一走马上清理桌面等。从售餐员到清洁工都是热情好客，忙而不乱。

(四)美的商誉

企业在与用户的合作交往过程中，应是以信誉为基础的合作活动，其销售宗旨是把高质量的产品推向市场，把能解决问题的产品引入用户，用企业良好的形象和信誉成为稳固合作的纽带。把握贯穿于销售的每一个环节，言出必行，对用户负责，对产品负责。对用户的指责、抱怨不骄不躁，耐心解释；对竞争对手的攻击，严阵以待，绝不退缩；对待产品性能差距、缺陷及反馈意见虚心接受，认真整改。敢于抛弃陈旧的销售观念，向领先水平学习。只有赢得好的商誉，才能与用户友好合作，双赢共存，使企业在激烈的市场竞争中稳如磐石，持续发展。

总之，对一个企业来说，最好的经营业绩不仅在于市场占有率和盈利水平的迅速提高。由于良好的商业道德、行为在公众中树立的形象同样是一笔财富。而这种“形象资产”不是贴在墙上的标语口号，不是广告词中的漂亮字眼，而是实实在在的行动。塑造良好形象的精髓在于构建先进的企业文化，处处让自己的行动说话，不以利大而贪心，不以善小而不为。

三、开拓——稳定的市场

对于创业者来说，如何使企业在激烈的市场竞争中发展壮大已经成为十分迫切的任务。小企业的市场营销在企业整体生产经营活动中起着举足轻重的作用。因为在企业整个价值链中，市场营销起着承上启下的作用。产品(或服务)生产出来后，只有通过营销被市场接受，企业才能够获得经济利益，实现资金回笼，从而进入下一阶段的生产循环。无论企业的售后服务多么完善、多么优良，也只有在产品卖出去后，才能发挥作用。所以企业必须以市场为中心，比竞争对手更有效能和效率地满足消费者的需求，获得经济效益和社会效益。

但目前许多小企业并不重视市场营销工作。一些小企业仍把工作重点放在生产上，忽视市场需求。经营观念仍停留在生产观念或产品观念时期，没有把市场问题或产品销售问题放到应有的高度。还有些企业虽然认识到需求的重要性，但却没有能力搞好市场营销。小企业的营销管理受其总体管理水平的制约，营销组织调整频繁，营销人员变动较大，造成企业市场资产的流失。因此，了解市场营销知识对于小企业的生存和发展至关重要。

(一)用情感拴住你的客户

如今的客户可不是那么好糊弄的了，随着市场透明度的增大，可选产品的极大丰富，客户越来越理性和成熟，对于创立之初的企业，如何来吸引顾客呢？下面从四个方面来加以说明。

1. 优质的产品或服务，吸引客户的前提和根本

每个客户都希望其购买的产品质量好、安全可靠、性能稳定、经久耐用。但如果厂商在这些方面无法确保，即使提供了良好的服务，也无法赢得客户的青睐，客户自然不可能心甘情愿

地花钱购买。

国外有一家航空公司，旅客在每次搭乘该航班的飞机时都能感受到乘务人员热情、亲切、周到的服务。然而即便如此，许多经常乘坐此公司班机的旅客还是转而搭乘其竞争对手的飞机了，原来这家航空公司的飞机经常误点，有时长达一两个小时，使许多商务旅客耽误了重要的会议。可想而知，以向旅客提供准时、安全飞抵目的地为核心服务的航空公司，连旅客最基本的需求，或者说必要的需求都无法满足，那么再热情的服务又怎能打动人，又怎能挽留住这些老客户呢？很显然，这些老客户只能黯然离去。

要让客户在众多的可选产品或服务中相中你，仅有优质的产品或服务是不够的。因为这些东西同质化强，竞争对手容易复制，竞争优势难以显现。既然产品或服务的优势模糊，客户就很难辨别出此与彼的优劣，只好在价格的高低上进行选择，由此不要怪客户只重价格，实乃商家没有给客户展现其物有所值的价值。中国的家电价格战之所以打得如火如荼，很大的原因是各厂家的彩电同质化太强，你有平面直角，我也有；你生产大屏幕，我紧跟；你出产纯平彩电，我仍不落后；你卖高清晰的液晶彩电，我也卖；你送货上门、三年保修，我也一样……如此这般，让消费者看得云山雾绕，消费者又不是专家，怎分得出良莠，不以价格定乾坤又能怎么办呢！

没有优质的产品和服务是根本不可能吸引客户的，但仅有优质的产品和服务也不可能真正笼络住客户。因为产品和服务仅是客户满足的最低层次，是必要条件而非充分条件。要让客户真正满意，企业要做的工作还很多，是否建立了一套行之有效、科学规范的业务流程及支持系统，是实现客户满意度的不可或缺的方面。

2. 科学规范的业务支持系统，是赢得客户青睐的保障

建立良好的运行机制、业务流程及支持系统，如供货系统、订单处理系统、收付款系统、服务投诉处理及退换货系统等，是赢得客户的保障。作为消费者，想必大家都有这样的经历：当你在商场看中一双款式、色调、皮质都令你心仪的皮鞋时，柜台小姐却告诉你已经断码，没有你穿的号，你是什么感觉，一定很失望吧。你随即会询问柜台小姐何时有货，她却摇摇头说不知道，你是否会觉得这家商场不仅是货品不全，供货系统有问题，而且是根本不重视顾客的需求？如果这家商场能随时掌握货品销售和库存情况，及时补货，并让柜台人员知晓货品到货情况，便不会出现让消费者懊恼的情况了。

现在很多人都有网上购物的经历，曾听一位朋友抱怨说："本想上网为朋友买一个生日礼物，结果上到一家购物网站，却要求我注册，填写用户名就反反复复弄了多次，接下来又是填写一大堆个人资料，好不容易敲完了，却掉线，真是太令人沮丧了！不就是想在网上买件东西吗，为何搞得如此复杂呢？"结果这朋友还是从商店买了件礼品送给其朋友。也许这家网站的初衷是好的，是想通过更多地获取客户信息，来了解客户，为客户提供更好的服务，然而其设计的业务流程并未从客户的角度去思考，反而给客户平添了许多麻烦，自然会令客户沮丧地逃开，二次回眸也是不太可能了。

科学规范的业务支持系统能使客户感到与这家公司打交道很容易、很方便，有很多选择，而且很亲切，在此基础上，客户才会愿意将其业务交给此公司而非彼公司，客户才会愿意出让自己的“钱包份额”。然而仅有一套设计合理的业务支持系统并不能换来客户真正的满意和忠诚。因为业务支持系统仍是同质化强的东西，竞争对手完全可以复制，这便易引起客户在几家公司摇摆选择的局面，而最后的胜者又可能是价格战的赢家。

3. 与客户密切的联系和交流，是客户满意度的推进器

优质的产品或服务，科学规范的业务支持系统，这些都不能称其为真正具有核心竞争力的东西，因为它们都太商品化了，太容易被竞争对手模仿和复制，不具有持久的个性化、独特性和专有性，不容易被客户很快地区分出来。然而许多厂商却未意识到这点，仍在拼命地向客户宣传其产品如何的优质，业务支持系统如何的规范，而对客户真正重要的东西，能够让客户真正满意的方面，却未受到足够的重视，甚至被忽视了。由此，造成客户保持力越来越差，客户流失率增高。客户总是感到厂商的服务不到位，而厂商却认为客户太难伺候了，使双方关系处于一种紧张甚至对立的状态。

实际上我们会看到，客户与企业及其员工联系越频繁，交流沟通越多，对企业的评价会越高，满意度也越高。反之，则评价较低，或没有感觉，自然就不可能产生对企业的忠诚度了。所以，我们应鼓励企业员工与客户高频度、近距离、多渠道的接触、交流、沟通，从而增进彼此间的相互了解和相互信任，进而对企业产生美好的印象，成为企业的忠诚客户，并主动将这种美好的感受传递给其他人，让忠诚客户创造出更多价值。

许多企业虽认识到了与客户的关系很重要，但却不能真正地体味和维系这种关系。一位朋友曾颇有感触地谈起这方面的经历。他说：他有很长一段时间总会在其生日和节庆日时收到一家公司有经理签名的贺卡，或活动邀请函等，他当时想这家公司应该是极其尊重客户，极其珍视与客户关系的，他对这家公司的印象很好。但有一次，他真的有问题，向这家公司的服务人员连发了两封 E-mail 请求帮助，却未得到回复，继而他按照贺卡上的 E-mail 地址，向这家公司的经理发信，同样连发两封信仍未得到回音……他说他感到很失望，他不再相信这家公司，并认为这家公司表里不一，很快就将其业务转向该公司的竞争对手了。

良好稳固的客户关系的建立是需要企业一点一滴地积累，而真诚和互动又是最重要的，如果仅想短视地获取客户的“钱包份额”，而狂轰滥炸地向客户的邮箱、手机发信，掠夺客户的眼球，像上例一样最终是会被客户识破而背离。所以，要劝告那些自以为聪明的厂商，不要玩弄客户的感情，上帝也是会发怒的！

4. 情感纽带，客户恒久倾心的因子

说到情感不由得会让人浮想出许多美好的字眼：愉快、舒服、喜悦、兴奋、真诚、友善、信赖、依恋、关怀、尊重、责任心……这些美好的感觉将人与人之间的距离拉近了。在企业与客户之间同样应营造出这样的感情，这需要企业员工与客户经常保持密切的联系，互动真诚的交流，提供客户化、个性化、体贴入微的服务，尊重客户的意见，甚至能迅速地认出客户，亲切地叫出客户的名字……

一位有5年保险经验的保险代理人曾对我说，她之所以长年保持极佳业绩，拥有好几百位客户，而且客户还在比以往更快的速度递增，是因为客户很信任她，常为她介绍保险客户。当我问她为什么客户会对她信任时，她说："我与我的客户经常交流，她们有困难时，我会主动积极地提供尽我所能的帮助。一次，一位保户（保了意外险）出了交通事故，给我打电话，请求帮助，当时已是晚上10点多了，而且是在一个寒冷的冬天，我还是以最快的时间赶到现场，迅速将这位保户送进合作的医院，为其办理相关住院手续……这件事让这位保户非常感动，后来我们成了好朋友，她还介绍了几位朋友给我。现在我与许多保户建立了很好的私人友情，我经常与他们一起去郊游、爬山、打保龄球等，我们的关系非常融洽。"从这则故事可以看出，让上帝倾心于你，实际上很简单，只要你能从客户的角度考虑问题，付出一片真诚，感动客户，客户将会回报给你更多。

许多企业和员工连这么简单的道理都不懂，他们只盯着客户的口袋，只知道向客户索取，却并不能让客户感到付出的钱可以获得相应的价值。如今小区业主对物业管理的责难最多，当然这是由于现在的许多物业公司都是开发商硬性安排给业主的，具有垄断特性，并未纳入竞争机制所致。正因为如此，物业公司及其员工很少重视社区建设，很少重视与业主的沟通交流，很少重视要与业主建立良好的关系，服务质量低劣、服务人员素质差、态度恶劣，业主与物业公司的矛盾时常激化，有的甚至到干戈相见。无怪乎许多业主拒交物业费。像这样紧张局面的最终结果是"双败"。业主没有了安宁清新的环境，物业公司收不到钱，利润会直线下滑。

如何让企业与客户间实现"双赢"？如何让客户真正感到满意并保持忠诚度？建立紧密、牢固、持久的客户关系是实现"双赢"的重要保证。而紧密、牢固、持久的客户关系，不仅仅在于产品或服务如何优质、业务支持系统如何健全，更在于与客户的交往、联系是否密切；让客户的感知是否亲和、亲切；让客户是否产生"哇"的惊喜和兴奋；与客户是否建立起了超越企业或商务层面的真诚的私人友情；是否让客户这样称呼你"我的牙医"、"我的供货商"、"我的代理人"……并每次谈到你们的交往时，都会露出兴奋和喜悦。想想看，如果企业与客户间有了这样的情感纽带，竞争对手能仿效出来吗？答案是否定的。那么，这就是企业真正的核心竞争优势所在！

（二）高超的推销技巧

推销人员对自己所要推销的产品应有信心。在上门推销时，你要拿出同等精力考虑你所推销对象的个性，以及如何拜访、何时拜访更合适。要巧妙运用推销艺术，唤起客户的需求欲望，否则你不但浪费了对方的时间也浪费了自己的时间。

做一个优秀推销员的素质包括：①对自己的产品有信心；②对自己有信心；③建立时间概念；④培养幽默感；⑤心里明白客户不一定会告诉你他想买什么。[①]

优秀的推销人员会抓住每一个促销机会，用真诚坦率，设身处地为客户着想并能听取不

① 袁方．成功创业第1书．海口：海南出版社，2002．256．

同的意见,这样就能在今后的推销中获得成功。

推销的艺术是向客户说他们愿听的话。优秀推销员知道如何组织自己的语言,使其强调自己所推销的东西选择投缘的顾客。人际关系往往建立在没有任何理由可言的投缘因素,与其花时间说服不投缘的顾客,不如将全部精力放在与自己投缘的顾客身上。

了解和熟悉目标市场,根据市场特性展开推销。完全站在顾客立场,替顾客着想,察觉他们的要求,满足他们的欲望或帮他们解决困难,甚至甘愿为顾客处理交易以外的私事,"站在顾客的立场为顾客服务"。

了解顾客对你的看法,不要低估顾客的能力,他们很容易看穿你的企图,有天生的抗拒心理。如果你缺乏诚意,那么再怎么花言巧语都无济于事,他们很难信赖你。有时候顾客不是抗拒商品,而是拒绝推销员。

喜爱你的顾客,即使令人讨厌的顾客,你也应注意其优点,设法成为朋友,善于交往和沟通。

初次拜会相识时,态度明朗、爽直、坦然、利落,举止言谈得体,努力寻找共同话题,或诱导对方高谈阔论,以求沟通感情。了解顾客的需求、爱好和欲望,适时引发顾客对商品的兴趣。先交朋友后做买卖。

善用恭维话,对顾客的不同意见,先弹性地予以肯定,再巧妙地重复说明自己的主张,"是的,但是。"先消除对方的警戒抗拒心理,容易让对方接受和造成深刻印象。切记,推销员角色是为顾客提供对其有利的信息和产品,而不是与顾客争论:

——设法让顾客触摸实物,使其切身体验实际使用时的感受。

——消除顾客的困惑和犹豫,帮助顾客下决心。

——避免使顾客产生"被迫购买"的感觉,让其觉得自己的选择是明智正确的,不是被人影响的,完全是自己的主意和要求。

——善于分析判断顾客真实心理(从其眼神、表情、语言中发现),判断顾客是否有可能购买。如有可能性,则不辞辛苦一再拜访,直到成交。

——坦然接受被拒绝,识时务的下次再来拜访,临走时给对方留下好印象。

——培训决定放弃的知觉,"真正要买的顾客绝不会随便夸奖商品,一定会百般挑剔借此杀价或有所要求"。

——运用语言技巧、方言技巧感染影响顾客。

——了解顾客特殊习惯,投其所好、抓住时机、把握信号,促成对方决定。

——对优柔寡断的顾客,运用强迫性话语,促其决定,如用"现在买,绝不吃亏"等语言,在紧要关头成交。

——对个性较强,有主见的顾客,不勉强推销,而应谦虚谨慎,适度恭维,令其产生好感。

——察言观色,把握成交机会。

——将自己的商品彻底差异化,证明自己商品的优点,扩大商品的用途,使顾客觉得物有所值,内容与众不同。

——将顾客的“不放心感”转化为“满足感”。

——针对顾客好胜心、虚荣心加以引导。

——用“你很有眼光”,“真不错”的赞美、欣赏、夸奖口吻。

——诱导对方同意的说话技巧,话尾词“是吧”的运用,使对方不易反对,讲话也较优美动听。

——建立购销关系后,仍经常拜访,使顾客产生“这个推销员很负责,不错”的感觉,借此建立和发展密切关系,他会因此给你推荐其他客户或朋友,增加你的顾客。

——不单纯推销商品,也推销你的友谊,如年终寄贺年卡、写信给顾客等。

——不要让顾客购买以后觉得后悔,要继续让顾客保持安全感、满足感。

——正确处理抱怨、索赔、售后服务事宜。

(三)制订赢得市场的价格策略

定价策略是事关市场成败与企业营运的重要一环。通常,消费者都希望能购买到物美价廉或物超所值的东西,因此价格因素往往是给消费者的第一印象,也是让消费者决定是否购买的重要因素。而偏偏价格又决定了利润的多寡。

也正由于定价策略是影响创业者销售收入最直接的因素,一个错误的价格策略会把创业者辛苦缔建的江山拱手让给竞争者,因此熟悉定价策略与利润计算以制定价格,即是创业过程中需具备的基本知识。

成本加上利润,是定价的一条基本原则,但通常决定售价的考虑因素有货物成本、供应商建议的价格、竞争者价格以及市场需求等,一般而言,定价最主要的模式为:进货原价+营业费用+收益=所销售的价格。

尽管有些商品的需求并不受价格变动的影响,但多数商品对价格敏感,且需求会随着价格变动而改变,这时候的企业主,就必须在“高品质”与“低价格”两者之间作一选择。高品质是指提高售价,让消费者在相信价格高、服务品质也会跟着提高的心理下,增加销售量;而“低价策略”则是将商品价格降低,以促使销售量的增加。

高品质策略是营销上的“市场抽脂策略”,实施此策略的先决条件是,产品本身必须要具备以下特色:市场拥有特定消费对象、少量生产、产品具备相当品质和形象,以及其他竞争对手无法轻易投入生产,才能有利于市场的大肆搜刮,符合“抽脂”原则而维持一定的占有率。

而低价策略也就是“市场渗透策略”,主要目的是为了取得初期价格竞争上的优势,一般采取降价或折扣的方式。通过降价折扣活动,除了可以扩大新产品的知名度外,还可以招揽更多的顾客。但对新加入市场的创业者而言,必须以最高利润为追求目标,“薄利多销”并非有利,因为价格定得低,相对利润也减少,同时难免会刺激原有市场内的竞争者,而价格一降再降的结果,将迫使竞争对手也跟随降价,造成恶性循环的“价格战”,最后损失的还是无市场基础的创业者自己。

因此,为了维持产品在市场上稳定的销售,价格策略必须视市场环境、产品生命周期而调整,创业者在定价策略上也宜采取短、中、长期不同的策略,同时审慎考虑各项关键因素,才是规避风险、长久的经营之道。

1. 定价目标

价格是指在交易的过程中,购买者为了获得产品或服务而支付的代价。一方面,价格决定企业的收入;另一方面,价格又是企业从事市场竞争的主要手段。

定价是营销组合中的一项手段,故其目标应配合营销组合的目标,具体有以下几种。

(1)为争取或适应某一特定区域市场的需要状况。例如购买能力、需求弹性等,以扩大营销手段的效果。

(2)为改变顾客购买行为模式。例如利用低价改变顾客对原有品牌的偏好,改购本品牌;或影响其购买的时间或地点。

(3)为达成一定的投资报酬率。例如通用汽车公司传统上都维持一个投资报酬率15%~20%(税后)的定价目标。

(4)为扩大或维持市场占有率。企业为了在市场占有率上领先,尽可能将价格定得较低。例如超级市场通过低价扩大其市场占有率。

(5)为对抗或防止竞争者加入。此举极可能引发价格战,最终导致两败俱伤,实不可取。

(6)为获得最大利润。许多企业的定价目标是追求利润最大化。利润最大化是以良好的市场环境为前提,当企业及其产品在市场上享有较高声誉,企业具有相对竞争优势时,可以通过定价获得最高利润。

2. 制定价格的步骤

价格的制定一般分6个步骤,但并非所有产品的定价都按此6个步骤来进行,只是使企业在定价时能考虑得更系统而周全。以下摘要说明每一步骤。

第一步:选择定价目标——定价目标是一种整体性的目标。由于定价目标会影响到企业各项功能领域,包括财务、会计和生产等,因此定价目标必须和企业整体的宗旨和使命一致。

第二步:确定需求状况——不同的价格有不同的需求水准,对营销的细分市场影响也因此而异。不同的产品或者不同划分区域市场的顾客,对价格会有不同的敏感度,也就是说需求的价格弹性各有不同。

第三步:计算成本——成本一般分为固定成本与变动成本。固定成本是指不随产量或销售收入的变动而变动的成本,例如房租、利息及管理人员薪资等。变动成本是指随产量的变动而变动的成本,通常每单位产品的变动成本应该相等。所以会被称为变动,是因为总变动成本随着产品的生产量或销售量而变动。

第四步:分析成本和利润的关系——就长期而言,企业为了生存一定要有利润,也就是说所定的价格必须要能超过所有的成本。

第五步:分析竞争者价格——了解竞争产品或品牌的价格,对营销者相当有利。有些公司故意把价格定得比竞争者稍微高一点,希望造成品质较高的印象。有些公司则把价格当成竞争武器,将价格定得比竞争者稍微低一点,使顾客认为该公司的价格较为实在。

第六步：选择定价策略——定价政策可以协助营销者解决定价时所遭遇的一些实际问题，以下介绍一些重要的定价策略。

(1)市场抽脂定价策略。在推出新产品时，利用消费者求新、求异的心理，有意将价格定得偏高，以便快速收回投资并获取丰厚利润。一般使用这种策略的状况为：

——产品具有独特性质，或获有专利保障，因此不受其他竞争产品的直接威胁；

——本身属于新产品，一时尚难以获得市场的普遍接受，销售量难以扩大；

——市场容量有限，不足以吸引竞争者加入，或市场的需求弹性小，尽可能调高价格；

——企业本身资金有限，无力量提高产量以供应市场增加的需要，所以应该调高价格，以便趁早收回成本；

——由于技术或原料条件的限制，产量难以增加。

(2)市场渗透定价策略。这种定价策略是把产品价格定得较低，以吸引大量的购买者，争取市场占有率。格兰仕微波炉和长虹电视机即是实例。两者建立大规模工厂，大量制造产品，将价格尽可能定得较低，攫取较大的市场占有率。在下述情形中，采取低价策略是有利的。

——市场潜在需求较大；

——市场需求对价格相当敏感，低价可刺激市场快速成长；

——低价格可以打击现存与潜在的竞争者。

(3)心理定价策略。这种定价策略是根据消费者购买心理因素来确定产品定价的方法，其目的是用来激起顾客情绪上的反应，以鼓励顾客购买，可分为：

——奇数定价。许多企业深信顾客偏爱奇数价格，如百货公司将女装的价格定为 195 元或 199 元而非 200 元，因为这样会使顾客感到价格是 100 多元而非 200 元，心理上会产生较便宜的感觉。

——习惯定价。许多产品以传统价格作为定价的基础，将价格定在一般大众所习惯的价格水准。这类产品必须等到物价上涨的程度非常大时，才将产品价格做大幅度的调整。大部分的厂商会根据调整后的新习惯价格来定价，新习惯价格又将维持一段很长的时间，例如面包价格的制定。

——声望定价。声望定价是故意把产品价格定在较高的水准，让人觉得有声望或产品高品质的印象。声望定价对于较自我、较敏感、自命不凡的人特别有效，例如香水与昂贵的高级汽车。

——促销定价。在某些情况下，企业会暂时以低于原价甚至成本的价格出售产品。促销定价的形态有下列数种：

①价格折扣：多数企业会以此种方式吸引客户，一般包括现金折扣、数量折扣、季节折扣等。

②特殊的活动大特卖：企业在某一季节举办此类活动，以吸引更多的顾客；

③心理折扣术：是另一种促销定价法，销售者事先将产品价格提高，再打折扣，例如原价

395 元、特价 299 元之类的宣传。

3. 选择定价方法

(1)成本导向定价法。是以成本为计算基础的定价方法，成本加毛利，即构成价格。例如单位成本 100 元，毛利二成，则价格为 120 元。

(2)需求导向定价法。即以顾客需求强烈程度为定价基础，购买需求强烈时，定高价；购买需求不强烈时，定低价。

(3)理解价值定价法。这种方法是根据顾客对产品价值的感觉，而不是按照产品的成本水平来制定价格。企业可采用非价格因素来影响顾客，使他们在思想上对产品形成一种理解价值，然后按照理解价值确定价格。

(4)随行就市定价法，这种方法是根据行业的平均价格水平，或以竞争对手的价格为基础制定价格。

4. 决定及调整最后价格

在决定价格之后，营销者仍需注意随时根据顾客需求反馈，产品成本及竞争情况的变化，来调整其价格。

许多企业常利用适当时机给予顾客一些折扣，以鼓励顾客采取对公司有利的行动。这类价格调整包括以下几种。

(1)功能折扣。又称中间商折扣，是生产者给予配销通路成员的折扣，以酬谢他们执行某些功能。例如销售、储存和进货记录等作业。

(2)现金折扣。是按买主在约定付款日内付清现金，卖主给予一定的折扣，以鼓励买方早日付款，典型的折扣条件是“2%、30 天”，表示付款期限为 30 天，如果客户能在 10 天内付款，则有 2%的折扣。此种方式可增加卖方的变现能力，降低信用成本和防止发生呆账。

(3)数量折扣。是按购买的数量或金额大小给予一定的折扣，购买的数量愈多金额愈大，折扣愈大。典型的折扣条件是影印 10 张以下每张 0.4 元，10 张以上每张 0.3 元，100 张以上每张 0.2 元。顾客在一定期间内的购买额可以累积计算折扣者为累积折扣。仅按每次购买额计算折扣者称为非累积折扣。数量折扣的目的在于鼓励客户向同一销售者购买，而不要分散向其他来源购买。

(4)季节折扣。是指在产品淡季时购买产品的买者，给予季节折扣，季节折扣多用于具有季节性的产品，以鼓励购买者淡季储存，减低生产者的存货压力，如时装、家具、航空公司等。

(四)构建有效的广告与宣传推广策略

“酒香不怕巷子深”是我国传统经商思想的写照。把这种观点推而广之，就是说，一种产品只要质量好，价钱公道，即使不做广告宣传，也会门庭若市。然而在现代经济中，市场上商品越来越丰富，竞争对手也越来越多，消费者对商品的选择往往取决于对商品及厂商的印象。作为企业来说，要想提高竞争力，扩大产品的知名度，广告是一种有效的促销手段。广告是付费的大众传播，其最终的目的为传递情报，改变人们对广告商品的态度，诱发其行动而使广告主得到利益。

推广为一种厂商对客户意见沟通的功能，其所利用手段包括四大类：广告活动、人员推销、促销和宣传。

1. 广告的用途

(1)促销产品和组织。广告可分为形象广告和产品广告，前者是用来促销组织的形象和观念，例如统一企业曾在母亲节时，推出一系列主题为“母亲节”的广告，这一广告让大家懂得如何去珍惜母子的亲情。后者则是用来促销产品和服务。

(2)抵消竞争广告的效果。营销者可采用防御性广告来降低或抵消竞争广告的效果，以避免市场占有率被竞争者所侵蚀。

(3)支援推销人员。例如人寿保险公司往往在推出新的人寿保险办法时，先利用密集的广告来介绍新保险办法的特色和利益，以引起消费者的兴趣，便于推销员进行推销工作。

(4)建议产品的新用途。产品如果仅局限某种特定用途，市场的需求必然会达到饱和，营业额不再增加。此时，可用广告来改变或增加产品的用途，而使营业额继续增加。

(5)提醒和增强顾客的购买决策。例如麦斯威尔咖啡的广告：最好的东西要和最好的朋友分享，在想起和最好的朋友相聚时，怎能没有麦斯威尔？以此来提醒和增强消费者的购买决策。

(6)减少销售波动。例如空调机在冬天销售淡季时，有些厂商利用广告来强调其空调机具备冷气、暖气和除湿三机一体的特殊功能，希望在冬天也维持较高的销售量。

2. 广告媒体的选择

广告媒体有很多种类，企业选择何种媒体做广告，主要应根据产品特点、广告目标、媒体的特性、媒体的经济性等多种因素进行考虑。

(1)根据产品特点选择。不同的产品有不同的特点和不同的用途，自然也就有了不同的使用对象。因此，根据产品特点选择广告媒体，主要是针对产品的使用对象来选择。如技术性强的产品，应尽可能让人看见实物或操作表演，则应选择可视性强的媒体；专用型消费产品，应尽可能使广告对象知道其功能与作用，则应考虑视听类广告媒体等。总之，产品特点是选择广告媒体的主要因素，企业在进行广告计划时，要认真分析和正确选择。

(2)根据广告目标选择。广告目标就是希望达到的效果。不同的广告对象，应选择不同的广告媒体，这样才能收到良好的广告效果。广告目标可分为开拓性目标、说服性目标和加强性目标。

开拓性目标是企业产品投入市场后，广告主要向消费者或用户介绍产品，使消费者或用户了解产品，从而达到开辟市场的目的。所以开拓性目标的广告应选择覆盖面广、传递速度快的媒体。

说服性目标是由于市场上同类产品较多，企业通过广告向消费者或用户说明本企业产品能给他们带来什么益处，特别是产品质量水平、售后服务等，引导消费者或用户购买自己的产品，达到促销的目的。所以说服性目标的广告宜选择说服性强的媒体。

加强性目标是为了加深消费者或用户对本企业产品的印象，以巩固消费者对本企业产品的购买或提醒重复购买。为此加强性广告应选择有一定专业性的广告媒体。①

(3)根据媒体的特性选择。各种广告媒体具有各自的特性,选择时应根据对广告的要求进行考虑。如要求保留时间长的广告,可选择广告牌、杂志等媒体;要求传递速度快、范围广,可选择广播、电视、报纸等媒体;要求直观、形象,可选择电视、展销、演示等媒体。总之,在选择媒体时,应综合考虑各种媒体的特性和欲达到的广告目的。

(4)根据媒体的经济性选择。媒体的经济性应从广告成本和广告效果两方面考虑。广告成本就是所选广告媒体应付出的广告费用。不同的媒体,其费用差别很大。选择媒体时应本着在充分发挥广告作用的前提下,力求节约费用,降低广告成本。对广告效果主要根据广告后的销售增加而引起企业盈利的增加,以盈利增加额与广告费用进行比较就可测定出广告的效果,比值越大效果越好。

3. 推广和促销活动

促销活动务必讲求简单实惠,许多商店为了提高业绩及销售率,经常配合各种销售活动来达成,例如买空调机送小家电、快餐业赠送儿童玩具,以及百货公司经常采用的周年庆、换季大拍卖或节庆特卖等等,其主要目的,不外乎是为了制造另一波的销售高潮。

不论开业前、开业后,创业者都要做好促销工作,特别在还没开业时,就大力促销,将有不少的好处。一般人以为,促销活动就是选几个商品,打个折扣即可,其实不然,在目前竞争激烈的市场上,促销往往必须根据市场调查而来,在深入了解消费者需求,有系统、有组织地规划后,促销才会有效果。

另外,针对商品特性的促销活动也是近年来流行趋势之一,例如某商品的消费者是年轻新贵居多,于是促销商品不妨以流行的饰品、小化妆品、领带、手帕甚至 CD 唱片为主;又如,在商业区为迎合上班族,有些快餐业者以组合套餐来促销。这些不同的促销活动都是针对不同的消费者特点,以招揽客源。

四、做大——自己的品牌

如何做大品牌,对于小企业来说,永远是个遥远而亲切的梦想,就如从散仙到名列封神榜是所有神仙的追求一样,就连生性叛逆的孙悟空也要去西天取经修成正果。而在做大品牌的过程中,很多小品牌成功了,最终变成了大品牌。

当年站在田垄间感叹“燕雀焉知鸿鹄之志”的,以天下之大,恐怕远非陈涉一人。但是,愤然而起,提三尺剑纵横天下,成就一代枭雄者,却是寥若晨星。同样,能将小品牌做大的,也只是少数,而这些少数品牌的成功之道,往往引起普遍的关注,大小企业都希望从中找到壮大自己的些许启示。

(一)“独守一隅”

“独守一隅”的本意,是指独自守候在属于自己的地方,不再关注外部世界,常常用来形容

① 余红兵. 市场营销学. 武汉:华中理工大学出版社,1996. 224.

某人不思进取。其实,小企业在做品牌的过程中,恰恰需要某种程度上的“不思进取”。

在现实中,很多小企业之所以最后被淘汰出局,不是因为雄心不够,而恰恰是因为野心太大,刚一出世,便立下宏伟目标,要做某某知名品牌,于是四处出击。结果,由于实力不济,到处受打击,最后,连自己最初的市场也失去了。于是,“独守一隅”便成为很多小企业保存和发展之策。而其要义,便是建立区域性品牌。

建立区域性品牌的优势,能够集中资源,具备与外界抗衡的力量。小品牌在大品牌的围剿下,之所以能够“野火烧不尽,春风吹又生”,就在于其奉行区域品牌策略。再大的品牌,也不可能占领所有的市场,同时,也不是在所有的市场都占据优势地位,这样,小企业就有了夹缝中生存的机会。此外,建立区域性品牌,还有利于利用资源。我们知道,地方政府总是会照顾当地的企业,很多企业发展到一定的规模时,虽然在全国范围内仍然算是“小弟”,在当地却是“大佬”,能够获得种种优惠和支持。

打造区域性品牌,是被众多小企业证明可行的品牌策略。而很多品牌,也就靠区域性品牌“占山为王”,获得一席之地,更有甚者,能够做到偏师问鼎。

当年的希望集团,刚起步的时候专门做饲料,从1988年到1992年的四五年间,一直经营四川市场,甚至20世纪90年代初期资产已经达到数亿,也还是在四川蛰伏数年,全力经营区域市场,避开了当时如日中天的正大集团。等希望在西南三省站稳脚跟的时候,即刻进军全国市场,一举成为饲料行业的领导者,而希望也从一个区域性品牌变成全国知名品牌。

(二)坚守根本

对于很多企业来说,品牌就是根本,可口可乐的总裁曾经说:“即使可口可乐所有的工厂一夜之间全部烧光,我马上就能恢复生产。”他凭什么?就凭可口可乐强大的品牌力量,因为可口可乐的品牌精髓还在。考究很多成功的品牌,我们发现,其成功不在于善于投机,而在于一定程度的坚守。

日用消费品的领导性品牌舒肤佳,自诞生以来就一直强调除菌,几十年过去了,舒肤佳仍然坚持将除菌作为其主要倡导的理念。而对于品牌的坚守,使舒肤佳赢得了一代又一代消费者的忠诚。坚守品牌,才能使消费者在面对令人眼花缭乱的众多品牌的时候,还能想起你的品牌,并在受到众多其他品牌的诱惑后,最终仍然选择你的品牌。

在市场上,我们经常看到,当某个品牌不赚钱了,老板马上改变风向,不再进行投入。看到有些产品赚钱了,就蜂拥而上。某保健品今天说要给青少年补脑,美其名曰“关心下一代的成长”,到了明天,却变成了给老年人补肾,声言要“关怀老年人的生活”。更有些家电企业,昨天还做家电,第二天听说家电没有利润了,竟然做风马牛不相及,甚至有损品牌形象的扫把。如此种种,不一而足。小企业的短视,不久就会尝到苦果:老品牌被抛弃了,新的领域竞争一样激烈,也不好做,等再回来时,原来的市场已经被别人占领了。最后,是鸡飞蛋也打,赔了夫人又折兵。

其实,品牌与消费者之间是存在某种“情人”关系的,你塑造了某个品牌,消费者选择了你,就相当于定情。如果你改变品牌内涵,对应的消费群体也会改变,等于抛弃了以前的消费者。而根据调查,开拓新的消费群体的投入是维护原有消费群体的5倍!对于小企业来说,缺乏的正是实力,更应该奉行“守”字诀,坚守品牌的根本,逐步经营,时间一长,终会赢得消费者的心。

(三)“狐假虎威”

狐假虎威是我们耳熟能详的成语故事,在这则寓言中,狡猾的狐狸借助老虎的威风,使百兽俯首。假者,借也,实力有限的小企业,并不具备行业内百兽之王的威风,善于借助外部力量,特别是权威力量,是壮大自己的不二法则。

在现实中,很多企业都曾经借用别的品牌,特别是某行业内的领袖型品牌,以此达到塑造自身品牌的目的。而且,有些品牌还因此声名鹊起,乃至最终超越其借助对象。今日名扬天下的联想,当初也曾借康柏和惠普之光。当时的联想,不过是家名不见经传的小企业,通过做康柏等世界知名IT企业的经销商,不仅使自己的实力迅速壮大,而且建立了“世界顶级企业经销商”的声望。其后,羽翼渐丰的联想开始生产自己的产品,最后成为国内IT界领袖。其实,不只联想,很多知名企业在微寒之时,都曾经借用过知名品牌的力量。今天的热水器领袖品牌万和当初是万家乐的配件商;今天的苏宁家电,20世纪90年代中期正是借助几大家电品牌的力量,才取得了与当时的商业巨舰决战的胜利,从而成长为家电大鳄。

中小企业借助大品牌的手法,一般分为两种:其一是借名,以此来提高自己的知名度。像有些广告公司着意于与知名大品牌发生业务联系,并不是要很多赢利,有的甚至要亏本,其目的是借助知名企业的光环,增加自己的砝码,以为日后之用。手法之二,便是借利,以此来壮大自己的实力。我们可以发现,真正优秀的大企业,不仅能够自己做大,其背后,还养活了更大一批上游和下游企业。甚至能造就一批相关行业的巨头。拿现在的家电企业来说,很多知名品牌,当初不过是给日本、欧美、韩国等国的家电巨头做配件,或者是贴牌生产,经过十几年的努力,实力逐步壮大,最终主宰了国内市场,甚至在市场营销等局部领域超过其当初借助对象。对于小企业来说,尽量与知名大企业发生业务联系,成为大企业产业链中的一环,不仅能带来稳定的利润,迅速完成原始资本积累,更可以学习到先进的管理方法,提升自己的综合竞争力,获得更大的生存空间。

牛顿曾经说,我之所以成功,不过是站在巨人肩膀上的缘故。小企业要做大品牌,亦当站在巨人的肩膀上,借助知名品牌的光环,壮大自己的名望和实力,如此,则如乘风出海,终能挂云扶桑。

思考与练习

牙膏成功的营销经验

牙膏是日用消费品,按理在中国应当有广阔的市场。可是当某牙膏厂陈厂长走马上任时，全国牙膏库存7亿多支，他们厂也积压了2000多万支。而外地同行的广告牌在大街小巷举目可见，真可谓“兵临城下”。

在这种情况下，陈厂长把敏锐的目光投向了儿童市场。他算了一笔账，全国11亿人口就有3亿多儿童，而儿童中患龋齿者更是十之七八。经过一番市场细分，市场潜力显示出来了。如果采用防龋齿，配以国际流行的草莓香料生产新一代“小白兔”儿童牙膏可谓是“投孩所好”，但要孩子们养成爱刷牙的习惯，还得寓教于乐。于是，该牙膏厂断然买下中央人民广播电台“小喇叭”节目全年广告，“小白兔吃萝卜”的广告乐得小朋友合不拢嘴。每逢开学前，“小白兔”包书皮送到了小学生的手里，“六一”还被定为“小白兔”的生日，每年进行一次声势浩大的宣传。就这样，“小白兔”名声大振，每年销售3000多万支，独占全国儿童牙膏销量2/3以上，连续7年被各大商场推荐为“全国最受欢迎的轻工产品”。最近，他们又针对不会刷牙的儿童推出了“小白兔”儿童漱口水，向幼童们献出了一片爱心。

问题

1. 小白兔牙膏厂是怎样进行市场细分并选择目标市场的？
2. 从消费者心理角度看，小白兔牙膏的广告有什么特色？

某化妆品的营销策略

国内某化妆品有限责任公司于20世纪80年代初开发出适合东方女性需求特点的具有独特功效的系列化妆品，并在多个国家获得了专利保护。营销部经理初步分析了亚洲各国和地区的情况，首选日本作为主攻市场。为迅速掌握日本市场的情况，公司派人员直赴日本，主要运用调查法搜集第一手资料。调查显示，日本市场需求潜量大，购买力强，且没有同类产品竞争者，使公司人员兴奋不已。在调查基础上又按年龄层次将日本女性化妆品市场划分为15～18岁、18～25岁、25～35岁及35岁以上四个子市场，并选择了其中最大的一个子市场进行重点开发。营销经理对前期工作感到相当满意，为确保成功，他正在思考再进行一次市场试验。另外公司经理还等着与他讨论应采取何种定价策略。

问题

1. 根据日本市场的特点，公司选择的最大子市场应该是哪个？为什么？
2. 请你为该公司营销经理提供几种进行市场试验的方法。
3. 作为新产品，你认为该公司应采取何种定价策略？为什么？

附录 1

测验一　职业适应性测验[①]

选择正确的职业道路是人生的一件大事。本测验能帮助你发现和确定自己的职业兴趣和能力特长，从而更好地做出就业、升学、进修或职业转向的选择。

本测验共有 6 个部分，每部分测验都没有时限，但你应尽快地做。

第 1 部分　你心目中的理想职业（专业）

对于未来的职业（或升学进修的专业）你也许早有考虑，它可能很抽象、很朦胧，也可能很具体、很清晰。不管是哪种情况，现在都请你把你最想干的 3 种工作或最想读的 2 种专业，按顺序写下来。

1. ________________________________

2. ________________________________

3. ________________________________

好，第 1 部分已完成。现在请继续做第 2 部分。

第 2 部分　你所感兴趣的活动

下面列举了一些十分具体的活动。这些活动无所谓好坏，如果你喜欢去参加（包括过去、现在或将来），就请在“是”一栏的□内打一个“✓”，如果不喜欢就请在“否”一栏的□内打“✓”。注意，这一部分测验主要想确定你的职业兴趣，而不是让你选择工作，你喜欢某种活动并不意味着你一定要从事这种活动。答题时不必考虑过去是否干过和是否擅长这种活动，只根据你的兴趣直接判断即可。请务必做完每一个题目。

一、R 型

●你喜欢做下列事情吗？	是	否
1. 装配修理电器。	□	□
2. 修理自行车。	□	□
3. 装修机器或机械零件。	□	□
4. 做木工活。	□	□
5. 驾驶卡车或拖拉机。	□	□
6. 开机床。	□	□
7. 开摩托车。	□	□

---

① 陈雪枫、莫雷. 心理自测. 广州：暨南大学出版社，1996. 193～206.

8. 上金属工艺课。 □ □

9. 上机械制图课。 □ □

10. 上木工手艺课。 □ □

11. 上电气自动化技术课。 □ □

"是"一栏打"√"的总数：

二、I型

●你喜欢做下列事情吗？ 是 否

1. 阅读科技书刊。 □ □

2. 在实验室工作。 □ □

3. 研究某个科研项目。 □ □

4. 制作飞机、汽车模型。 □ □

5. 做化学实验。 □ □

6. 阅读专业性论文。 □ □

7. 解一道数学或棋艺难题。 □ □

8. 上物理课。 □ □

9. 上化学课。 □ □

10. 上几何课。 □ □

11. 上生物课。 □ □

"是"一栏打"√"的总数：

三、A型

●你喜欢做下列事情吗？ 是 否

1. 素描、制图或绘画。 □ □

2. 表演戏剧、小品或相声节目。 □ □

3. 设计家具或房屋。 □ □

4. 在舞台上演唱或跳舞。 □ □

5. 演奏一种乐器。 □ □

6. 阅读流行小说。 □ □

7. 听音乐会。 □ □

8. 从事摄影创作。 □ □

9. 阅读电影、电视剧本。 □ □

10. 读诗写诗。 □ □

11. 上书法美术课。 □ □

"是"一栏打"√"的总数：

四、S 型

●你喜欢做下列事情吗？ 是 否

	是	否
1. 给朋友们写信。	□	□
2. 参加学校、单位组织的正式活动。	□	□
3. 加入某个社会团体或俱乐部。	□	□
4. 帮助别人解决困难。	□	□
5. 照看小孩。	□	□
6. 参加宴会、茶话会或联欢晚会。	□	□
7. 跳交谊舞。	□	□
8. 参加讨论会或辩论会。	□	□
9. 观看运动会或体育比赛。	□	□
10. 寻亲访友。	□	□
11. 阅读与人际交往有关的书刊。	□	□

"是"一栏打"√"的总数：

五、E 型

●你喜欢做下列事情吗？

	是	否
1. 对他人做劝说工作。	□	□
2. 买东西与人讨价还价。	□	□
3. 讨论政治问题。	□	□
4. 从事个体或独立的经营活动。	□	□
5. 出席正式会议。	□	□
6. 做演讲。	□	□
7. 在社会团体中做一名理事。	□	□
8. 检查与评价别人的工作。	□	□
9. 结识名流。	□	□
10. 带领一群人去完成某项任务。	□	□
11. 参与政治活动。	□	□

"是"一栏打"√"的总数：

六、C 型

●你喜欢做下列事情吗？

	是	否
1. 保持桌子和房间整洁。	□	□
2. 抄写文章或信件。	□	□
3. 开发票、写收据或打回条。	□	□
4. 打算盘或用计算机计算。	□	□
5. 记流水账或备忘录。	□	□

6. 上打字课或学速记法。 □ □
7. 上会计课。 □ □
8. 上商业统计课。 □ □
9. 将文件、报告、记录分类与归档。 □ □
10. 为领导写公务信函与报告。 □ □
11. 检查个人收支情况。 □ □

"是"一栏打"√"的总数：

好，第2部分已完成。现在请继续做第3部分。

第3部分　你所擅长或胜任的活动

下面从6个方面分别列举一些十分具体的活动，以确定你具备哪一方面的工作特长。回答时，只需考虑你过去或现在对所列活动是否擅长、胜任，不必考虑你是否喜欢这种活动。如果你认为你擅长从事某一活动，就请在"是"一栏的□内打"√"，如果不擅长，就请在"否"一栏的□内打"√"。

注意，你如果从未从事过某一活动，那就请考虑你将来是否会擅长从事该项活动。请你务必做完每一个题目。

一、R型

●你擅长做或胜任下列事情吗？ 是 否

1. 使用锯子、钳子、车床、砂轮等工具。 □ □
2. 使用万能电表。 □ □
3. 给自行车或机器加油使它们正常运转。 □ □
4. 使用钻床、研磨机、缝纫机等。 □ □
5. 修整木器家具表面。 □ □
6. 看机械、建筑设计图纸。 □ □
7. 修理结构简单的家用电器。 □ □
8. 制作简单的家具。 □ □
9. 绘制机械设计图纸。 □ □
10. 修理收、录音机的简单部件。 □ □
11. 疏通、修理自来水管或水道。 □ □

"是"一栏打"√"的总数：

二、I型

●你擅长做或胜任下列事情吗？ 是 否

1. 了解真空管的工作原理。 □ □
2. 知道三种以上蛋白质含量高的食物。 □ □
3. 知道一种放射性元素的"半衰期"。 □ □

	是	否
4. 使用对数表。	□	□
5. 使用计算器或计算尺。	□	□
6. 使用显微镜。	□	□
7. 辨认3个星座。	□	□
8. 说明白细胞的功能。	□	□
9. 解释简单的化学分子式。	□	□
10. 理解人造卫星不会落地的道理。	□	□
11. 参加科技竞赛或科研成果交流会。	□	□

"是"一栏打"√"的总数：

三、A型

●你擅长做或胜任下列事情吗？

	是	否
1. 演奏一种乐器。	□	□
2. 参加二重唱或四重唱表演。	□	□
3. 独奏或独唱。	□	□
4. 扮演剧中角色。	□	□
5. 说书或讲故事。	□	□
6. 表演现代舞或芭蕾舞。	□	□
7. 人物素描。	□	□
8. 油画或雕塑。	□	□
9. 制造陶器、捏泥塑或剪纸。	□	□
10. 设计服装、海报或家具。	□	□
11. 写得一手好文章。	□	□

"是"一栏打"√"的总数：

四、S型

●你擅长做或胜任下列事情吗？

	是	否
1. 善于向别人解释问题。	□	□
2. 参加慰问或救济活动。	□	□
3. 善与人合作、配合默契。	□	□
4. 殷勤待客。	□	□
5. 能深入浅出地教育儿童。	□	□
6. 为一次宴会安排娱乐活动。	□	□
7. 帮助他人、解决困难。	□	□
8. 帮助护理病人或伤员。	□	□
9. 安排学校或社团组织的各种集体事务。	□	□
10. 善察人心或善于判断人的性格。	□	□

11. 善与年长者相处。 □ □

"是"一栏打"√"的总数：

五、E型

●你擅长做或胜任下列事情吗？ 是 否

1. 学校里当过班干部并且干得不错。 □ □
2. 善于督促他人工作。 □ □
3. 善于使他人按你的习惯做事。 □ □
4. 做事具有超常的精力和热情。 □ □
5. 能做一个称职的推销员。 □ □
6. 代表某个团体向有关部门提出建议或反映意见。 □ □
7. 担任某种领导职务期间获过奖或受表扬。 □ □
8. 说服别人加入你所在的团体(俱乐部、运动队、工作或研究组等)。 □ □
9. 创办一家商店或企业。 □ □
10. 知道如何做一位成功的领导人。 □ □
11. 有很好的口才。 □ □

"是"一栏打"√"总数：

六、C型

●你擅长做或胜任下列事情吗？ 是 否

1. 一天能誊抄近一万字。 □ □
2. 能熟练地使用算盘或计算器。 □ □
3. 能够熟练地使用中文打字机。 □ □
4. 善于将书信、文件迅速归档。 □ □
5. 做过办公室职员工作且干得不错。 □ □
6. 核对数据或文章时既快又准确。 □ □
7. 会使用外文打字机或复印机。 □ □
8. 善于在短时间内分类和处理大量文件。 □ □
9. 记账或开发票时既快又准确。 □ □
10. 善于为自己或集体做财务预算(表)。 □ □
11. 能迅速誊清贷方和借方的账目。 □ □

"是"一栏打"√"总数：

好，第3部分已完成。现在请继续做第4部分。

第4部分　你所喜欢的职业

下面列举了许多职业，对这些职业的基本情况你或多或少都有所了解，并在此基础上形成了自己的评价态度。如果你对某项职业喜欢的话，请在"是"一栏的□中打"√"，如果不喜欢则请在“否”一栏的□中打“√”。这一部分测验也要求每题必做。

一、R 型

●你喜欢做下列事情吗?	是	否
1. 飞行机械技术人员。	□	□
2. 鱼类和野生物专家。	□	□
3. 自动化工程技术人员。	□	□
4. 木工。	□	□
5. 机床安装工或钳工。	□	□
6. 电工。	□	□
7. 无线电报务员。	□	□
8. 长途汽车司机。	□	□
9. 火车司机。	□	□
10. 机械师。	□	□
11. 测绘、水文技术人员。	□	□

“是”一栏打“√”的总数:

二、I 型

●你喜欢做下列事情吗?	是	否
1. 气象研究人员。	□	□
2. 生物学研究人员。	□	□
3. 天文学研究人员。	□	□
4. 药剂师。	□	□
5. 人类学研究人员。	□	□
6. 化学研究人员。	□	□
7. 科学杂志编辑。	□	□
8. 植物学研究人员。	□	□
9. 物理学研究人员。	□	□
10. 科普工作者。	□	□
11. 地质学研究人员。	□	□

“是”一栏打“√”的总数:

三、A 型

●你喜欢下列职业吗?	是	否
1. 诗人。	□	□
2. 文学艺术评论家。	□	□
3. 作家。	□	□
4. 记者。	□	□

5. 歌唱家或歌手。 □ □
6. 作曲家。 □ □
7. 剧本写作人员。 □ □
8. 画家。 □ □
9. 相声演员。 □ □
10. 乐团指挥。 □ □
11. 电影演员。 □ □

"是"一栏打"√"的总数：

四、S 型

●你喜欢下列职业吗？ 是 否

1. 街道、工会或妇联负责人。 □ □
2. 中学教师。 □ □
3. 青少年犯罪问题专家。 □ □
4. 中学校长。 □ □
5. 心理咨询人员。 □ □
6. 精神病医生。 □ □
7. 职业介绍所工作人员。 □ □
8. 导游。 □ □
9. 青年团体负责人。 □ □
10. 福利机构负责人。 □ □
11. 婚姻介绍所工作人员。 □ □

"是"一栏打"√"的总数：

五、E 型

●你喜欢下列职业吗？ 是 否

1. 供销科长。 □ □
2. 推销员。 □ □
3. 旅馆经理。 □ □
4. 商店管理费用人员。 □ □
5. 厂长。 □ □
6. 律师或法官。 □ □
7. 电视剧制作人。 □ □
8. 饭店或饮食店经理。 □ □
9. 人民代表。 □ □
10. 服装批发商。 □ □
11. 企业管理咨询人员。 □ □

“是”一栏打“√”的总数：

六、C 型

●你喜欢下列职业吗？ 是 否

1. 簿记员。 □ □
2. 会计师。 □ □
3. 银行出纳员。 □ □
4. 法庭书记员。 □ □
5. 人口普查登记员。 □ □
6. 成本核算员。 □ □
7. 税务工作者。 □ □
8. 校对员。 □ □
9. 打字员。 □ □
10. 办公室秘书。 □ □
11. 质量检查员。 □ □

“是”一栏打“√”的总数：

好，第 4 部分已完成。现在请继续做第 5 部分。

第 5 部分　你的能力类型简评

下面两张表是你在 6 个职业能力方面的自我评分表。你可以先与同龄人比较一下自己在每一方面的能力，然后经斟酌以后对自己的能力作一评价。评分时请在表中适当的数字上画圈。数字越大表示你的能力越强。

注意，请勿全部圈画同样的数字，因为人的每项能力不可能完全一样

表 A

高 ↑ 中 ↓ 低

机械操作能力	科学研究能力	艺术创作能力	解释表达能力	商业洽谈能力	事务执行能力
7	7	7	7	7	7
6	6	6	6	6	6
5	5	5	5	5	5
4	4	4	4	4	4
3	3	3	3	3	3
2	2	2	2	2	2
1	1	1	1	1	1

表 B

	体力技能	数字技能	音乐技能	交际能力	领导能力	办公技能
高	7	7	7	7	7	7
↑	6	6	6	6	6	6
中	5	5	5	5	5	5
	4	4	4	4	4	4
↓	3	3	3	3	3	3
低	2	2	2	2	2	2
	1	1	1	1	1	1

好,第 5 部分已完成。请继续做第 6 部分。

第 6 部分　你所看重的东西——职业价值观

这一部分测验列出了人们在选择工作时通常会考虑的 10 种因素(见所附工作价值标准)。现在请你在其中选出对你最重要的两项因素,以及最不重要的两项因素,并将序号填入下边相应的空格中。

最重要:　　　　　　　　　　　最不重要:

次重要:　　　　　　　　　　　次不重要:

附　工作价值标准:

1. 工资高福利好。　　　　　　　2. 工作环境(物质方面)舒适。
3. 人际关系良好。　　　　　　　4. 工作稳定有保障。
5. 能提供较好的受教育机会。　　6. 有较高的社会地位。
7. 工作不太紧张、外部压力少。　8. 能充分发挥自己的能力特长。
9. 社会需要与社会贡献较大。　　10. 能从事自己感兴趣的工作。

●评分与解释

请将第 2～5 部分的全部测验分数按前面已统计好的 6 种职业倾向(R 型、I 型、A 型、S 型、E 型和 C 型)得分填入下表,并作纵向累加。

测验	R 型	I 型	A 型	S 型	E 型	C 型
第 2 部分						
第 3 部分						
第 4 部分						
第 5 部分						
总　分						

请将上表中 6 种职业倾向总分按大小顺序依次从左到右重新排列:

________型、________型、________型、________型、________型、________型

最高分←你的职业倾向性得分→最低分

得分最高的职业类型意味着最适合你的职业。比方说，假如你在I型上得分最高，说明你适合做自然科学方面的研究工作，如气象研究、生物学研究、天文学研究等等，或科学杂志编辑。其余类推。

如果最适合你的工作和你在第1部分所写的理想工作之间，不太一致，或者在各种类型的职业上你的能力和兴趣不相匹配，那么请你参照第6部分——你的职业价值观作出最佳选择。比方说，假如第2部分你在I型上得分最高；但第3部分你在A型上得分高，那么请参考你最看重的因素：假如你最看重(8)能充分发挥自己的能力专长或(2)工作环境舒适，那么A型工作最适合你；假如你最看重(10)能从事自己感兴趣的工作或(4)工作稳定有保障，那么I型工作最适合你，假如你最看重的是其他因素，那么请向A型或I型职业方面的专家咨询，选择和你的职业价值观最接近的工作。

测验二 你是否具有创业的素质和能力①

填表说明：

1. 要实事求是地填写此表。

2. 填写每一项能力或个人素质时，先阅读说明，然后再评价你在这方面有长处还是有弱点。

3. 把你的创业构思讲给一位家庭成员或与你关系比较密切的朋友听。请他们对你进行评价，然后把他们对你的评价填入表格中。

4. 数一数你总共有多少长处，有多少弱点（先打√，再计数）。

个人素质	自我评估		家庭成员或朋友的评估意见	
	长处	弱点	长处	弱点
承诺——为了创业成功，你需要对你的企业做出承诺。承诺意味着你愿意把你的企业放在最重要的位置上，也意味着你有长期经营企业的打算，你愿意用自己的钱冒创业的风险（你肯这样做，就是你的长处）。	□	□	□	□
动机——为什么你打算创办自己的企业？如果你确实想成为成功的企业业主，那么，你的企业很有可能成功（你有这样的动机，便是你的长处）。	□	□	□	□
诚实——如果你对自己的员工、供应商和客户不诚实，你将有损于自己的信誉。名声不好对生意不利（如果你不是如此，这是你的长处）。	□	□	□	□
健康——经营企业是一项十分艰苦的工作，它要求创业者有良好的身体（你如果身体好，也是一项长处）。	□	□	□	□
承担风险——没有绝对可靠的企业构思，企业时刻存在倒闭的风险。创办企业的人必须愿意承担风险，当然仅限于合理的、深思熟虑的风险（你如果认为如此，就是一项长处）。	□	□	□	□

① ［日内瓦］国际劳工局．创办你的企业——创业意识培训手册．北京：中国劳动社会保障出版社，2003．24～25．

续表

个人素质	自我评估		家庭成员或朋友的评估意见	
	长处	弱点	长处	弱点
决策——在你的企业里,你得做出重要的决策。你不能把决策权让给别人。经营企业时,做艰难的抉择十分重要。你能在难以决断时果断地做决定吗(如果你能这样,便是你的长处)?	□	□	□	□
家庭状况——经营企业需要很多时间,取得家庭的支持非常重要。他们应当赞同你创办企业的计划。拥有家庭的支持是一项优势(你具备这个优势,也就成为你的长处)。	□	□	□	□
财务状况——如果你有钱投资于你的企业,赔光了也问题不大,算有优势。如果你自己没有钱投入,完全依赖于创业的成功,则处于弱势(如果你资金充足,是你的一项长处)。	□	□	□	□
技术——这是企业生产产品、提供服务所要具备的实际能力。例如,开办成衣店,你得会裁剪和缝纫。如果办个机修厂,你要有机电知识。如果你不具备所需要的技能,这就是你的一个弱点(你有技术,就是你的长处)。	□	□	□	□
企业经营技能——指的是有效经营企业所需要的能力,包括销售、成本核算、记账,以及最重要的人员管理能力(同时具备了两项技能,就是你的长处)。	□	□	□	□
对同类企业的了解——如果你对自己创办的这类企业有丰富的知识和经验,你就能避免犯常见的错误(你懂行,就是你的长处)。	□	□	□	□
算算你有多少长处和弱点,并将数目写在这里:	□	□	□	□
看看你的长处多,还是弱点多?把两边的数据加在一起做个比较。如果长处多,说明你具有办企业的潜力,选择"是",反之,选择"否"。	是□		否□	

测试三　经营管理能力测验①

(一)你对什么人都公正吗?(客观性)

(1)假定你的科里的人告诉你说,你的主任好像有使你和你的部下或上级之间互不信任的情绪,这时候,你是:

A. 马上把那个主任赶走。

B. 对告密人说:管那种闲事,还不如把自己的事情努力做好。

C. 为了发现其原因,跟那个主任谈一谈。

D. 为了弄清事实,你要调查所说的事情。

(2)想要提拔两个人,但空缺只有一个,他们资历相同,工作成绩也难分出上下,所以更加难以决定,其中一人是你的挚友,另一人并没有特别关系,现在必须做出最后决定:

A. 提拔你的挚友。

B. 为了表示公正,选定另一人。

C. 给他们做某种竞争看看。

D. 以抽签方式决定。

(3)发生过错的当事者是个不谨慎而且愚笨的人,你知道在大家面前批评他是有效果的,那么你:

A. 在大家面前批评他。

B. 为了对自己及部下表示你是能自制的人,忍住生气。

C. 为了保持全体和睦相处,把那件事情掩饰过去。

(4)你所讨厌的人请你帮助一件有条有理的事,按照公平的想法,在可以做的情形之下,仍然拒绝不帮忙吗?

A. 是。

B. 不是。

(5)你的某个部下做了一件值得称赞的事,假使你公开赞扬的话,等于帮助把他调升到上级部门去,你的科里会受很大影响,在这种场合你:

A. 把他留住。

B. 一面推荐他上升,一面在自己办得到的范围内设法应付。

C. 把他挽留到继任者能够胜任。

(6)你听到某同志的可怕的秘密,他在做犯法的事,或者变得行为粗暴,或者做出某种行为不端的事情。在你知道的范围内,他的行为还不会影响到他向来表现良好的工作,对这种

---

① 陈雪枫、黄雷.心理自测.广州:暨南大学出版社,1996.220～228.

事情,你的反应是:

A. 假使自己是他的上司,那么就立刻把他开除。

B. 我要好好跟他谈一谈,同时告诉他现在的所作所为,早晚会影响他的工作。

C. 我要用态度来让他知道,我在责备他的行为,并处理这件事。

(二)你能了解别人的行为吗?(对部下的了解)

(1)请把你过去的或者现为上司的人想一想,你对他的意见,和下列哪一条相符?

A. 我不了解他,如何去获得他的信任。

B. 我经常想得出他的行动的理由。

C. 他举止古怪,无法知道他把大部分时间如何消磨。

(2)你的某个部下因为在同事间人缘不好,你想要亲近他,可是他以怨报德,他向你的上司搬弄是非,对你不利。假使因为这件事你发脾气的话,你的想法是属于下列哪一种?

A. 唉! 社会就是这样,你想对人家好,可是他要从你的背后插一刀。

B. 无用的家伙,真是个没有感情的东西,跟任何人都没办法亲密来往。

C. 我要马上想办法好好教训他一顿。

(3)你的某个部下想要讨你的喜欢,正用心接近你,对他的马屁,你要采取下列哪一种态度:

A. 为了使他避免受到同事的愤怒,请他注意不要有这种谄媚的行为。

B. 向你的部下表示,你有大家自然要讨好的品德,所以更助长他的行为。

C. 向你的部下表示,不需要讨好你,也可以得到你的体贴。

(4)一位刚到职工作的新部下是个性格内向、胆小的人,他看起来喜欢他的工作,但是有一天他问你能不能调到别的部门工作,这个时候你怎么办?

A. 怀疑他希望调到薪水较高的部门。

B. 尽可能去发现威胁他的是什么。

C. 认为他原是假装喜欢他的工作。

(5)你的部下告诉你说:"自从安装新的研磨机以来,立春、大吉操作很粗心。"这个时候,你认为可能是下面哪一种情形?

A. 立春、大吉不满意新机械。

B. 你的部下不想让立春、大吉操作新机械。

C. 立春、大吉容易发生事故。

D. 你的部下喜欢干扰旁人。

(6)你升为公司的领导者,在庆祝会上同事们庆祝你的高升,但你注意到有一个人对你的高升不高兴,同时你也知道,他也希望获得这个位置,那么你怎么办?

A. 判定他是缺乏感情的人。

B. 他是不诚实的人,决心等他改变为好人。

C. 帮助他克服、改变不满的情绪。

(三)你能不能采取随机应变的行动?(柔软性)

(1)假定你是飞机工厂的人事主任,你发现打铁工作必须在狭小的场所作业,补充这类人员很困难,在这种情况下,你怎么办?

A. 雇用矮小的人。

B. 为了避开这种作业,跟生产部门商量,能不能改变工作方法。

C. 承认高的人员移动率,在工作上是免不了的费用。

(2)假定你是14岁、12岁、10岁等3个孩子的父亲。现在要去爬山,依照往年之例都是由你带路,今年你的孩子要求走在前头带路,这个时候,你怎么办?

A."我渐渐老了",感到有一点惆怅。

B. 对自己小孩的成长感到满足。

C. 自己觉得:还是由我带路比较安全。

(3)在某次议论中,大家集中争论着"在河流途中改变船头是不聪明的"这一俗语的正确,你的意见是什么?

A. 主张改变。

B. 反对改变。

C. 冗长的争议是浪费时间的,因此不主张立刻表明赞成或反对的意见。

(4)你的公司规定违反规则的人,将被调到禁止抽烟的办公室受一个月处罚,现在有一位新进职员和一位老职员同时首先违反规定,你怎么处理?

A. 公平处罚。

B. 对有关的人们说明应该按照他的服务年资酌情处分,而给老职员较轻的处罚。

C. 他因为是老职员,应该没有申辩的余地,对老职员的违反规定,认为比较严重。

(5)你在公园和一位未曾相识的性情愉快而且有理智的人谈话,过一会儿,他告诉你说,他是很有经验的心理学家,并且举出证据,接着用和原来相反的意见告诉你说:以精神感应术可以把自己所想的事传给大家是很明显的事实,你这时怎么想?

A. 怀疑他说这种话,是含着什么利害关系。

B. 后悔跟这种人说话,浪费自己的时间。

C. 由这个证实,我们过去所珍视的许多想法有错误。

(6)尽快回答下列问题。

A. 一支铅笔有几个端?

B. 两支铅笔有几个端?

C. 两支半铅笔有几个端?

(四)你知道传达方法吗?(传达精神的了解)

(1)假定要推举一位成绩优秀的部下,想把他尽力推荐出来,你要采取下列哪一种手段?

A. 把推荐文贴在公告板上。

B. 在全体人员面前赞扬他。

C. 跟他单独相处的时候赞扬他。

(2)你到办公室碰到几个部下在打麻将,时间已经超过中午休息时间,你一面不想让他们太窘,一面想让他们知道不能这样,这时你怎么办?

A. 说一声"呀! 对不起!"退出来。

B. 告诉他们应该在工作时间外玩牌。

C. 命令他们说"中午休息时间已经过了,快收起来"。

(3)假定你是营业主任,你为了新的推销战术,希望获得推销员的支持,那么你想下列的方法,哪一种能获得更好的结果?

A. 你把计划详细说明并告诉大家,希望得到大家的全力支持。

B. 让他们帮忙推销作战计划。

C. 宣布推销成绩优良10%的人员给予加薪,成绩不良5%的人员即予以解雇。

(4)一般来说,你认为发现传说的来源容易吗?

A. 容易。

B. 不容易。

(5)假定你负责铸造部,因粗心致使废铁的比例增加,你极力想让部下知道事情的严重性,你认为怎么办最有效?

A. 把他们集合在一起,公开大声训斥。

B. 为了表示这是损失金钱的事,所以立一个标示,并把废铁堆围起来。

C. 对每一铸造工分别记录成绩,然后跟他们个别讨论改进问题。

(6)你有一位部下,因犯刑事罪服刑6个月,最近刑满即可回来。现在你的部下之间发生议论,有的反对他,有的拥护他,为了使他和平上班工作,你采取什么态度?

A. 声明不管是谁,给他难堪的人,即予以解雇。

B. 召集全班人员,让大家给他有受欢迎的感觉。

C. 你自己第一个迎接他,并当做你的本分。

(五)你能不能领导部下?(权威的利用)

(1)你有一位新来的部下,他是有才干的,可是你怀疑他是不是把你当做无能的。某日他忽视你,一直跟你的上司谈话,让你碰见了,这时你怎么办?

A. 就这件事跟上司讨论。

B. 把他开除。

C. 告诉他,希望他不再有这种过分出头的事情发生。

D. 你以自己的经验和教养,来对他证实你有充分的实力担任他的主管。

(2)你的某个部下向你提出一份全体联署的陈情书,他们要求废止"一星期休假视为非公休”的规定，这时你要对他们表示，这项规定是为了不给他们取巧的机会所作的规定，那么如何处理？

A. 认为这是大多数人的意见，接受他们的请求。

B. 声明上班状况有改进的话，很乐意废止这个规定。

C. 为了避免将来的麻烦，设法调查发动排斥你的发起人。

(3)你在的公司现在开始实施新政策，你要把这件事情告诉你的部下的时候，你要采取什么态度？

A. 主张在反对新政策以前，先实行一段时间。

B. 为了保持你的部下对你的好感，主张反对新政策。

C. 对你的部下声明说：“既然是规定，我想要遵守。”

(4)你的部下情性凶暴，某日和同事争论，举起刀子要刺伤对方的时候，幸经人劝阻。这件事你怎么处理？

A. 跟他认真谈一谈，劝诫他今后不再发生这种事情。

B. 叫部下远离他。

C. 开除他。

D. 为了征求精神科医师的处理意见，主张把他送精神医院诊察。

(5)假定你是三年级的老师，现在发生一个学生打另一个学生的事，你怎么处理？

A. 对惹事的学生打一巴掌，叫他停手。

B. 置之不理。

C. 对挑衅的学生说，这是不良行为，劝告他以后不要再打架。

(6)一般来说，要把你部下的工作成绩有系统、有建设性地维持下去，你要采取哪一种方法？

A. 采取健全的管理。

B. 听任各自发展。

C. 从计划以至工作，同他们合作，作为一个公共团体开展活动。

●评分与解释

每一大题有6小题，每小题答对的给10分，每大题得分计50～60分为优秀，30～40分为有希望，30分以下不及格。

(一)客观性

(1)D (2)C (3)A (4)B (5)C (6)B

(二)对部下的了解

(1)B (2)B (3)A或C (4)B (5)C (6)C

(三)柔软性

(1)A (2)B (3)C (4)B (5)A或C (6)6个

(四)传达精神的了解

(1)B (2)B (3)C (4)B (5)C (6)C

(五)权威的利用

(1)C (2)B (3)A (4)A 或 C (5)C (6)A 或 C

附录 2

创业计划书[①]

企 业 名 称＿＿＿＿＿＿＿＿＿＿＿＿＿＿＿＿＿＿＿＿＿＿＿＿＿＿

创业者姓名＿＿＿＿＿＿＿＿＿＿＿＿＿＿＿＿＿＿＿＿＿＿＿＿＿＿

日　　　期＿＿＿＿＿＿＿＿＿＿＿＿＿＿＿＿＿＿＿＿＿＿＿＿＿＿

通信地址＿＿＿＿＿＿＿＿＿＿＿＿＿＿＿＿＿＿＿＿＿＿＿＿＿＿＿

邮政编码＿＿＿＿＿＿＿＿＿＿＿＿＿＿＿＿＿＿＿＿＿＿＿＿＿＿＿

电　　话＿＿＿＿＿＿＿＿＿＿＿＿＿＿＿＿＿＿＿＿＿＿＿＿＿＿＿

传　　真＿＿＿＿＿＿＿＿＿＿＿＿＿＿＿＿＿＿＿＿＿＿＿＿＿＿＿

电子邮件＿＿＿＿＿＿＿＿＿＿＿＿＿＿＿＿＿＿＿＿＿＿＿＿＿＿＿

① [日内瓦]国际劳工局.创办你的企业——创业计划书.北京:中国劳动社会保障出版社,2003.

目　录

一、企业概况

主要经营范围：

企业类型：

□生产制造企业 □零售 □批发 □服务 □农业

□新型产业 □传统产业 □其他

二、创业计划作者的个人情况

以往的相关经验(包括时间)：

教育背景，所学习的相关课程(包括时间)：

三、市场评估

目标顾客描述：

市场容量或本企业预计市场占有率：

市场容量的变化趋势：

竞争对手的主要优势：

1.

2.

3.

4.

5.

竞争对手的主要劣势：

1.

2.

3.

4.

5.

本企业相对于竞争对手的主要优势：

1.

2.

3.

4.

5.

本企业相对于竞争对手的主要劣势：

1.

2.

3.

4.

5.

四、市场营销计划

1. 产品

产品或服务	主 要 特 征

2. 价格

产品或服务	成本价	销售价	竞争对手的价格

折扣销售	
赊账销售	

3. 地点

(1)选址细节：

地 址	面积(平方米)	租金或建筑成本

(2)选择该地址的主要原因：

____

____

____

____

(3)销售方式(选择一项并打✓)：

将把产品或服务销售或提供给：□最终消费者　□零售商　□批发商

(4)选择该销售方式的原因：

____

____

____

____

4. 促销

人员推销	成本预测
广告	成本预测
公共关系	成本预测
营业推广	成本预测

五、企业组织结构

企业将登记注册成：
□个体工商户 □有限责任公司 □个人独资企业 □其他 □合伙企业
拟议的企业名称：
企业的员工(请附企业组织结构图和员工工作描述书)：

	职　务	月　薪
业主或经理		
员　工		

企业将获得的营业执照、许可证：

类　型	预计费用

企业的法律责任(保险、员工的薪酬、纳税)：

类　型	预计费用

合伙(合作)人与合伙(合作)协议：

合伙人 / 内容 / 条款				
出资方式				
出资期额与期限				
利润分配和亏损分摊				
经营分工、权限和责任				
合伙人个人负债的责任				
协诉变更和终止				
其他条款				

六、固定资产

1. 工具和设备

根据预测的销售量，假设达到 100％的生产能力，企业需要购买以下设备：

名 称	数量	单价	总费用(元)

供应商名称	地址	电话或传真

2. 交通工具

根据交通及营销活动的需要，拟购置以下交通工具：

名称	数量	单价	总费用(元)

供应商名称	地 址	电话或传真

3. 办公家具和设备

办公室需要以下设备：

名称	数量	单价	总费用(元)

供应商名称	地址	电话或传真

4. 固定资产和折旧概要

项　目	价值(元)	年折旧(元)	
工具和设备			
交通工具			
办公家具和设备			
店　铺			
厂　房			
土　地			
合　计			

七、流动资金(月)

1. 原材料和包装

项目	数量	单价	总费用(元)

供应商名称	地址	电话或传真

2. 其他经营费用(不包括折旧费和贷款利息)

项目	费用(元)	备注
业主的工资		
雇员工资		
租金		
营销费用		
公用事业费		
维修费		
保险费		
登记注册费		
其他		
合计		

八、销售收入预测(12 个月)

销售 月份 情况 销售的产品或服务		1	2	3	4	5	6	7	8	9	10	11	12	合计
1	销售数量													
	平均单价													
	月销售额													
2	销售数量													
	平均单价													
	月销售额													
3	销售数量													
	平均单价													
	月销售额													
4	销售数量													
	平均单价													
	月销售额													
5	销售数量													
	平均单价													
	月销售额													
6	销售数量													
	平均单价													
	月销售额													
7	销售数量													
	平均单价													
	月销售额													
8	销售数量													
	平均单价													
	月销售额													
合计	销售总量													
	销售总收入													

九、销售和成本计划

项目 \ 金额(元) \ 月份		1	2	3	4	5	6	7	8	9	10	11	12	合计
销售	含流转税销售收入													
	流转税(增值税)等													
	销售净收入													
成本	业主工资													
	员工工资													
	租　金													
	营销费用													
	公用事业费													
	维修费													
	折旧费													
	贷款利息													
	保险费													
	登记注册费													
	原材料(列出项目)													
	1													
	2													
	3													
	4													
	5													
	6													
	总成本													
利　润														
税费	企业所得税													
	个人所得税													
	其　他													
净收入(税后)														

十、现金流量计划

项目 \ 金额(元) \ 月份		1	2	3	4	5	6	7	8	9	10	11	12	合计
现金流入	月初现金													
	现金销售收入													
	赊销收入													
	贷　款													
	其他现金流入													
	可支配现金(A)													
现金流出	现金采购支出(列出项目)													
	1													
	2													
	3													
	赊购支出													
	业主工资													
	员工工资													
	租　金													
	营销费用													
	公用事业费													
	维修费													
	贷款利息													
	偿还贷款本金													
	保险费													
	登记注册费													
	设　备													
	其他(列出项目)													
	税　金													
	现金总支出(B)													
月底现金(A－B)														

附录 3

创业事例

□ IT 业

开网吧，一年开出 40 万

创业者：吴炯（宁波职业技术学院生化专业 2006 届毕业生）
公司名称：浙江省临安市奥运网吧

放弃专业，自拓道路

2006 年 6 月走出校门后，吴炯发现与自己专业相对口的工作岗位很少。几经尝试，他对所从事过的工作也不是很满意。吴炯按当时的现状，为自己的人生算了一笔账后，他决定放弃专业，自主创业。但由于对宁波的地理环境不熟悉，再加上各行业强大的竞争力，吴炯与父母商量，决定回临安开拓自己的人生新路。

2006 年 10 月底，在经过大量的调研和充分考虑之后，吴炯在临安市一个生活小区较集中的地段开了一家网吧，开始了自己的创业历程。

毕业两年，投资网吧

网吧前期投入 27 万年。27 万元，这对于一个普通的家庭来说不是一笔小数目。吴炯的父母当时结束了自己的小生意，将所有的积蓄 20 万元全给了吴炯创业。对这笔来之不易的钱，吴炯也是格外的珍惜。

面对网吧业激烈的竞争，吴炯常跑去别的网吧观察与体验，比较中，再对自己的网吧进行设施与环境的改善。顾客最重视的是电脑的配置和网速。吴炯先将大部分的资金投入到了这些项目中，保证了市面上流行的网络游戏的流畅运行。考虑到网吧的环境一直给人一种闷闷的感觉，他每天都会做好网吧的通风工作，以保证新鲜空气的顺利流通。长时间在网吧上网，强烈的色彩刺激，非常容易导致视觉疲劳。吴炯就特意在网吧显眼的地方放了绿色植物。这样的细心设计，使网吧在网民心中留下了良好的形象。渐渐地，网吧拥有了越来越多的固定客户。

艰辛背后是成功

网吧是个特殊的行业，一年 365 天都没有休息。再加上它是服务性行业，常常要遭受一些顾客的无理取闹。有时，明明心里很不好受，却还要笑脸相迎。

最大的障碍莫过于技术问题。吴炯本身不是计算机专业出身，父母对计算机也是一无所知，一旦遇到技术问题，就显得非常棘手。一次，网吧里的收费系统坏了，但不知情的管理员却用收银的电脑上了网，结果导致网吧里所有的电脑都不能上网，收银系统也陷入了瘫痪状态。当天网吧停业一天，给网吧的正常营业带来了很大的影响。自此以后，吴炯一遇到大大小小的技术问题，都会把详细的情况记下来，然后再向技术人员求教，把解决的方法再记下来。一来二去，再加上自己的慢慢摸索，吴炯渐渐地也能解决一些电脑上的小问题了。

在吴炯的有效管理下，2007 年 5 月到 2008 年 5 月，网吧的收入达到了 40 万元。这让他们一家都非常高兴，毕竟一年的辛苦终于换来了喜人的成绩。

一路走来，吴炯高兴过也失落过，成功过也失败过。社会的历练让他更加的成熟，也让他对自己的未来充满了信心。

从“菜鸟”到“达人”

创业者：黄雯奇（湖州职业技术学院北大青鸟班 2006 级学生）

公司名称：创达电脑网络公司

黄雯奇，湖州职业技术学院大二学生，校创业园创达电脑网络公司的经理。初见黄雯奇，很难把眼前这名清秀的江南书生与强横的创业公司经理“兜”到一起，更难相信的是，他只花了短短一年多时间，就从一名电脑“菜鸟”变成了现在的“达人”。

“菜鸟”开启创业之行

2006 年 9 月，黄雯奇从宁波慈溪的一所中学毕业，升入湖州职业技术学院北大青鸟班，开始接触电脑技术，在此之前，他完全是一名电脑技术的“菜鸟”。对专业的兴趣，使得他一头“扎”进了电脑的世界。

2006 年 10 月，刚过完假期回校的黄雯奇发现学校创达电脑网络公司在招聘人员，他报了名，并顺利地通过了面试、试用期，成了该公司的一名职员。公司没有值班制度，要求员工每周值班一次，但黄雯奇几乎每天都会到公司——向师兄师姐们学技术，跟着他们处理一些比较复杂的电脑难题，俨然成了公司“最勤奋员工”。

凭着刻苦好学以及比别人多下三分工的精神，黄雯奇不仅在技术上取得了很大进步，成了公司的技术骨干，更赢得了公司师兄们的信任和赞誉。就在他就读大一下半学期时，在众人的支持下，黄雯奇以大一新生之资，成为创达公司的临时负责人。2007 年 5 月初，大一结束前，黄雯奇通过竞标正式“升格”为创达电脑的经理。

留住每名上门的客户

很多同学都会匆匆忙忙地跑进公司，急着找人修电脑。有时候公司里没有其他维修人员，黄雯奇便亲自动手修理，并很快查明“病因”。同时许多同学都会说：“我已经是这里的老客户了，我们整个寝室都是。因为这里价钱很公道，就拿重装系统来说，外面收费50元，上门服务80元，这里只收10元，上门也就20元。而且在他们这里买东西、维修，都有7～15天的保修期。”

价格吸引了顾客，留住顾客则要靠服务。黄雯奇对于如何扩大客户群，有着一套自己的见解，他算了这样一笔账：“以宿舍为例，算每间宿舍4名学生，我们服务好，能留住其中1人，那么口口相传，宿舍的其他3人也会变成潜在的客户。那么，我们的客户群该有多庞大。”

黄雯奇说，态度决定一切，技术不过关可以慢慢培训，最重要的是服务态度一定要端正。就是这样的服务理念，为创达公司吸引了新顾客，留住了老顾客。现在，创大公司平均每月的营业额达到了3000～4000元。

“一家亲”守护创业梦

团队，是黄雯奇时时挂在嘴边的词，也是在创达公司内处处感受得到的：公司相册中，留下来几届员工创业的奋斗足迹；装裱好的多张奖状，铭记下公司全员创造的辉煌……

创达公司发展成现在拥有近30人的创业公司，也形成了独有的管理经验：按股份制公司经营管理，让每名员工入股，提升员工的工作积极性和主动性；对于新进员工，公司负责技术培训，让他们掌握整套维修流程，循序渐进地提高其服务水平。

严肃而不失活力，使公司更像一个大家庭，这是创达公司的管理艺术。每年多次餐聚、组织员工旅游、拍全家福……让员工之间和乐融融，永葆工作热情。黄雯奇说：“公司要发展，就必须形成独有的公司文化，并一届届地传承下去，这样公司才能更健康地发展。”

为拓业衔来“橄榄枝”

谈起公司的发展，这名清秀的江南书生却流露出难得一见的傲气：“我敢说，在市场上提供的电脑相关方面的服务中，除了芯片外，没什么是我们处理不了的。我们现在努力做的就是让创业走出校园、走向社会。”

是非躬亲不知难。一家稚嫩的校园创业公司，要与经验丰富、体制成熟的电脑公司争地盘，在竞争已趋“白热化”的电脑市场上闯出一番名堂，实非易事。不少人劝黄雯奇偏安一隅，守住校园这块风水宝地就够了，但他依然坚持自己的理想。

机会总是催青于有准备的人。因为大一暑假在华立公司实习期间表现出色，使得这家大公司主动向黄雯奇和创达公司抛来了“橄榄枝”。双方达成了合作意向，华立将来接受大工程，可以交由创达负责其中的网路布线、维修等工作；华立接受创达的员工进行校外实习，并加以指导；黄雯奇兼任华立的销售经理。与华立公司合作后，黄雯奇对创达的发展更添了一份信心。

（湖州职业技术学院招生就业处顾鑫伟供稿）

建立自信 把握优势

创业者:陆建国(宁波职业技术学院计算机专业 2002 届毕业生)

公司名称:余姚科达咨询网络设备工作室

毕业工作一年以后,陆建国有了开公司的想法,决定自己出去闯一闯。一次偶然的机会,他在网络上认识了一个志同道合的朋友。于是,2003 年 6 月,他们投入 2 万多元,在余姚租下了两间办公室,添置了一些网络设备,将公司开了起来。

第一份工作带给我自信

毕业前夕,陆建国在学校举办的一次人才招聘会上,应聘进入了余姚某小家电公司,负责公司的网络管理、硬件维护和软件安装。该公司网络规模不大,没有专门的网络管理部门。因此,经理要求陆建国全权负责网络的规划和开发,这对于刚步入社会的陆建国来说,担子很重,压力很大。起初,他时常会有想换工作的念头,也曾到处找工作,想离开公司,但都没有结果。最后,陆建国还是将工作承担了起来。他从朋友处和网络上学习和借鉴他人的方案,一个人摸索各种方法、技巧,决心一步步来,一定能做好。随着工作的开展,经理对他的工作表现给予肯定,慢慢地,陆建国消除了顾虑,开始大胆放手做。

回想当初这项艰巨的任务,陆建国认为,还有很多地方可以改进,很多问题都想得不够周到。但是,就是这项完成得有点稚嫩的任务,让陆建国在积累经验的同时,更培养了自信。

过硬的技术带给我们优势

公司成立以后,陆建国他们从数码产品、电脑装配等小业务做起,有通过朋友介绍的,也有自己联系的。2003 年 7 月,上海某公司在余姚的办事处需要做网络,挑选了包括他们公司在内的 5 家公司,要求先各做一份策划让他们挑选。由于具备很强的技术优势和良好的售后服务的承诺,他们公司最终被选定,这是他们所接的第一笔网络业务。

目前,公司主要经营局域网的集成开发,结构布线,Web 摄像,两个远程局域网互联等业务。余姚的电脑公司虽多,但缺少专业性的网络公司,因此,他们公司具有很大的技术优势。如今,公司已有了七八家长期客户,包括企业、学校、机关单位等。

陆建国很强调技术的重要性,在激烈的社会竞争中,技术好就能占优势。他认为,要抓住在学校的每个实践机会,多做尝试,做多种尝试,将学习的知识充分发挥出来,在实践中提高自己的技术,从而提高自己适应社会的能力。

□ 青年外企人

从打工仔到销售主管

创业者:陈刚(宁波职业技术学院会计专业 2002 届毕业生)
职　务:某国际知名公司的地区销售主管

陈刚是宁波职业技术学院的第一届毕业生,与宁职院大多数学生不同的是,他在高中毕业后就走上了社会,经过两年多的摸爬滚打后又考入大学,继续学业。

学习必须吃苦

高中毕业后的陈刚,帮人装过有线电视,后又跟着姨父学习埋电线,还在车行装过两个月的自行车。当时,一天装两箱自行车,加上卖掉两个纸箱得来的 20 块钱,对陈刚来说已是一笔不错的收入。打小工一年半后,陈刚与几位朋友一起看准了广告这一新兴行业,他们投入 1 万元成本,租了一间不大的房子,买了一台电脑,在杭州开了一家平面广告设计公司。陈刚从小跟阿姨学习艺术设计,有一定的基础,因此对业务上手快。起初,他们先从杭州各高校的艺术专业老师手里接一些业务,后来就开始自己跑业务。陈刚认为,亲自跑业务是必需的。作为公司的负责人,必须熟悉业务流程,有业务才有公司的基础。在他们的努力下,当时,公司代理了浙江省四家传呼公司的墙面广告设计。

从打小工,到开公司做设计,陈刚经历过不少困难。但是他认为,要学东西,吃苦是必需的。打工或是创业,都比不得在家或在校,有家人、老师和同学的照顾,要闯出自己的事业,就必须用心学习,要能吃苦。

勇敢地去面试

由于广告公司的竞争渐渐开始激烈,陈刚和他的朋友就解散了公司。当时,陈刚并没有急于找新工作,而是感觉到自己的知识不够用,必须给自己充电。于是,他报名参加了成人高考。1999 年,陈刚考入了宁波职业技术学院会计专业。

2002 年初,即将毕业的陈刚开始到各类公司参加面试,从五六个人的小公司到大企业,从私营企业到国际知名公司。是否能被录取对他来说不重要,重要的是过程。有些大企业、大公司的面试程序非常复杂,往往要花上一天的时间完成整个面试过程。通过参加各类面试,不仅使陈刚消除了面试时的紧张,而且让他了解了不同类型的企业、不同规模的公司对员工的不同要求。每次应聘,陈刚都会递交只有一页纸的简历,上面用最简要的语言概括了他的求职优势。正是因为经过多次面试,让陈刚知道招聘单位最想了解的东西,一页纸足以体现自己的优势。

2002 年 2 月,陈刚应聘某国际知名公司的销售主管,并被成功录取。进入公司后,他先担任嘉兴地区的销售主管,后又同时兼任金华和衢州两地的销售主管。在工作期间,陈刚仍然会去参加一些知名公司的面试,从中获取不同的体验。

信心来自实践

在校学习期间,陈刚经常利用课余或寒暑假,到朋友的公司兼职。他从来不向朋友要求具体工作,他认为做什么工作都可以,重要的是,通过到不同的公司实习,能了解不同行业不同的运作方式,不同部门不同的工作方法。这些经验的获得,对陈刚在不断的面试中,自信的保持,带来很大的帮助。陈刚认为,知名公司的面试并不可怕,只要对自己有信心。而信心就来自平时的积累,"成熟老练和阅历丰富是装不出来的,要从实践中获得。实习的价值就体现在应聘和工作中"。实践中所获知的不同行业的要求,能为求职提供指导。同时,外界竞争的激烈只有亲身体验过才会"刻骨铭心",才能促使自己做好求职的心理准备和物质准备。

创业不是口号

谈到创业,陈刚认为对将来的规划很重要。但规划不能坐着想,要走出去,在了解具体行业运作和所需人员素质的基础上做。素质和能力不能临时培养,必须从现在开始,有意识地向自己的目标努力。

创业是富有挑战性的,但创业不是口号,不能一哄而上。陈刚认为,必须在时机成熟,或条件允许的情况下才能创业。创业的初期是最有冲劲的阶段,发展业务是第一位的,要努力为将来打基础,要积蓄能冲破将来的瓶颈的能量。

陈刚从来没有担心过自己的实力,丰富的面试经历和实践经验,让他能很快适应行业的规则。目前,陈刚即将离开公司,到另一家国际知名公司接受新的挑战。

我停不下来

创业者:周　忆

职　务:摩托罗拉传播和公共事务部高级经理

周忆是不同的,虽然我们去的那天是美国公司的casualday,但周忆仍然很惹眼。一袭黑衣,化淡妆,皮肤细腻,一个有魅力,却又很tough的女性就这样坐到了我们面前。她说她想和我们聊聊外企人的心理感受、心路历程。

和这个团队一起成长

周忆是1993年到摩托罗拉的。刚到这个公司时,按她的说法,他们部门只有她和老板两个人,老板是个大块头,她倒长得娇小玲珑,不知内情的人还以为老板新配了个秘书呢。

万事开头难。周忆好强的个性在此时全部体现了出来。她说这归功于洛阳外国语学院毕业后几年的教书经历。当时她与班上的学生年纪相仿,她必须付出更多的努力才能做得更好,才不至于让学生小看她。

和政府部门、新闻媒体联络，写新闻稿、打字、复印，全是自己一手一脚地做起来。在公司里做事，没有人会手把手地教你，完全靠悟性，否则就会很累。

在周忆看来，摩托罗拉是一个非常人性化的公司，很 human，尊重个性，发展个性，寻求的是企业和个人的共同发展。

周忆从洛阳外国语学院毕业后，又在北京外国语学院读完了硕士，扎实的英语功底使她在与老板的交流中畅通无阻。对这一优势，周忆的看法是，英文和电脑是技能，不是优势和长处，只是展示自己的能力时比非英语专业更直接一些罢了。

周忆还提到了自身走到今天的另一大优势，那就是她是学文学的，文学在给予她思维和逻辑训练的同时，更给了她创造力、想象力、再生力。

周忆现在这个部门原来有 10 个人，后来有 2 个人到美国读书，1 个人被大老板相中抽调上去，剩下的 7 条枪，不仅个顶个，而且要 1 个顶 3 个。这些人都是周忆一个一个地挑进来的。从最初一个人的草台班子直到今天有了响当当的名字：传播与公共事务部。

周忆说，任何事情靠一个人是不能成功的，需要团队精神，需要魂在里面，需要很多人来支持你。我个人在公司成长的过程，也是团队跟我一起成长的过程，看到每一个人都特别努力一起做了那么多漂亮的项目，得到公司和同事们的认可，内心无比欣慰。

做漂亮 99 件事，一件没做好也就砸了

周忆说自己这个部门就像个救火队，哪儿有险情就往哪儿冲。对外要面向媒体、公众、政府、策划大型活动，对内要面对 1 万名员工和 20 多个部门。

他们要办展览、出刊物(公司内刊《移动之声》已从原来的 3 个月一期到 2 个月一期，再到现在的 1 个月一期)，他们还搞了个内部电视台，开辟了"新闻"、"人物"等栏目。同时，他们还要把公司的各类信息上 Internet，按周忆的说法是人越来越少，事情越来越多。

这里所说的事情很大一部分就是协调，不但与外部协调，还要与内部协调，这个协调可就学问大了，需要的是软技能，不是硬技能。就比如说展览会吧，这个部门参加，那个部门不参加，今天换个展板，明天换个说法，需要注重的细节特别多，而人家又是出钱部门。有时内部作沟通比在外部还累，所以周忆颇有感触地说，在总部的各种艰辛是外人很难体会的。在一个公司里，任何事情都可以拿到桌面上进行评估，只有传播和公共关系不能评估。做 sales 可以以业绩、销售额来评估，做 marketing 的可以以其产品广告的回馈来评估，而传播与公共关系虽非常辛苦，却无法评估。周忆苦笑着说，你做了 99 件漂亮事情，一件没做好，也是前功尽弃。

她指着桌面上仅有的几个牌牌说，别人都有这个奖牌、那个奖牌，可我这儿没有，这一个是我在摩托罗拉工作满 5 年时发的，算是对你工作满 5 年的承认。这一个是我参加摩托罗拉管理培训时，一个准 MBA 的课程的证书，就这些。

她还总结了她所在的公关部与外企其他公司公关部的不同，这些想法一说出来，说明它们在她脑子里已经很久，虽有些抱怨，但也是充满了自豪：他们在做项目时，不但做得大，而且

有自己独到的创意;所有大的活动不用公关公司,全靠自己做,一是节省经费,二是锻炼队伍,使每个人都成为职业经理人;所有活动均在经费极不宽裕的情况下,顺利漂亮地完成。

少许的抱怨归少许的抱怨,周忆后来总结说:“其实公司的形象就像一个金字塔,每个人都在往上垒砖,这个事情不是一朝一夕一蹴而就的,需要所有人日复一日、年复一年默默无闻地辛苦劳动。”

我可能会稍稍慢下来,但我停不下来

周忆曾自豪地告诉我她从小学、中学到大学都是非常优秀的。上中学时,她的文章得过华东6省1市的第一名,大学4年都是优秀学生,外语全国统考第十名。

因此,父母以她为骄傲,同时也对她寄予了很高的期望。这期望有时是压力,有时是父母理想的再实现,是他们理想的再延伸。

况且,周忆补充说,在摩托罗拉工作了6年,舆论也好,管理层也好,就认为你应该一直往前走,不能向后退,不能说某一天想歇就歇下来了,况且中国加入WTO后,会面临着更多在华外国公司的管理人员本地化问题。公司很器重我,给了我很多发展机会,形势在推着我向前走。正所谓人在江湖,身不由己。

有没有想过有一天会完全回到家庭中呢?

有啊,她说。她曾和丈夫开玩笑说,等你当了大老板,我就回家做全职太太。实际上,她知道自己做不到。她说自己是个好强的人,是个热爱事业的人。她愿意做个比较完整的女性,一两个星期、一个月还行,但时间长了,她就会告诉自己这不是我周忆要的,自己学了那么多年,做了那么多年,经历和经验都有,真的要走回家去,还是会不甘心的。

周忆也坦言自己和孩子相处的时间不是很多,但她又反复强调自己给予自己孩子的是high quality time。

她说自己以前是个挺喜欢玩的人,喜欢旅游,喜欢喝咖啡,喜欢泡酒吧,现在虽然不能都keep住,但还是有的。

一天忙到晚,为了什么呢?

周忆说不是为了钱,她对钱不是很看重。

(摘自《职业技术教育》2003年第23期)

在技术培训市场闯出一片天

创业者:李志青(宁波职业技术学院模具设计专业2002届毕业生)

公司名称:元贞模具造型培训中心

2002年,刚从学院毕业的李志青,因为技术过硬,顺利地应聘到宁波的一家模具公司当上了设计师。工作不到一年,他为公司独立研发出一款款式新潮的电热水壶,很快就成为畅销产品;2004年,他为一家电器公司设计吸尘器模具,为公司净赚1000万元,年销量10万台;2005年,他又为公司设计出一款蒸汽清洁机的整套外观结构,成为电视广告热播产品……他有如今的成就，在于他对模具设计这门技术的执著。

精读专业书 自学新技术

李志青对三维技术的真正掌握，是在 2001 年实习阶段开始的。那年，他由学校推荐到北仑的一家电子公司实习。3 个月里，他敏锐地发现 Pro/e 这个软件很先进，其发展前景比较广阔。于是，李志青就去书店买了关于 Pro/e 的书，开始了自学之路。一连四五个月，他都是白天辛勤工作，晚上加班加点坚持学习，有时还学习到深夜两三点。但他从未有过放弃的念头。在当时，Pro/e 是一个全新的软件，作为自学者来说，会在学习过程中碰到很多难题。李志青每当碰到一个问题不能解决的时候，就跑到书店购买相关方面的书。4 个月下来，他已经精读了 10 本专业书，把每一个技术难题都弄明白了。

谈到这段学习时光，他说："边工作边学习，虽然很辛苦，却很充实，让我学会了如何面对学习和工作中的困难，并想办法解决它们。同时，也学会了如何调整自己的心态。"

之后，他就开始利用 Pro/e 软件设计产品，边做边学，熟能生巧。他用自己的努力和勤奋创造着未来，也为他后来萌发创业的念头打下了坚实的基础。

大学生"回炉"的技术基地

对设计技术有了深入的了解后，李志青便不再甘于给别人设计产品，他有了自己的创业梦想——开办技术培训公司。经过前期认真的市场调研，他更加坚信在三维造型、产品设计、模具设计等技术市场有广泛的发展空间，他投入了前期创业资金 10 万元，开办了"元贞模具造型培训中心"。

创业很顺利，凭借娴熟的专业技术和良好的教学模式，业务不久便蒸蒸日上。如今，每期有 20 名左右的学员，学员有初中毕业生甚至高职院校等的大学毕业生。

2007 年，刚从天津某大学机械专业毕业的一名大学生，在社会上找了三四个月的工作，连连碰壁，一直待业在家。经别人介绍后，他带着一份好奇心，来到元贞模具造型培训中心学习。李志青一步一步指导他，从理论到实践，每一步、每一个细节都十分耐心。没过多久，这名大学生从剃须刀、吹风机到电熨斗，都能够自己设计了。几个月后，这名大学生在一家模具公司找到了一份不错的工作。像天津的这位毕业生一样，"回炉"来学技术的大学生还有很多。他们把李志青的公司当成了技术培训基地。

选对创业路子就对了

创业者：蒋费峰（宁波职业技术学院机电一体化专业 2002 届毕业生）

企业名称：宁波江北姚绿环保设备厂

他眼光独特，把创业方向定位于环保行业；他充满勇气，即使一路的坎坷也难以抵挡住他满怀的创业热情；他沉着冷静，在种种机会面前懂得如何去抉择。他用自信、勇气、创新作为指航灯引领自己走向成功彼岸。

蒋费峰,2002年毕业于宁波职业技术学院机电4021班。他利用3年时间,丰富阅历,积累自己的工作经验,然后于2005年,创办了宁波江北姚绿环保设备厂,在环保这片领域中不断成长。

我的品牌无需做广告

多年来我国以GDP指标主导经济发展,而忽视了包括环保在内的社会发展的弊端所带来的阵痛,使人们意识到离开环境保护取得的经济发展是不能够持久的,只有经济、社会和环境协调发展才是健康的。可以预见,环保行业将迎来新的机遇。宁波江北姚绿环保设备厂正是以设计出科技环保产品为其发展的方向。

2005年,蒋费峰决定自我创业。初期创业资金不够,他就向亲戚、朋友借,不惜投入100万元,办起了设备厂,接下来就是选厂址、进设备、申请专利,四处奔波,一切都亲力亲为。

一切准备就绪,可难题又出现了,几乎没有客户上门下订单,每个月仅仅三四单,使得家里的生活费都成问题。设备投入成本大,技术要求高,让蒋费峰事业的起头很是艰辛。但他深知创业需要勇气,在设备投入方面,该放本钱就要毫不犹豫。看准目标决不动摇。

2007年2月,转机出现了,他拿到了期待已久的国家环保认证证书。有政府做保障,厂里业绩逐渐腾飞。如今,每月有20多个单子、十几万元的收入,发展基本稳定。

当问及有没有想过要通过电视广告等方式来做宣传,蒋费峰笑着表示,自己选对了创业道路,在这条道路上有其独特的优势,尤其在拿到那本含金量高的证书后,更不用自己做宣传,政府会帮忙引进客源。

母校是我顺利创业的源泉

工厂在制造设备的同时,力求推陈求新,在同行业中取胜。在原来的基础上不断研发、创新,这也是新型创业者想要立足社会舞台,并从中脱颖而出的必备法宝。但是,成功的背后总伴随着奋斗,研发会遇到许多难题,尤其是技术方面的问题。“而在你最痛苦,最需要帮助的时候,母校、母校老师永远是你坚强的依托,精神的支持”,蒋费峰说。

2006年,厂里开始研发主要的环保产品——油烟净化器。一般的净化器只是去除油烟,而这台产品则是通过高压电把油脂打散、吸附,从而达到环保、无黏性的效果。其中的一项核心配件——电控板,则是关键所在。这项技术的开发,一直深深困扰着蒋费峰,其中的线路板构造设计起来,更是毫无头绪。但他不想放弃,也没有理由让他放弃,否则一切的投入可能就会化为乌有。这时,他开始查阅资料,做各种功课,并不时想到了自己当年学习专业的情景,想起了当年教授自己技术的张溪老师。于是,蒋费峰请来张老师一起研发,花费半年时间后,电控板终于顺利完工,第一台科技环保产品油烟净化器就这样诞生了,成为厂里主要销售的绿色科技环保产品,并通过环保卫生局认可。

目前,蒋费峰正着手与其他环保行业联手,从事工业废气治理项目。无疑,有母校这块丰厚的资源,他的创业之路会越走越好。

一个贫困大学生的创业传奇

创业者:汪建耀(宁波职业技术学院机电一体化 2002 届专业毕业生)

企业名称:慈溪恒源五金厂

家境贫寒,在校期间想退学

1999 年,来自山区的汪建耀考上了宁波职业技术学院,成为宁职院的首批新生之一。由于家境贫寒,面对不菲的学费,初升大学的汪建耀心情十分复杂,内心感到巨大的压力,几次想到退学。当时,担任党总支书记的包胜利老师找他谈话,帮他分析未来,并劝他留下来,希望他坚持 3 年,命运一定会改变。1 年后,汪建耀从银行贷到了学费,但他还是不能安心,每学期总有几次找老师诉说对前途的担忧,害怕毕业后还不起贷款,老师一次次对他疏导、鼓励。毕业后,汪建耀经学院推荐,到宁波宝新不锈钢有限公司工作。二年后,他当上了公司的班长,年收入已达 7 万,成为公司的一名技术骨干。

自主创业,年利润达 30 多万

2005 年 11 月,3 年合同期满,公司盛情希望他继续签约,汪建耀却从宝新公司辞职,回到慈溪龙山镇创办了恒源五金厂,成了个体户老板,开始了他的创业历程。他了解到慈溪是个以个体经营为主而发展的城市,以五金、轴承业最为突出。他把握自己身处龙山镇的地理优势,利用家门前的小房子作为厂房,添置了仪表车、攻丝机、铅床、自动仪表车等设备,主营汽车刹车小配件的生产。随着业务的发展,他扩大了销售范畴,产品主要销售到龙山器配厂、九菱电器等知名企业,年利润达 30 多万元。汪建耀一直坚信"把握机遇,踏实做事"的宗旨,以"尽力让顾客满意"为公司的生产目标,努力扩大公司的规模。

谈到下一步创业目标,汪建耀想利用自己的专业优势和在大企业的管理工作经验,朝成品生产的方向努力,提升产品的附加值,把公司创办的越来越红火。

创业心得

"脚踏实地做事,让领导发现你、了解你、启用你。"简简单单的一句话,却道出了汪建耀从打工者到自己做老板的感受。创业的道路是艰辛的,将面临的挑战是无法估计的,只有靠自己在磨难中成长。

创业第二代,青出于蓝胜于蓝

创业者:叶君锋(宁波职业技术学院生化专业 2006 届毕业生)

企业名称:宁波江北协作机械钢管有限公司

宁波市江北协作机械钢管有限公司是集生产加工经营于一体的无缝钢管企业。它主要从事精密钢管的制造，为用户定做各种特殊规格、特种材质的无缝钢管。而它的创始人正是叶君锋的父亲。2006年6月，叶君锋大学一毕业就回家接手了公司，负责产品加工工作。

初生牛犊一时冲动，几乎让公司倒闭

叶君锋从进公司到现在，一直是主管，要负责业务、销售以及日常的生产。刚踏入社会，现实远远比想象的复杂，有些事想的时候很简单，但真正去做的时候，却多了很多的阻力。

初到公司时的一次经历，是叶君锋创业路上的一个成长起点。那时，他初到公司，总觉得自己是领导，因为不满一些员工的行为，他便在会议上对一些员工大发脾气。结果，第二天就有一批员工不辞而别。年轻气盛的叶君锋当时还不在意，可结果却给他重重的一击。虽然花了大量的时间进行招聘，但新招的员工一时之间却不能胜任工作岗位，致使工厂生产一度面临瘫痪。期间有很多大的订单，原本可以接手，但只能拱手让给竞争对手。叶君锋当时恨不得给自己一巴掌，自己的一时冲动却给公司带来了这么大的危机。

悔恨中，叶君锋意识到自己的管理技巧与方法还显幼稚。因为每个人的思维方式、做事方式都不相同，自己不应该以如此极端的方法解决问题。从那以后，他凡事都要求自己三思而后行，面对客户的抱怨与指责，他也会耐心地向对方解释。

创业第二代，使公司利润翻了三倍

一个刚刚毕业就接手如此"重任"的创业者，一个生物专业出生却从事钢管制造的大学生，用自己的努力，让公司的效益突飞猛进。2007年，宁江北协作机械钢管有限公司产品加工的产值突破200万，利润高达60多万，比之前翻了近三倍。这不得不让人对这个企业的后起之秀刮目相看。

问及创业获胜的秘诀，叶君锋笑笑说，没有什么秘诀而言，只是一直以来，自己始终坚持一个原则：凭良心做事。"我常常会替客户考虑，还把自己想的一些好的建议提供给他们。做生意，主要靠的是彼此之间的那种信任度。只要你替人家考虑，人家也会替你考虑。"正是这句"只要你替人家考虑，人家也会替你考虑"，让叶君锋在创业路上站稳了脚跟。

慈溪一家大型的轴承厂将一笔大的加工业务交给了叶君锋。叶君锋在经过反复比较之后，发现用另一种材料可以更节约成本，他便及时地把信息反馈给了客户，使客户对他建立了极高的信任度。现在，这个客户每次都放心地把价值在100万～200万元的货物放在叶君锋的工厂里加工。也正是鉴于这样的一种经营理念，温州以勒钢管有限公司、慈溪宝鼎大裕有限公司等大型企业目前都与叶君锋的公司建立了良好的合作关系。

目前，这个行业的竞争日益激烈。面对风险，叶君锋也在积极采取应对措施，针对公司实际制订了一系列的解决方案。在忙碌的日常工作之余，叶君锋的敏锐观察让他在生产工艺上找到了突破口，挖掘到工厂自身的潜力。他以废旧原料作替代，以差价为优势，将业务量一步步扩大，使公司的产品在市场占有了一席之地。

作为创业新人，叶君锋无疑是个佼佼者，但他却觉得自己还有很多要学习的地方，还有很

多知识与做人的道理还需要他自己慢慢摸索。

□ 教育服务业

要为家长提供最好的服务

创业者:张科云(宁波职业技术学院 5 年一贯制外贸英语专业 99 级学生)
公司名称:育英家教中心

2003 年 9 月,在对宁波市总的教育情况和家教市场进行了调查以后,张科云和她的同学发现北仑区有很多业余的教育培训,如:在放学后辅导作业,退休教师做家教,但是还没有正规的家教中心。于是,张科云他们抓住了这块空缺的市场,准备办家教中心。

在做市场调查的过程中,已有四五位家长希望他们帮忙提供家教,这使张科云他们更为迫切地想把家教中心尽快成立起来。他们向许多老师请教了如何在学院创业园区注册公司、成立公司需要注意什么等问题。2003 年末,当一切都准备充分以后,育英家教中心正式成立了。

首先要打响品牌

中心成立后的第一件事自然是宣传。张科云他们发现北仑区奥利弗公寓的住户普遍收入较高,且工作繁忙,家长照顾孩子的时间少,对于孩子的学习更是无法过多地顾及。于是,他们开始定期在该小区设宣传咨询点,且每次都是在下午 4 点到晚上 6 点的下班高峰时段。

起初,有很多家长不太信任大学生授课,张科云他们就跟家长聊儿童的心理、聊儿童学习的方法、聊儿童的教育等,随着谈话的渐渐投机,家长们就开始信任他们,纷纷前来咨询,有的还当场留下了自己的地址、电话和孩子的情况。接着,张科云他们就开始在北仑区的各个小区设点宣传,慢慢扩大了中心的影响。

虽然经营至今,中心几乎没有盈利,但是张科云认为,一心想着赚钱是办不好公司的。公司没有好的口碑,尤其是家教公司,就会失掉很多的机会。目前最重要的,就是以切实的服务建立信誉、打响品牌,为以后打基础,为能拥有更多和更好的发展机会打基础。张科云说,"在我们看来,某个孩子只是众多小孩中的一个,但在父母眼里,他们是唯一的。因此,小孩子就好像是树上的小鸟,如果我们对其中一个的教育失败了,就好像用枪打伤了一只小鸟,它周围的其他小鸟也会一哄而散"。

正是基于这种想法,中心努力为家长提供最好的服务。他们根据家长的需要、根据孩子的个性设置课程,并要求每位教员在授课前都充分备课,将授课计划提前通知家长,与家长进行讨论,根据家长的意见修改。向家长收取费用前,他们保证为其找到最合适的教员。如今,中心周到的服务,已经赢得了不少家长的青睐,许多家长都会主动打电话来咨询,并要求提供教员。

中心不仅在家长中建立了好的口碑,在教员中也是如此。对授课路远的教员,中心都会补贴餐饮费和来回车费。有一次,一位教员去授课时,自行车被盗。在他买新车前,中心为他补贴了所有授课所需的费用。中心的这种做法，使他们赢得了教员们的支持，也使教员们更加安心、更加用心地授课，为家长提供更好的服务。

外面的风浪会更大

谈到创业的动机，张科云说，是创业园区使理想成为现实。“在注册公司的过程中，在公司经营的过程中，学校和老师都提供了不少的帮助。创业园区为我们提供了场所，提供了机会，使我们可以慢慢适应社会的竞争，更加容易融入社会。”同时，张科云也深知，外面的竞争是更残酷的。“老师为我们模拟了一条小溪，让我们在里面划船。但将来我们要面对的是大海，它的风浪会更大。”尽管如此，张科云坚信风险更大，机会也将更多。

□ 商业摄影、设计业

永做行业领头羊

创业者：陈鸿（宁波职业技术学院艺术系 2004 届毕业生）

企业名称：慈溪市广艺数码图文有限公司

陈鸿，宁职院2004届艺术系毕业生。在校期间任摄影协会会长。曾在慈溪市规划设计院工作。现自主创业，开办慈溪市广艺数码图文有限公司。该公司主要从事文本装订、标书制作、彩色喷绘装裱、CAD出图晒图等业务，与慈溪市建筑设计院、各大广告公司均有合作，在整个慈溪市内属于规模较大的一家图文公司。

摸爬滚打中找到金子

2006年，陈鸿在家人的支持下，与朋友共同投入80多万资金创办了图文公司。对于陈鸿来说，这是一个很好的机遇，因为当时整个慈溪市图文公司不过3家。而陈鸿他们当时的设备投入是最完备的，价格在整个慈溪市也是最低的。但好景不长，很快，图文公司如雨后春笋般崛起，不过一年，就陈鸿的公司所在的那一条街，就有图文公司10多家，竞争非常激烈。

陈鸿只能努力进行创新。他首先在服务上下功夫，只要客人当天需要的东西，不管晚上多迟，也都帮客人赶出来，并且在慈溪范围内实现了专业的包取包送的服务：只要客人需要打印、制作的材料通过电子邮箱发过来，留下地址，图文公司都会尽快把客户需要的东西做出来，免费送上门。这一服务为广艺数码图文公司赢得了更多的客户。此外，因为公司使用的机器是杭州买的，维修总是非常麻烦，而且维修费用昂贵，为了不让客人久等，陈鸿开始自己尝试维修机器，渐渐地也摸索出了机器故障的一般修理方法。为了节约成本，陈鸿对机器的购买也很慎重，经常反复地查阅网上的资料，尽量选择实用、性能好的机器，也开始从耗材上入手，节约单张成本。因为精打细算和优质的服务，陈鸿在同行业竞争中总能占据优势。

艰苦创业的理念

在陈鸿的创业理念中，始终坚持要创新，随着整个行业越来越规范，创业也越来越难，如果无法创新，公司的业务就将很难做下去。陈鸿说："不是要人家牵着我们的鼻子走，而是要我们来引领市场。"

陈鸿在从事该行业的这几年，一直都未参与过具体的设计，他说这是行业的潜规则。因为图文公司很大一部分客源是广告设计公司，如果插手设计行业，虽然眼前能获得很大利润，但他们将失去更多的客户。本着这种理念，他们的公司与很多广告公司建立了良好的合作关系。陈鸿对于产品的要求非常苛刻，他说：宁可我们亏本，也不拿出自己不满意的作品。也就是本着这一系列创业理念，陈鸿的公司越做越大。

创业先锋吴旭阳：勇气　坚持　自信

创业者：吴旭阳（宁波职业技术学院2007届摄影专业毕业生）

企业名称：宁波青摄影设计机构

吴旭阳，2007年毕业于宁波职业技术学院摄影专业。在校期间，曾担任学生会宣传部部长。勤快的他是当时各类海报设计制作的主要负责人。现今，他已创办了自己的摄影机构——宁波青摄影设计机构，在商业摄影市场上开始了自己的创业之旅。

创业路上出师不利

2007年走出校门以后，凭借着扎实的专业知识，吴旭阳在一家公司当上了一名设计员。实习期间，他的工资已达到2000多元。工作之余，他也并未空闲下来，常常从朋友那里做一些商业拍摄兼职工作。由于他精湛的摄影技术，不久他就积累了大量的客户，找他拍照的人越来越多。此时的吴旭阳意识到"商业摄影"有一个广阔的前景。他毅然决定出来创业，去寻求属于自己的一片天空。

2007年10月，这个22岁的丽水小伙子，开始购买设备、注册公司、筹集资金、寻找厂房，好不容易公司终于顺利开业了。开张不到半个月，吴旭阳遇到了人生第一次重大打击：投资者突然提出撤资。通过他的四处奔波，不懈努力，资金终于筹足。可是，好景不长，屋漏偏逢连夜雨，公司创立不久，就遭遇了失窃事件。一天，有两个男子来到吴旭阳的办公室，假装前来洽谈生意，当吴旭阳正与一名男子交谈时，另一名男子溜进了他的工作室，把他的一台手提电脑和钱包偷走了，共计损失一万元左右。而在此后的一个月内，公司的业务少之又少。当时，他还曾冒出过一个迷信的想法："出师"如此不利，是否预示着自己选择创业是错误的。

然而一心热衷创业的吴旭阳并未就此放弃，他始终坚信，每一次挫折都是一次挑战，每一次苦难都是一笔财富。两个月后，公司的业务也渐渐有了起色。从最初客户只送一两件产品来公司拍摄，到现在，客户常常几十件、几百件送过来拍摄，并且已不需要任何验收过程。吴旭阳终于得到了客户的信任。现在,宁波万达集团,以及不少外贸公司、图文设计公司与"青摄影"公司建立了良好的合作关系,公司每月的利润也达到了1万多元。

职业生涯早规划

吴旭阳在谈到自己的创业经验时,坚定地说,要创业就一定要早做规划,只有早做准备,才能抢得创业的先机。从读高中以来,吴旭阳就一直在为创业做准备。从高中到大学期间的每一个假期,就是吴旭阳的"练兵场"。跑单、营销、发传单……每一次都很累、很辛苦,但是对吴旭阳来说都是收获,可以更广泛地了解到各行各业的相关知识,可以收获更多的社会经验。

不断求索定能成就一番事业

创业者:青荷(金华理工学院机械制造工艺与设备专业1998届毕业生)

公司名称:永康葫芦印务公司

青荷在大学期间一直担任学生干部,毕业前是班级团支部书记,也是一位有着创业梦想的年轻人。青荷的创业历程十分艰难。

青荷在中学阶段经历相当专业的绘画训练,语言文字表达能力相当好,在当时机械行业普遍不景气的情况下,青荷的就业意向是成为一名广告公司的设计人员。1998年6月毕业后,青荷如愿进入了一家小广告公司。但是,当时经济环境差,金华市的广告公司发展处于低潮,广告业务量少,小广告公司的重点不是设计质量,而是如何取得业务,保证能够生存下去。在此情况下,青荷只能服从公司安排,从事广告业务员的工作,无法实现自己的设想。3个月后她离开广告公司,到一家机械企业从事生产管理工作。青荷是一位对自己的理想追求非常执著的人,一直想从事自己喜欢的工作。为了能够自己拥有一个从事平面广告设计的小小天地,为了积累创业所需的启动资金,青荷与下岗工人一样申请了在广场摆夜摊卖衣服。

2000年,青荷一边自学平面设计,一边到永康为自己的亲友设计产品说明书、包装盒等设计难度较小的广告设计工作。2001年,经过一年多的摸爬滚打,她对产品广告设计的经营模式、业务来源已有了一定的了解,也建立起了自己的业务链。此时,青荷毅然要求在金华市一家效益很好的企业工作的丈夫辞职,共同经营平面设计业务。

2002年看到金华市的广告企业数量多,业务少,竞争激烈,就决定离开金华到永康发展,丈夫负责承接业务,自己负责技术。随着机电产品的井喷式发展,青荷的机电产品广告业务也迅猛增加,葫芦印务公司的经营活动逐步走上健康发展的道路。2003年,青荷的葫芦印务公司完成产值近千万,设计人员增加到5名,并创办了平面设计培训中心,招收同样有志于创业的大学毕业生,推进永康广告业设计水平的不断提高。

看准行业,做好定位

创业者:杨土德、徐卫忠(宁波职业技术学院商业摄影专业 2003 届毕业生)

公司名称:德艺摄影设计有限公司

德艺摄影设计有限公司成立于 2003 年 3 月,一年时间里,公司的经营项目已从产品摄影扩展到企业产品展示设计、服装样本拍摄、时装摄影、会议刊物制作、个人绘画作品集制作、学校刊物等。客户从私企,发展到政府机关、学校等。

谈到成立公司,创办者杨土德说:"在学校时并没有太多地考虑创业,在学校的主要任务是学习。"在课余时间,杨土德经常通过报纸、网络等媒体找兼职,一方面补贴自己的生活费,一方面利用实践机会提高自己的设计水平。毕业后,杨土德投入 1 万元,在宁波鼓楼租了一个仅 20 多平方米的空间,成立了"德艺图文设计有限公司",当时的业务只涉及平面设计。那段时间,杨土德白天骑着自行车跑业务,晚上做设计。虽然业务量极少,但杨土德始终认为,市场很大,自己完全有能力接到更多的业务。

2003 年 6 月,徐卫忠加入公司,主要负责摄影。进入公司前,徐卫忠曾在专业的摄影公司工作。经过几个月的体验,他感到,众多摄影公司如雨后春笋般"拔地而起",专业摄影市场的前景并不看好。于是,他加入了当时只做平面设计的德艺,与杨土德联手,将德艺的业务扩大,并改名为"德艺摄影设计有限公司"。设计和摄影的兼备,使德艺与那些请专业摄影公司负责摄影的单纯搞设计的广告公司相比,成本大大降低。同时,与单纯的摄影公司相比,能接的业务广,增强了竞争力。

2003 年 8 月,随着公司的发展,员工的招入,他们将公司搬到了宁波平安大厦,并租用了两间 40 多平方米的办公室,一间为设计室,一间为摄影棚。目前,公司共有 6 名员工,个个都能边跑业务,边做设计。对处于发展初期的公司来说,困难是不可避免的。由于公司规模尚小,一个月只能接 2~3 笔大业务,资金方面比较紧。但是他们认为,只要看准行业,知道市场的需求量,做好公司定位,投入设备,抓好技术,就一定能把业务开展好。

□ 装潢设计

从游戏大王到装修老板的蜕变

创业者:邬晶磊(宁波职业技术学院机电专业 2004 届毕业生)

企业名称:名流装饰设计工程有限公司

初进这家不大的装饰公司,"名流"两字首先映入眼帘,独特的书法字体,使其更富艺术气息,不拘束也不死板,正好完美诠释了公司内部的整体布局规划。进入室内,只见一位青年忙碌的身影,接打电话、处理各种事务,这位就是今天的采访主角——邬晶磊。

离开海天集团,闯进创业市场

2004年2月,当时海天集团面向宁波职业技术学院机电专业毕业生招收员工,仅有几个名额,但邬晶磊有幸成为其中之一。进入这个行业,他才清楚地认识到,社会是这么的现实,现实的竞争是如此残酷,残酷得不允许他再混沌地过日子了。幡然醒悟的开始他学着去融入这个集团,适应公司的各种制度。每天按时上下班,日复一日地做着同样的工作,然后拿着每个月2000元的工资。然而,困在笼中的鸟儿,永远向往的是外界的自由,不会安然于现状。“取之于它,受之于它”的生活模式使邬晶磊下定决心——离开,重新去寻求属于自己的具有挑战性的行业。

一次偶然的机会,邬晶磊认识了与他年龄相仿的黄先生,两人性格相投,对于突然萌生的创业想法一拍即合。就这样,在经历了一系列的辗转坎坷之后,2007年6月,他们联手策划办家装公司。黄先生之前学的是家装方面的专业,所以负责咨询、设计,而与家装行业毫不沾边的邬晶磊则负责与客户沟通。他随和的个性以及勇敢的拼劲让他的创业之路越走越顺。

从游戏大王蜕变为装修业老版

从传统意义上来说,在校期间他并不算是个好学生,因为他太不安分,总是调皮捣蛋,东奔西跑,还一度沉迷于网络,成为“传奇”游戏高手。而如今,眼前的他多了几许沧桑,在跌打滚爬中成熟了许多。

随着北仑区房地产业的迅速开发,小区住宅面的壮大,家装市场大有可为。但北仑区有大大小小装修公司130家,竞争异常激烈。尽管如此,邬晶磊在这片市场中却能如鱼得水,他自信地说:这行讲求的是口碑、服务以及质量,自己有很多朋友,从初中到高中到大学,他跟朋友们的关系一直都很好。正是广交朋友,才在如今的陌生行业中,有了源源不断的客户。谈起第一位客户,也是大学同学介绍的,是同学自己的一幢房子。同学情深,让他们彼此完全相信。他的用心以及良好的服务态度,朋友很是满意,顺利净赚了7万元左右。接下来的业务也都是朋友介绍的。

现在,在业务方面,客户会凭着良好的口碑主动找上门。邬晶磊说:家装行业也是服务行业,虽辛苦但充实,再苦再累也值得。

爱好是成功创业的保障

创业者:成亮(金华理工学院机械制造工艺与设备专业1998届毕业生)

公司名称:金华市力天装饰设计公司

大学期间,成亮十分喜爱雕刻艺术,对家具雕花、房屋装饰构件的图案,制作方法,以及整体搭配效果经常会提出自己独特的见解和看法。看到精美的家具构件及装饰图案,就会进行模仿,并想方设法把它做出来。

毕业前半年，他与班主任谈了自己今后的就业打算，准备与家具厂合作生产新型家具。班主任在鼓励其创业思想的同时，提出了自己的建议：第一，当时中国家具制造行业的设计水准还处于非常落后的状态，地处浙江中部的金华市并没有一家高水平的家具设计单位，对提高自己的家具设计水平非常不利。第二，你并不是家具设计专业的学生，对家具设计的理解完全是凭自己的想象，谈不上有自己的设计特色，也没有经过系统的训练，你的设计成果是否可以得到市场的认可存在相当大的不确定性。第三，你的强项是产品结构设计，同时对图案设计和装饰效果分析有一定的见解，应当好好发挥。第四，CAD 设计在金华刚刚兴起，机制专业 CAD 教学为你利用计算机辅助设计技术开展其他项目的设计奠定了基础，在金华市范围内有相当优势的。希望你能结合自己的专长、兴趣爱好和现实需求创办自己的企业。

这次交谈对成亮今后的道路起到了很大的作用，使其在创业理想与爱好、专业专长之间找到了一个比较好的结合点。这样，1998 年初分配毕业设计课题时，成亮选择了机械零件的计算机辅助设计，一方面迅速地提高了 CAD 水平，另一方面对电脑的表现能力有了深入的了解。毕业后成亮进入了金华市最具实力的新境界装饰有限公司实习，学习装饰设计的流程和一般操作方法。这短暂的 3 个月实习，奠定了创业的基础。

第一桶金的获得——1998 年，金华理工学院的高职称教师分到新住房，找专业设计公司进行装饰设计还是新生事物。成亮紧紧地抓住了机会，以比专业公司低得多的设计费，完成了多套房屋的设计工作，为创办自己的装饰设计所准备了启动资金。

1999 年初，在其家庭的资助下，成亮注册了荆棘鸟装饰设计室。当年就取得了年收入超过 5 万元的经营业绩，是金华同期工薪阶层收入的 5 倍。到 2003 年，经过改名的力天装饰设计公司已发展成为金华市小有名气的设计公司，年经营收入超过 300 万元，设计、施工人员 20 名。

□ 广告策划

校园创业者的破茧成蝶

创业者：江丁畅（宁波职业技术学院 2004 届艺术设计专业毕业生）

企业名称：立鸿广告策划公司

走进立鸿广告策划公司总经理江丁畅的办公室，最吸引人注意力的是柜子中陈列的各种产品，有制作精美的宣传册、还有质地良好、设计精良的礼品等等。“我们公司比较特殊，既做广告策划，又销售各种礼品。主要从事与汽车行业的合作，与慈溪奥迪 4S 店、慈溪广汽丰田 4S 店、慈溪东风标致 4S、慈溪广本 4S 店、慈溪一汽大众 4S 店建立了良好的合作关系。”对我们的好奇，江丁畅开门见山地解释。

江丁畅，宁职院 2004 届毕业生。曾在慈溪博文公司任策划。后自主创业，创办了立鸿广告策划公司，主要为慈溪汽车行业做广告策划。

校园创业,收获成功喜悦

作为校园创业者,江丁畅可以算得上是宁职院的资深生意人了。在大学期间,他就因为合资创业霎时成为校园的创业明星。然而,江丁畅近10年的创业道路并不平坦,甚至到了今天,他也不得不承认,自己的创业梦想还远没有实现。“我是个不安于现状的人,一直在寻找更好的创业机会”,江丁畅笑着说。

2000年,刚步入大二的江丁畅,在学校旁边开了一家“快易鸟”珍珠奶茶店,在当时,这是学校附近唯一的一家奶茶店。刚开业的时候,生意非常好,每天的营业额将近1000元。初出茅庐,小试成功,这让江丁畅很长一段时间都沉浸在成功的喜悦中。

专业来自于专一

在江丁畅眼中,要想做好一行就得专一行。江丁畅在大学期间的每一个假期,他都去广告公司打工实习,学习各种社会经验。大一的两个月暑期实践,是江丁畅最辛苦的一段时间。他在一家制版公司当学徒,跑业务、当油漆工、做清洁,最苦最累的活,他都一一干过,到假期结束,因为没社会经验,没能向公司老板讨回一分钱。江丁畅回忆这段日子:“虽然这是我最苦的一段时间,可是,这种打工经验也使我以后的创业受益匪浅。”大二暑期,江丁畅再次来到了一家制版公司,当上了公司的业务员。在两个月里,他拉到了人生第一笔赞助费8万元,这也使他赚到了第一笔工资。

在他毕业后,他的第一家工作单位就是博文公司,做广告策划。第一个项目则是国际竞走大赛的活动策划。因为以前从未接触过这种策划,而且领导给出的时间还不到2个月,江丁畅只能以通宵3天、休息1天的工作方式来赶方案。随着方案的通过,他也累倒了。但他的专一和专业,为他在公司赢得了良好的口碑,得到了领导的认同和肯定。

如今,江丁畅把自己创办的立鸿广告策划公司的业务锁定为汽车行业的广告策划。他相信,只有精于一行才会取得一定成就,打出一定名气。

梦想在心中,成功在眼前

创业者:虞鑫(湖州职业技术学院平面设计专业2007届毕业生)

企业名称:摆渡人创意设计公司

创业平台,始于大学

高中的时候,我就有个梦想,就是要干出自己的一番事业,只是当时学业的紧迫,使我不得不暂时放弃。刚进大学,学校的创业园又重燃起了我心中的创业激情,创业,原来并不是那么遥不可及,于是,我做好充足的准备后,就踏上了大学创业之路。

就目前而言,我进入大学做的最有意义的事就是成立了摆渡人创意设计公司,那时候刚开始投入这份工作的时候我就有预感，这个选择是正确的。不单单是因为一时的冲动，而是作为一个青年人、大学生本该散发出来的青春和活力支持着我的这个行为，同时也是对于自身价值的肯定。因为在我看来，大学的生活是难忘而多样化的，也是值得回忆和珍藏的，很多事的意义就在于实践，而机会只有一次，如果仅仅是存在于大脑的想法而已，那么永远得不到证明，只是一潭死水，并没有发挥它的作用。

但是就价值方面的影响而言，则不单纯是学一些概念性的东西了，那样显得有些被动，也太过于形式化了。人的潜力往往是通过实践性的东西挖掘出来的，只停留在书面的话，很多有意义的想法会被无形地忽略掉，所以我走了创业这一条路，虽然在学校里理论的东西的确可以学到，但是真正实践的机会却不是很多，平时的作业也只是“交差”，而这样一个模拟创业则给了我无限广阔的天空，让我有了充分发挥的个人空间，也不仅仅是给我的大学生活增添了美丽的色彩，更是给了我一个比其他人更早踏入社会的机会。所以我一直很珍惜这个难得的机会，也正因为这样，我所付出的努力是远多于人的，当然我获得的成果也是他人所不能及的。

专业结合，学有所用

可能与我所学的专业也有一定的关系，所以做起这方面的设计来得心应手，我最需要做的就是把理论与实际相结合，变被动为主动。设计往往来源于灵感，也许是他原本就是那种想象力丰富的人，创新但又符合实际，可以把所有的东西完美化，赋予作品生命力，别有一番新意。另一方面，在学校创业公司成立至今的两年多时间里，作为公司的经理，我一直坚持自己的理念，不断的求新，创造自身的独特优势，与公司个其他几位员工一起团结努力，在短短的时间里，创造了佳绩，同时提高了自身的能力和素质，开拓了一片新的天地。因为考虑到社会的发展以及自身能力的更进一步提升，我们不仅努力做好校内的业务，同时把眼光看向校外，因为学校只是一个阶梯，最终要走向的还是社会。目前虽然只是小型的模拟公司，但是对于我们的作品，同学和老师都给予了肯定，这是值得高兴的。

放眼社会，机不可失

看到目前在学校里的这些成就，我情不自禁的有些心动，既然已经可以达到这个水平，那么是否该考虑一下延续到校外呢？毕竟马上就要毕业了，这里的一切也终将结束，如果说学校的创业是一种体验的话，那么两年的“实习”之后也应该有那个条件跨入正式的门槛了。说实话，在学校的这个创业公司里，我们所学到的远远出乎我的意料，不仅仅是发挥了自己的专业特长，设计出令人满意的作品，每一次的成功，都意味着下一次的更大成就。就是作为一个学生而言，我所面对的是更宽更广的人际关系，学生、老师、社会人士，都要打交道，那么，经过锻炼，个人的社交可以说已经达到一定的程度了。而从管理角度讲，一个好的公司，需要规章制度，需要运营手段，那么，经理就理所当然充当着重要的角色，企业文化与形象管理、企业经营战略、企业经营决策以及运作管理等等其他关系到企业的兴亡，都需要经理的有效管理，对于员工积极性的调动都起到了一定的作用。而对我来说,这几点都是做得很到位的,所以公司也是处在盈利的状态。这个想法其实很早就有了,只是苦于没有经验,又没有多余的时间,但是现在他觉得时机也该成熟了,因为毕业的步伐已经临近,这又将是一个值得赋予实践的机会。

做足准备,挑战自我

创业的路无疑是艰苦的,不过可能是与在校期间的创业也有点关系,毕竟一般没有经验是根本毫无头绪的。好在我已经有点把握了。刚开始的时候想要创办一个公司,想到自己还是个学生,并不能把全部的精力投入到公司中去,于是我询问了身边的同学、朋友,找了几个兴趣相投的同学一起开创。因为我想就目前的情况而言,只靠自己一个人的力量是不太现实的,而且我也相信团队的合作能带来意想不到的效果,因为一个公司需要的是更多的人才。我也明白,一个公司想要成功,运气只不过是其中一个可有可无的因素,而最主要的是要有经营公司的素质和能力,以及对于艰辛的一种坚持和努力。

由于在学校本身学的也是设计类专业,所以理所当然地想到是开一家广告公司,其实刚开始想要自己创业,是觉得还年轻,应该要经历些什么,即使是挫折也要尝试一下。我是那种想到什么就会去做的人,觉得就现在的情况而言,创业的目的不是为了生存,而是为了体现人生价值,因为人活在世上,应该要有敢闯敢拼的精神,不是为他人而生存,而是为自己而生活。当然也可能会失败,但那只不过是一个闪念,想到成功的时候那种满足的心情,我还是很有那股劲前进的,要成功就要有十足的信心,时刻做好失败的准备,做好面临挑战的准备。

说干就干,于是我们几个人在暑假期间便开始准备,先是对外部环境进行全面的调查研究,因为我们知道公司的选址也是至关重要的一步。除了要考虑人流量问题,切记不要在偏僻地方以外,还要考虑到资金问题,当然还有同行的竞争之类等其他因素。然后是公司的名字,作为广告设计专业的我们来说,当然知道公司的名字对于自身也是一个最大的广告,名字取的好了,自身形象也会随之提高,有可能会带来意想不到的效果,会直接带来经济效益。另外,还要到工商局去注册,这些做起来也并不是想象中的容易,跑了很多地方,做了很多的准备。

这期间还有很多要忙碌和要注意的东西,毕竟没有这方面的经历,很多事还搞不清楚,不知道先后顺序,问了很多人,跑了很多地方,把一些应该办的手续办妥之后,又是地址又是其他什么的,虽然觉得很累,但却很开心。终于经过为期一年的前期准备,2007年3月在萧山成立了“博意数码广告”,这对于我们来说不可否认是兴奋的,因为这是自己亲手创建起来的公司。虽然是在起步阶段,规模也还并不是很大,但是相信这是好的开始,在不久的将来将会看到进一步的成就。

多方支持,得以成就

当然能成功创办起这个公司,并不是只要我单方面的坚持就可以的,当初我有了这样的想法以后，首先想到的是父母，于是就把这件事跟他们大概地说了。也许是看到了之前的努力，以及在学校的一些成就，他们对于我这个儿子还是很信任的，所以他们都没有投反对票，只是告诫我要好好做，不要辜负了他们的期望，而且在创业资金上也给予了我很多帮助，这更让我信心倍增，也成为我迈出第一步的助推器。

而事实上，还要值得一提的是正因为有学校的那种政策，才有目前一个好的开始。其他学校或许这样的机会不会有，而学校是绝对提倡这种创业制度的，他们想以这种工作室的形式组织学生进行课外设计实践，以培养我们各方面的能力，而这种课堂以外的活动又很符合我们的心理。

之后当我把这个消息跟我身边的同学说了以后，他们也很为我感到高兴，并且承诺有什么需要他们的地方尽管提，一定会尽力完成，看到同学们的热情，我有些感动，我不会让他们失望的，一定要做出点成绩让他们看看，他们信任这个朋友是对的。但是毕竟我们的经验也是有局限的，于是我想到了老师，因为他们大都是过来人，即使没有真正创业的经历，但毕竟接触过的人和事要多，应该可以给予我一些关键的指导。

而事实上，当我跟老师说起这件事的时候，他们很意外，不过也相当支持，并对我的一些疑问进行解答，告诉我一些经历，并强调技术上的问题，而且也愿意在今后的时间里有什么困难尽管去找他们。我突然觉得我是多么幸运，身边有那么多关心和支持我的人，所以对于这次创业我没有一点怯意。

吸取教训，诚信过关

但是毕竟在社会上开公司跟在学校是有很大差别的，而且外面的竞争是我们这些在校学生不能想象的，所以技术这一关很重要，况且我们公司还刚刚起步，并没有得到社会人士的认可，如果做得不好，可能会给公司带来直接的负面效应，这显然是不利的，所以我们几个人一致讨论，绝不能在技术上出问题。

终于在公司刚成立不久，就接到一项任务，是做一份“宣传册”，这对我们来说无疑是兴奋的，但是兴奋过后当然是要进入紧张的设计过程。那一段时间可是说是非常时期，每天我们几个都聚集在一起，讨论设计方案，但是毕竟每个人的想法都是不一样的，难免有争执，大家都觉得自己的设计比较有特色一点，于是晚上又回去研究。那段时间，我们体会到了辛苦的滋味，同时又为着成果而期待，于是每天往返于公司和家，另外还要参考和收集很多的材料，忙碌得自己都无法想象，最主要的是时间很紧，客户规定好要什么时间完成，所以理所当然要遵守时间了。

有时候投入得连饭也来不及吃，晚上更不用说了，没想到就这样过了一个星期，好不容易终于完成了全部的工作，当我们印刷好拿回来的时候突然发现一点问题，那个宣传册的其中一小部分做得不是很完美，但是已经来不及了，已经全部印刷好了，怎么办呢？如果就把这样的成果拿过去给他们的话，那肯定会被视为失败之作，那么以后就会失去更多机会了，可是如果重做的话，需要的不仅仅是时间和精力的问题，更会造成直接的经济损失。其实心里真的很不舒服，公司成立以来好不容易的第一个作品，就这样搞砸了，但是想想，还是自己吃亏点吧，毕竟做得不好也是我们的责任，而且也是为了今后能有更好的发展。

于是我们又重新投入工作，还好不是全部重来，有了上次的教训，这次我们更认真仔细了，前一次做的有用的一部分还是沿用了，另外又经过全面的考虑，把上次的缺漏补过来，并且这次我们特别在完成以后先做了一份试样，拿过来确定没有什么状况之后才决定全部印刷。当我们重新拿到这份宣传册的时候，看着眼前的作品，心里的一块石头落地了，因为没有什么遗憾的地方了，不仅达到了客户的要求，同时也注入了创新的元素，我们想对方应该也会满意的。还好正如我们所愿，不仅符合对方的要求，更主要的是给了他们意想不到的效果，对方表示很满意，并有意跟我们有下一次的合作。

经过这次失败的教训，让我们学到了很多，明白了做任何一件事都不要理所当然想得太简单，即使再怎么认真地做也不可避免会出现一些情况，这跟做人的原则也有很大的关系。更何况第一次的时候毕竟经验还少，年轻是资本，但青春不代表一定要去浪费，能成功就不要有失败的想法，事在人为。

创业感言

创业为我的大学生活添加了美丽色彩，模拟创业给了我一个比别人更早投入社会实践的机会，模拟创业让我提前认识到了竞争的激烈。这一点让我感到庆幸的同时，也会更加努力，提高自身的实践能力，充实自己的大学生活。整天忙碌的工作和学习，对有些人来说是有很大的压力，而对我来说也确实是个挑战，但是我愿意接受这样的挑战，因为我的收获很大。

理论结合实践，就如“凸”字与“凹”字的完美结合，是两点重合的更坚定的力量，同时也比别人更早一步体会到创业的苦与乐。人生本来就是酸甜苦辣都有的，那样的人生才是真正的人生，挫折不可能没有，但是脚下的路是靠自己一步步走出来的，不管是什么样的困难，相信自己，永不放弃就能达到目的。

在学校创业是一项艰苦但又充满希望的事业，因为作为一个学生，我们的首要任务是学习，我们必须把大部分的时间花在学习上，这是我们面临的无法回避的事实。在紧张的学习之外，还要投入忙碌的工作，所以我将要比别人多花一份精力，少一点玩的时间，但每当成功地完成一个case时心中的那份雀跃旁人是无法领悟的，与此同时心中也会多一分坚定的信念。原来我也可以在地球的某一端立足。这份坚定的信念将是我努力的动力。苦，但我快乐着！我对梦想的追求折射出我对创业的执著，放飞自己的梦想，努力、追求！

公司简介

摆渡人创意设计公司成立于2005年4月，是学校创业园内一家专业从事平面广告创作的设计公司。公司秉着“以最专业的设计角度为出发点，演绎无限的创意生活”为宗旨，以挖掘潜在的创意思维和创新能力为目的。为广大客户提供专业服务，了解他们的想法，从而能够直接达到最佳效果。

公司主要经营：标志设计、封面设计、平面广告设计、艺术海报设计、宣传手册设计、VI设计等业务。

（湖州职业技术学院招生就业处顾鑫伟供稿）

□ 市场营销与电子商务

创业两年，赢利百万美金

创业者：朱斌（宁波职业技术学院市场营销专业2003届毕业生）

企业名称：宁波佳业进出口有限公司

大学生活是他人生的一次提升

初到宁职院，朱斌是一个不善言词、不善交际的男生。在老师和同学的鼓励下，他担任了读书协会会长一职，这成了他锻炼自我的起点。渐渐的，他的身影开始活跃在各种活动中。一系列的社团活动、社会实践以及青年志愿者活动，不仅让他的人际交往能力得到了很大的提高，也让他学到了很多为人处世的经验。在老师的指导下，朱斌各方面的潜力也逐渐突显出来。

即将开始参加实习的时候，朱斌也与同龄人一样，抱着一堆简历去应聘。但细心的他在每次面试前，总会先上网了解一下应聘公司的经营项目，然后再向从事该领域工作的朋友取经。这让朱斌在面试场上技压群雄，博得了许多企业的青睐。朱斌坦言，这都离不开他在学校得到的锻炼。

借钱创业　赢利百万美金

在雷立外贸公司做跟单业务期间，朱斌发现了一个很有潜力的市场——礼品外贸。当时礼品外贸在宁波地区才刚开始起步，几乎没有竞争者。他看到了商机，并想用实际行动来证明了礼品外贸市场的可塑性。

下定决心后，朱斌就开始向亲朋好友借钱，向银行贷款，最终筹得了150万元注册资金，成立了宁波百顺国际贸易有限公司。公司主要经营时尚礼品、办公用品以及运动休闲器具。商品销往美国、欧洲、中东和中国香港等50多个国家和地区。同年，朱斌入股到了宁波佳业进出口有限公司，任总经理一职。随着业务量的增加，公司越做越大，越办越好。公司每年参加展会也不计其数，其中包括著名的香港环球资源礼品展、德国法兰克富礼品展等。随之而来的是世界各国、各地的大量订单。2007年，公司的业绩突破300万美元，盈利100多万美元。

向全方位的大型企业进军

在2007年2月18日，正值农历正月初一，公司接到了比往年更大数额的订单。然而国内正逢春节假期，很多工厂都处在停业休假中。被迫无奈的朱斌只好在长三角工厂密集地带，一家家的咨询，一家家的谈判，但结果都不尽如人意。天道酬勤，最后朱斌在深圳找到了一家规模甚大的文具礼品工厂。在了解情况之后，厂家愿意提供总订单70%的货品。在那样的非常时期，能拿到70%的货品对朱斌而言已是最大的收获了。

事后，朱斌意识到，要让企业真正往一个全方位的大型企业发展，拥有自己的工厂是必不可少的。出于这点，他马上将工厂的建设投入到实际。目前，朱斌的公司已在慈溪购得土地，工厂建设也在火热进行当中。

我的创业之路

创业者：孙权（宁波职业技术学院2007届机电一体化专业毕业生）

企业名称：纸老虎工作室　纸老虎二手交易平台　纸老虎电子店

"创业历程，就像一条坎坷的道路，自己在不断地接受磨难的洗礼。所有的困难都要自己想办法解决，没有人可以咨询，唯一的资源只是自己的智慧和一起奋斗的员工。我坚信，只要肯努力，没有做不成的事。"

——孙权

2004年9月我来宁职院，记得那时候，学院刚把为在校生创设的"大学生创业园"搬到"大学生创业街"。于是，初生牛犊不怕虎，我靠着一点激情及冲劲，打算创业！我什么都不怕地选择了在大学生创业街发展。当时在我认为，创业是件很简单的事，只要我肯努力，定会成功。

可现实不是我想象的这个样子。我努力，但我没经验，我不知道怎么做。我首先开了一家电子店，找了校外的手机维修店合作，并谈了很久，但有些事项始终谈不拢，对方认为我的想法很幼稚，最后以失败告终。

我的很多同学知道我要开店，觉得不可能，有的甚至认为这是天方夜谭，因为那时我才读大一，而且是一个什么都不懂的学机电的学生。看着我的学长学姐们在创业街上红红火火的创业，心里总不是个滋味。我只知道我想创业，并且在大脑里有很多很多的想法，可我又对创业什么都不懂，那时真有点绝望。但我不服，"别人能做的，我孙权一定也能！"痛定思痛，我开始认真阅读很多关于创业的书，以至于到后来，很多人都认为我是学商科的学生。我应该感谢挫折，没有那些挫折，我不可能对经商有现在这样多的了解。

大一下学期开学，坐落于学院旁边的"大润发"超市开业了，它是全北仑最大的超市，也有全北仑最大的广场。这对学院的大学生创业街带来了不小的威胁，创业街上的景象显然不如从前那样红火。但对我来说机会却来了，只有经得起风浪的店，才可以活得更久，活得更好。

2005年4月，创业街上新生了一家纸艺纺（后改名为纸老虎工作室），我的直觉告诉我，这是一个有市场的项目，我要去参与。我找上门去了解这家店，并知道"纸艺纺"的指导老师叫叶海亚，她是个很好的老师，我开始跟她学习，并加了500元钱的股份。那时，我主要负责市场营销及管理。我发现,我所读过的那些经商管理的书终于有用武之地了。我给“纸艺纺”定下了初期战略指导思想“宁做小池塘里的大鱼,不做大池塘里的小鱼”,同时,通过市场调研和对竞争对手的分析,正确了解“纸艺纺”的实力及周边环境,确定不同阶段的目标市场,制定相应的营销策略,通过以市场为核心的一系列研发、设计、生产、定价、推广、服务等活动,将产品和企业推向市场,并开始赢得目标市场客户的青睐。

纸工艺花以它特有的简单易学深受同学们的喜爱,具有广阔的市场前景。再加上同学们不断地反馈意见,使产品的种类和用途不断更新,市场进一步扩大。2006年4月,“纸艺纺”在宁波职业技术学院已经形成一定的规模,而且还组织了纸艺协会,会员达到40多人,纸艺爱好者达到500多人。为了更好地赢得市场,我们通过技术咨询、技术革新合作、迅捷的产品供应等,为顾客提供合适的服务。2006年4月,我们与新契街道杜鹃社区进行手工艺交流,并参加了新契街道杜鹃社区“地税杯”青年才艺比赛,荣获优秀奖。2006年10月,我们与凤凰主题公园开展了手工艺品主题活动,活动参与人数近2000人,产品成交量为500盆多,成交额为15000余元,取得了很好的社会效益。

在员工的共同努力下,在一年的时间里,“纸艺纺”销售额达到10万余元,利润2万余元,成为大学生创业街里收益最好的一家公司,得到学院领导及社会舆论的一致好评。

2006年9月,学院接受教育部高职高专人才培养水平评估,大学生创业街是评估的一项重要指标,这就要求创业街每一家店都要发展并提升品质。当时,我们已经将“纸艺纺”更名为纸老虎工作室,并开始开拓更多的业务。经过与创业街指导老师王维平的一番深入交流,王老师启发我们发展学生旧货回收业务。经过一个月的筹备,2006年10月,我们正式成立了纸老虎二手交易平台。

随后,纸老虎二手交易平台开始经历飞速发展。作为学院第一家专业做二手交易的店,我拥有丰富的二手资源和人力资源。我同样给纸老虎二手交易平台定下了“宁做小池塘里的大鱼,不做大池塘里的小鱼”的战略指导思想,还是通过对市场调研和对竞争对手的分析,了解周边环境,制定相应的营销策略,并下设学生资源服务部、市场营销部。2006年12月,纸老虎二手交易平台结合学院师生资源,在员工的共同努力下,回收旧书8吨左右,收报纸3吨左右,并大量回收了旧电风扇、旧电脑等。为爱好图书者带来了福音,也培养了学生有效利用再生资源的意识。

2007年4月,我们与学院大学生社团联合会电子协会牵手,成立纸老虎电子店,主要致力于学生电子产品交易和维修。电子店的所有工作人员全部聘请在校大学生,努力打造一个以电子产品维修为主、交易为辅的新兴电子店,也使学生创业的类型从单一的服务型转向技术与服务相结合型。

大学生活是精彩的,“纸老虎”的明天是辉煌的。从2007年3月开始,我们向网络进军,并于9月开始推广我们的网站。同时,纸老虎二手交易平台于2007年7月和北仑甬港回收站合作成立新的旧货物资回收网络公司。

作为纸老虎工作室的创始人及负责人,我特别感谢关心我的老师和学院的领导,是他们帮助了我。作为一名学生创业者,“创业”两字包含了太多的困难,面对这些困难我常常想放弃,是我的老师一次又一次的帮助了我,没他们就没有宁波职业技术学院纸老虎工作室的今天。

我要成为马云第二

创业者:贾建星(湖州职业技术学院2006级电子商务专业学生)

企业名称:实惠网等

网络永远是一个藏龙卧虎的地方,湖州职业技术学院大二电子商务班的贾建星就隐身其中。这个来自温州的小伙子,似乎与生俱来就有着一股敢闯敢拼的劲儿,先后创办了“实惠网”、“易购网”、“都市网”、“农家乐网”等多家网站。如今,贾建星把网站交给了他人管理,自己又在琢磨新的项目。“不为赚钱,只为锻炼能力。”这就是贾建星对自己创业的评价。

逛出灵感——大学生创办购物网站

贾建星是个很有远见的人。

高一在玩QQ时他就想,如果有一天Q币能与人民币兑换的换话,那就太方便了,或许以后什么东西都可以在网上买到。不久,传来马云创办了淘宝网的消息。

“其实一开始我只是帮家人、朋友买一些东西,觉得价格公道,而且非常方便。可却没有想过自己开网店。”刚上大一,贾建星就开始在淘宝上购买各种商品,上淘宝网逛一下是他每天必做的事情。短短半年时间,贾建星的积分就达到了200多分。

“或许别人‘逛’淘宝网主要是为了购买商品,可我不是,网站只不过是个对外的窗口,而我真正要学的是它的经营模式。”或许由于父母都是生意人,贾建星从小就有着很好的生意头脑,当时他就萌发了一个念头:专门创办一个属于学生的“淘宝网”。可想想容易做做难,自己开店不难,可想要办个购物网站又谈何容易。贾建星说真正让他下定决心的是在湖州翔顺公司的那次实习经历。

“翔顺”的丁经理学的也是电子商务,毕业后不仅有着一份令人羡慕的工作,同时也经营着一家网上小店。“他在淘宝网上开了一家竹制品专卖店,每天都能做成好几笔买卖,生意相当红火。他告诉记我,大学生是网购的主力军,如果能有一个网站是针对这些大学生的话,那前景一定不错。”丁经理的话给了贾建星莫大的信心,他决定先在淘宝上开一家网店,探寻一下里面的门道。就这样,贾建星专门销售化妆品的网店就在淘宝上“筑”起了家。通过交易,他逐渐摸索到了网站的板块设置、物流水平、盈利模式等内容。

大一即将结束,贾建星觉得时机已经成熟。他找到了两个有同样想法的学长,向家里要了两万元钱,在二中后面租了一间房,买了两台电脑和四张桌子创办起了“实惠网”。从技术到进货再到营销全是他自己和几个朋友一起搞。

“实惠网”的意思就是时时刻刻都优惠,我们为大学生提供一些服装、化妆品和电脑方面的产品信息，为此还特意与安吉一家化妆品公司和杭州一家电脑店建立了联系。”经过几个月的筹备，实惠网基本成形了，然而一个问题却一直困扰着贾建星：如果没有安全可靠的交易平台，那么就算网站做得再好也只是“绣花枕头”。于是，贾建星又有了一个大胆的想法：与淘宝网合作，支付给网站一定的费用，利用支付宝进行交易。“可淘宝网愿意和我们这么小的网站合作吗？”尽管贾建星的脑子里有无数个问号，可他还是决定试试。很快，贾建星把一份合作策划提交给了淘宝网。在焦急等待了半个月后，贾建星终于接到了淘宝网的电话，对方愿意合作。令贾建星兴奋的不仅如此，随后他又接管了学院的易购网，办起了校园“淘宝网”。

办出特色——校内“淘宝网”交易欢

贾建星是个敢于创新的人。

刚接手学院的易购网，贾建星就遇到了一个大难题：浏览量少，人气不足，网站基本处于闲置状态。怎样才能吸引大学生挑剔的目光呢？和许多大学生一样，只要天气不好，贾建星就不想出门，常常是泡上一碗泡面在寝室窝上一天。对了！何不与学校的超市合作，实现在网上订货，送货上门的服务呢。说干就干，贾建星立刻与学院的试验超市商讨合作事项，在页面上设置了一个QQ客服，焦急地等待着。第一天，没动静；第二天，没反应；到了第三天，QQ客服上终于有了留言：你好！我想要两包卫生纸，一袋面包，四包泡面……这让内心一直忐忑不安的贾建星激动不已，立刻骑上自行车把东西送到了同学手中。

从那以后，经常可以看到贾建星骑着自行车往返于超市与寝室楼之间的身影。由于人手有限，送货的事情都是贾建星自己干，有时甚至要忙到快熄灯了才回寝室。与此同时，贾建星将云网的充值热线进行链接，方便同学们进行网上充值。将喜欢淘宝的同学集合起来，创立了一个QQ群，并组织了淘宝代购，教大家如何辨别真假，维护自己的合法权益……通过贾建星的努力，易购网的人气渐渐得到了提升，日浏览量节节攀升，他的网站也吸引了20多名前来打工的大学生。

在外人眼里，贾建星是成功的，可只有他自己知道，易购网虽好可局限性太大。它是校园内部网，受众仅限于湖职院学生。而此时的实惠网也遇到难题：如果要继续经营必须申请ICP证书，同时需要注册资金100万元。100万元！这对于还是学生的贾建星来说近乎天文数字。万般无奈下贾建星决定将易购网转给他人管理，关闭实惠网。

关闭网站后的贾建星并没有放弃他的梦想，他构思的“都市网”将湖州银泰、耐克、阿迪达斯等商店的折扣信息在网上发布，获得了浙江省第二届电子商务比赛三等奖。设计的“农家乐网”将湖州的农家乐信息一“网”打尽，得到了IDC美国投资公司的肯定，获得了一等奖。

闯出未来——探索属于资金的创业模式

贾建星是个有梦想的人。

贾建星说赚钱是个动机，但绝不是唯一的目的。对他而言，父母每月提供的近2000元生活费，足以让他的生活无忧无虑。“我创办网站的目的是为了锻炼资金筹划能力，在失败中不断积累经验,为以后的事业打基础。"

"以前我总是关注一些门户网站,现在我看得更多的是一些行业网站,从中可以学到一些新的盈利模式。"贾建星告诉记者,目前他正准备学校第三届创新创业杯比赛。大三下学期,他将带着自己的梦想出去闯。

爸爸的钢材生意遇到了瓶颈,不能跨地区销售,贾建星想将爸爸的钢材生意变成网络营销的模式,采用网络投标的方式,节约成本,扩宽销路。一个美国人创办的"格子网"与时下流行的"格子铺"类似,一年盈利 100 万美元,贾建星也想尝试做中国的"格子网"。博客这几年相当火,但利用博客来盈利的人却很少,贾建星打算创办一个"博客传媒",在博客里安插广告……

"每天我的脑子里都会出现各种各样的创意,对于通过网络创业的人来说,资金和技术可以解决,但创新和创意不好解决。"贾建星说,"我并非完全为了经济利益,而是为了培养自身多样的素质,用这个过程来锻炼自己。对于将来可能出现的困难,我有信心克服和解决。"

（湖州职业技术学院招生就业处顾鑫伟供稿）

不小心玩了个 B2B

创业者:胡天石

公司名称:北京新华国信科贸有限责任公司

比 8848 早了一年多

胡天石在网上打粮食的念头起源于 1997 年,当时他的中国粮油食品信息网刚刚有起色。胡天石和他的伙伴们忙于打点网站的同时,也经常有点困惑:通过网络人们最终要得到什么?

结论是进行交易获得利益。问题想清楚了,一个将网络与贸易结合起来的念头也日益明晰,胡天石知道传统的粮食交易要经多个环节,中间的损耗大,交易成本高。他算了一笔账:中国每年粮食贸易额达几万亿元,其中交易成本占很大一块。如果交易搬到网上来,至少可降低成本 10%～20%,这样想起来其中的商机真是大得不得了。于是 1997 年 11 月,胡天石的网上贸易开张了。但直到 2000 年春天,他才知道自己在两年前不小心玩了个 B2B,比中国最大的商务网站——8848 整整早了一年多。

27 岁的胡天石,创业已有 4 个年头。但回想起创业来,他依然想不出有什么特别难的事,一切都是那么顺理成章。大学毕业后,他被分配到海南粮油进出口公司工作,后因公司要在北京设办事处,他又来到北京。在随后的日子里他白天和粮食打交道,业余时间在清华大学计算机系进修网络技术。不久,他又开始在职攻读对外经济贸易大学的国际贸易硕士学位。这种三点一线的日子,使胡天石产生了一个想法,能不能把粮食、网络、贸易结合起来。这么一想,他立刻激动起来。说干就干,胡天石拉上几个同学建立了 1996 年的中国粮油食品信息网。

要让中国农民学会上网打粮食

因为起步早,他比以后的创业者要幸运得多。那时候,一台486就能干好多事。他在北京三里河万方商城租了间50多平方米的办公室,公司的全部家当就是两台电脑,一个沙发,当时他天天晚上就睡在那儿。

至今想起来,让胡天石奇怪的是那时候胆子怎么那么大。他说:"只要是粮食系统开会,不管人家邀不邀请,我都去参加,去了还找主办者要求上台讲讲我的网。"讲完了再挨个找人谈,推销自己的网,说服别人并不是胡天石的强项,他就拿着设备操作给人看,还问得挺直接:"入网怎么样?"大概是他的执著感动了别人,他一个晚上敲了20多家的门竟谈成了五六家。

到了1999年底,中国粮食贸易网不仅收支相抵,还略有盈余。1999年1月,在北京的全国粮食网贸易洽谈会上,网上成交意向达161笔,金额达33.4亿元。现在中国粮食贸易网的客户已遍布全国,达数千家粮食企业,胡天石的公司也由最初的4个人发展到60多人。

然而对于胡天石来说,真正在网上打粮食的日子还远未到来。据说,美国的农民种庄稼前先找好买主,由此也就极少有西瓜烂在地里的悲剧。让亿万中国农民学会运用信息,上网打粮食,这才是粮食网的最终追求。

(摘自《职业技术教育》2003年第23期)

□ 现代物流

专业让我成长,创业让我成熟

创业者:童安(湖州职业技术学院现代物流管理专业2008届毕业生)
企业名称:万方中介物流公司

在骄阳烈日下,萌生创业梦想

2004年暑假,我在杭州延安路找到一份无水洗车的工作,每天早上主要做的工作是接触不同类型的客户,下午是在40℃的高温下洗车,所以说这是一份看似简单实则需要付出极大的耐心和毅力的工作。让我体会到的不仅仅是工作的艰辛,客户的拓展更让我深刻认识到,在这个社会上学会人与人之间沟通和协调的重要性,让我的思想得到了一次完善和提升,也更坚定了我创业的梦想。

2005年暑期,我又在余杭塘栖汽车运输公司实习,该公司作为现代新型物流企业,是第三方物流服务机构商。公司拥有先进的管理模式,是真正改造传统运输利用现代先进信息技术管理为手段的全新物流公司。历经多年的市场探索和经验积累。其经营网络、服务功能、营销手段都在不断地丰富与完善。所有工作管理人员及车辆负责人全经专业培训,并有工作实践经验。它的管理模式和用人方式也使我认识到专业知识及相关经验的积累和探索对创办、发展一个公司是极其重要的。

2005年,对物流有了初步认识和接触并抱着创业梦想的我进入了湖州职业技术学院工商管理分院现代物流管理专业学习。

以校园为载体,实现创业梦想

在进入湖州职业技术学院不久后,得知学校创业园是本校的一大特色和亮点,能提供给大学生自主创业、自主经营的平台,我一心想在创业园开办一间属于自己的公司,结合自身专业及在校大学生的需求,我发现在校大学生的需求主要集中在以下几块:想在学校学习期间做兼职;同学聚会的蛋糕代定;出行时自行车的需要;尤其是在节假日期间,很多同学都有大量的包裹需要寄往家里却有诸多的不便,经过多番调查和思考,我毅然决定在学校创业园开办集快递业务、回收二手物品、生日蛋糕代理、岗位介绍等为一体的物流中介公司。2006年1月,"万方中介物流公司"正式创办,实现了我人生中的第一次"创业梦想"。

上下游兼顾,公司稳步发展

公司成立初期,如何找到与我们学生公司相匹配的上游公司合作及如何使顾客认可本公司成了最棘手的问题。在这方面主要考虑到社会上的公司能否快速接受一个在学校成立起来的学生公司并给予合理的利润;由于快递考虑到一个时效性问题,因此我们还要考虑到公司离学校的交通是否方便;上游公司在湖州的知名度如何及公司的经济实力如何等问题。通过比较,我们最终决定与湖州圆通快递公司进行合作并使公司的运作快速上轨道。在拓展客户方面,我们坚持"以诚为本","诚信待人",在学校张贴宣传单、海报等形式,对各类业务收费明码标价,并设立公司咨询处。在节假日期间免费到寝室楼下帮忙搬运大件物品,优质的服务迅速在学校形成了一定的影响力。之后,我们又进一步将公司的业务范围扩展到了湖州师范学院、湖州二中及学校周边的潜在客户群,公司进入轨道后稳步发展,被评为"2006年度最具发展潜力"公司,受到学校广大师生的一致好评。

扩大规模,加强团队建设,提高公司效益

(一)招聘员工,扩大规模

随着业务范围和业务量的不断扩大,我们对员工的需求量进一步加大了,每一项业务都需要有专人负责,对于各业务的负责人要求非常高,都是通过反复考核和筛选才引入公司,各负责人又各带部分公司员工。于是,便在公司内部成立了若干个小团队,形成业务小组,从而把每一项业务做强、做大、做深。

为提高公司的效益和整体形象,新招聘的员工,公司将统一、定期安排时间进行培训,对其工作的开展情况进行统计、评价并考核,在每月的第二个星期,公布成绩,并对上月的工作进行总结,提出整改意见和新的要求。

但我明白仅仅做到这一点是不够的,我们业务中有一个业务必须是每天都要做的,那就是快递业务,这个工作特别辛苦,不管刮风下雨,都得出去,而业务最多的也是快递业务。因

此，我们在公司设置了“最佳业务能手”，这也是本公司的最高荣誉，公司例会，最佳业务能手都上台，由总经理亲自发这个奖项，让我们员工从精神上能够受到鼓励。很多人问我为什么这样做，因为我们的员工现在是学生，没有生存压力，只有精神上满足，物质上补充，这样才能留住我们员工的心。

（二）团队素质拓展游戏，融合团队力量

一个月一次的团队素质拓展游戏是本公司的惯例，每一次我们的游戏都会更换。下面，我就将其中的一个游戏作为例子。首先，将各个业务组的人进行集合，每组派出 5 个代表（其中 1 人为负责人，通常是业务组长）。然后，将任意两组进行比赛。游戏规则：1 人为队长，4 人进行比赛，第一位报 1，第二位报 2、3，第三位报 4，第四位报 5、6，第一位再报 7，然后继续下去，报到 60 就停下来，统计时间。另外一组也是以同样的方式进行，以时间少者胜出，输了的组队长就得一个人做俯卧撑。输一次做两个，每多输一次俯卧撑数量翻倍。每输一次队长和队员要向对方所有人员行 90°躬，对他们说：你们是最棒的！然后队长要向自己队员行 90°躬，对队员说：对不起，都是我的错！长此以往，团队的凝聚力在无形中不断加强了。

在校创业，说不难也难

每次我们中午送快件，包裹让客户签收时，很多客户托托拉拉，有些时候有的客户要迟到半小时甚至忘记了，我们的业务员也只能浪费时间空等，碰到这个问题，我们经过思考，讨论，得出了一个能够解决这个问题的办法。在师院的商业街“学生之家”设一个点，早上 10 点我们把当天的快件放在“学生之家”，以发短信形式通知客户，若没有回复，我们再致电，若客户要求我们送货，我们同样为其提供优厚的服务。

若我们不亲自送，就会给公司业务的进一步拓展带来阻碍，针对这一弊端，我们特地制作了一个章，上面刻上“取件热线”字样，写上我们的电话号码，以便任何一位顾客有问题及时联系我们。

若当天的快件，有人忘记了，我们傍晚 5 点过去，将我们在“学生之家”下设的点当天所开展的业务给拿过来，顺便将当天上午剩下的快件拿回来，用电话联系，将所有快件派送掉。

对于学生来说，时间少是我们做快递业务的一大弱点，我们的本职是学习，所以只能选择课余时间去创业。这种工作学习两边顾的创业方式对我们大学生来说说不难也难。

特殊的文化，折射公司的和谐

1. 张贴公司员工信息表，每一位员工，把自己的照片，人生格言等信息全部写在一张表格上，然后贴在我们的公司员工信息栏。

2. 张贴公司至上荣誉：最佳业务能手、最佳团队奖。这两个奖项是从玫琳凯管理制度中赞美的管理方式和陈安之培训课上以及美欣达的管理方式中学来的，加上自己的方式而表现出来。

3. 时刻提醒我们成员：业精于勤荒于嬉；行成于思毁于随。时间这东西，去了就不会回来,一定要好好珍惜我们的青春,多学一些。同时,也灌输一些理念,如在公司学到了一些东西,并不是为了多赚钱,当然钱是对我们员工肯定的一种方式。

4. 张贴“真诚待人,诚信服务”宗旨,待任何人或事一定要热情、真诚,在大学里养成这个习惯,培养处理事情的能力,一定要冷静、沉着,要多想后果!

5. 每月全公司组织一次活动,如吃顿团圆饭,一起跳一次舞,一起看一次电影……使员工之间形成一种和谐氛围。

创业感言

大的雪球,是在小雪球的时候不断的努力,翻滚之后,才做成大雪球,其实人生也是这样,也只有像小雪球一样,不断翻滚、积累,才能壮大!在刚开始可能非常不起眼,只有小雪球自己知道它会变成大雪球,所以小雪球不会放弃,因为它知道,只有越小的时候越踏实,那么在大的时候才不会出现不该出现的问题。创业过程,其实就跟这个过程一样,也是不断积累、摸索、成长的一个过程,感谢学校给了我们这么好的一个机会!

只要你相信,每一件事情都会解决的,那么事情肯定会像你想象的那样发展,所以创业让我相信,没有比脚更长的路,没有比人更高的山!

(湖州职业技术学院招生就业处顾鑫伟供稿)

□ 厨具业

公私兼顾风险小

创业者:兆麟(金华理工学院房屋建筑工程专业 1998 届毕业生)

公司名称:诚信整体厨房设计公司

兆麟是一位农村学生,在校期间一直埋头认真学习,同时仔细观察房屋建筑市场的发展动态,寻找自主创业的机会。由于兆麟的家庭情况,一出校门就选择自主创业,将得不到任何经济资助,因此兆麟选择的是到房地产公司就业。

有心计的兆麟并不甘心长期为老板打工,一直留心家庭装饰的动向。2000 年,兆麟在为房地产公司服务时发现,不少家庭对整体式厨房青睐有加。然而,大公司生产的整体厨房的款式、色彩搭配满足不了每个家庭的个性化需求。自己有房地产公司为基地,可以接触到许多整体式厨房生产企业,同时每天与住户打交道,另外自己还有房屋设计的一技之长,何不尝试一下自己创办一个整体厨房的设计销售企业。

说干就干,兆麟一方面在房地产公司正常上班,一方面与自己的好友利用业余时间为用户设计完全个性化的整体厨房,委托专业生产单位生产,自己负责装配和维护服务。经过一年左右的奋斗,兆麟完成了独立创业的资金积累,离开房地产公司,全力经营自己的公司。至 2003 年,公司已经具有一定的规模,年产值达 200 万元。现在,兆麟已将整体厨房事业委托给亲属经营,自己正在筹划新的更大的创业项目。

□ 品牌餐饮业

一个酒家3000多条规矩

创业者:沈晓峰(31岁,黑龙江省牡丹江市人,牡丹江机械工程学院毕业)
公司名称:北京金元食品有限公司

进入餐饮业纯属偶然

想采访沈晓峰,他的下属竟让我把采访提纲传真过去。不就是个开饭馆的嘛,摆什么官场的谱儿,我认为沈晓峰太狂。但和他接触后,我觉得一个能把酒家的每道菜和每项服务都科学地纳入29项程序、3000多条标准的管理者,对接受媒体采访立下规矩就不足为奇了。

沈晓峰本和餐饮业无缘。他的父亲是环保专家,耳濡目染使他很小就知道节能环保。大学毕业后,他被北京中关村一家科技公司聘任,对全国各地的锅炉进行消烟除尘改造。回忆当年,他感叹道:"工作条件非常恶劣,常常是锅炉还热着呢,就得冒着高温钻进去。那时在全国各地奔波,我经常因买不着票而在火车站过夜。印象最深的是,在沈阳15天只吃了14顿饭。"此间,不仅锻炼了他坚韧不拔的毅力,在事业上也小有成就,他首创的将锅炉由混凝土拱改为砖拱的新工艺,不仅解决了锅炉拱易塌陷的难题,还被收录进《节能环保》专著。

记者问沈晓峰,为什么改行?他说:"纯属偶然。1992年底,我帮一个同学在北京承包了一家每年赔几万元钱的饭庄,定金都交了,但同学不干了,我只好硬着头皮向亲友筹集资金赶鸭子上架了,那年我23岁。俗话说,隔行如隔山。由于是外行,金三元饭店开张后经营惨淡,最惨时两天分文未挣,还有一天的营业额仅10元钱。"

亲朋好友都劝沈晓峰别干了,但他是那种干一行爱一行的人,他实在想在餐饮业干出点儿名堂。或许是沈晓峰的经历,使他改行干餐饮后仍改不了用"科技含量"的眼光看待经营。

为研制"扒猪脸"这道菜,沈晓峰和家人查阅了大量古籍和现代资料;下扬州,走上海,入河南,走访了多处制作猪头肉有特色的地方,采用科技手段对猪头肉的生产工艺进行了标准化分析,制定出降低脂肪、保留营养成分的烹制方法,终于使猪头肉登上了大雅之堂。

首家通过ISO9002认证

"扒猪脸"1996年通过了北京市科技成果鉴定,2000年又获得了全国餐饮业首家中国发明专利。这道菜使金三元天天顾客盈门。

"光靠一道菜把饭店搞好不会长久。"在大学学企业管理的沈晓峰说,"要留住食客,就必须把科技化、标准化引进到餐饮业的管理中去。"

沈晓峰要求所有的厨务人员都要严格地按照工艺程序去做。如,"扒猪脸"的猪头必须来自饲养日期在120至150天、重量在60公斤到75公斤的白毛瘦肉型猪。按标准屠宰加工后,经过两小时的浸泡,12道工序,4小时的酱制,添加30多种调料,其种类、分量、加工过程中的温度曲线，都有明确规定。又如，“香辣土豆片”必须每盘50片。另外，在服务上从站岗、迎宾、入座、问茶、落巾、点菜、下单、取酒水、上菜等都有行为和时间标准。

金三元的经营、财务、人事考勤、厨房、库房等全部采用电脑联网管理，制作“扒猪脸”不需厨师，只按电钮即可操作。他们率先在北京推出计算机收银系统，让顾客明明白白消费。1997年北京市商委在全市二级以上的饭店推广了这种收款方式。另外，每道菜的营养成分表也储存在电脑内，供顾客将个人资料输入电脑，可得到一张个人健康营养标准供给含量表，明确标出具体需要补充哪些营养。

1999年6月，金三元成为中国餐饮业首家通过ISO9002国际质量体系认证的单位。国际质量协会总裁吉姆·斯尔斯到“金三元”考察后说：“‘金三元’的服务质量体系已达到2000版最新版的要求。”

沈晓峰解释道：“过去的质量认证只是对企业管理方面做的，最新版是围绕客户服务做的，最终要让顾客满意。”

目前，“金三元”在全国已有16家连锁店，计划5年内在全国开100家连锁店，还准备开发快餐食品走向超市。

（摘自《职业技术教育》2003年第23期）

主要参考书目

1. 张锋.青年成功九大素质.北京:中国青年出版社,2002
2. 卜欣欣、陆爱平.个人职业生涯规划.北京:中国时代经济出版社,2004
3. 凡禹.经营自我与创业之路.北京:民主与建设出版社,1999
4. 凡禹.领导素质与领导技巧.北京:民主与建设出版社,1999
5. [美]史蒂夫·马若堤.青年创业指南——建立和经营自己的企业.北京:经济日报出版社,2003
6. 徐昌年.创业高手.北京:华艺出版社,2001
7. 史育哲.创业千千万.北京:企业管理出版社,1996
8. [日内瓦]国际劳工局.创办你的企业.北京:中国劳动社会保障出版社,2003
9. 卢旭东.创业学概论.杭州:浙江大学出版社,2002
10. 王翊士.创业指导.宁波:宁波出版社,2001
11. 傅国伟.职场新人的入门忠告.北京:海潮出版社,2003
12. 钟泽胜、魏美珍.渐入佳境——30天完成学生到职员角色的转换.北京:中国时代经济出版社,2002
13. 李振东.经营一生的机会.北京:中国时代经济出版社,2003
14. 众行管理资讯研发中心.新进员工职业化训练学习方案之心态篇.广州:广东经济出版社,2003
15. 袁方.成功创业第1书.海口:海南出版社,2002
16. 汪福建、吴俊超.问路——探寻财富的源泉.北京:民主与建设出版社,2003
17. 黄刚伟.机遇和财缘.北京:时代文艺出版社,2002
18. 章美锦、天舒.创办独资企业实用指南.北京:民主与建设出版社,2000
19. 张天龙.小公司经营妙招.北京:当代中国出版社,2002
20. 蒋伏心.小企业问题:定义、借鉴与对策.江海学刊,1999(6)
21. 余红兵.市场营销学.武汉:华中理工大学出版社,1996
22. 烨子.成功企业管理的8大模式.北京:中国盲文出版社,2002

23. 严红、李青. 小企业经营宝典. 广州:广东经济出版社,2002
24. 蔡敬聪. 创业成功学. 广州:广东旅游出版社,2003
25. 陈雪枫、莫雷. 心理自测. 广州:暨南大学出版社,1996
26. 华牧. 创业起步 300 问. 北京:企业管理出版社,2003
27. 时勘、何向荣. 职业指导——大学生的职业生涯发展. 杭州:浙江科学技术出版社,2002
28. 北京市教育委员会. 创业教育. 北京:科学出版社、龙门书局,2000
29. 苏佳斌. 机遇学. 北京:中国物资出版社,1999
30. 益创、柏桦. 善用机会创造成功. 北京:西苑出版社,2002
31. [美]贾森·里奇. 赵忠愉译. 瞄准 CEO. 上海:上海远东出版社,2000

后　记

这是一个崇尚创业、需要创业、鼓励创业的时代。生活在这样一个激动人心的时代,创业从未像今天这样具有无穷的穿透力和覆盖面。从上世纪80年代末期开始,有多少人投身于创业浪潮,在沿海开放地区,连祖祖辈辈与土地打交道的父辈们,都用自己粗糙的双手办起了一家家小企业,开出了一个个小公司,用勤劳与汗水创建自己的事业,摘掉贫穷的帽子,走上致富的道路,"乡镇企业"也成了专有名词。随着知识经济时代的到来,知识分子逐渐成为创业大军的生力军,他们运用知识,运用科技,运用智慧,创办企业,驰骋商场,创造了一个又一个辉煌的成就。创业产生了巨大的推动力,改变着人们的观念,改变着人们的命运,改变着人们的生活,甚至改变着我们的时代。我国90%的中小企业是民营企业,90%的民营企业是中小企业。中小企业是保持国民经济快速增长的重要力量,是地方经济发展的主力军。

今天,大学生创业已成为时代的要求。我国要在21世纪中叶达到中等发达国家水平,必须大大提高全民的创新意识和创业能力,抓住机遇,大力发展知识经济,实现我国工业化与知识化的协调发展。发展知识经济对创业者的素质提出了更高的要求,而大学生思维活跃,创业意识强,有知识、有能力、有激情,比一般群体创业更有竞争力。希望有更多的大学生成为创业的弄潮儿。

《教育部关于以就业为导向,深化高等职业教育改革的若干意见》(教高〔2004〕1号文)明确提出:"学校应开设创业课程,培养学生的创业意识,为学生自主创业提供实际锻炼的平台,并在管理制度等方面创造条件,促进他们成功创业。"我们编写《创业指导》,旨在探索高职院校的创业教育。本书既可作教材,又可供学生阅读,是高职院校人文素质教育丛书之一。本书的编写得到了浙江省教育厅高教处、浙江大学出版社的关心和支持,在此表示衷心感谢!

本书由陈敏副教授(宁波广播电视大学)任主编并负责全书的统稿,周建忠(金华职业技术学院)、沈瑞云(宁波职业技术学院)任副主编。各章撰稿人分别为:沈瑞云(第一讲),沈楚(湖州职业技术学院)(第二讲),陈敏(前言、第三讲、第四讲),王辰(宁波职业技术学院)、刘红(宁波广播电视大学)(第五讲),余丽萍(宁波职业技术学院)(第六讲),周建忠(第七讲、第八讲);王辰做了很多资料收集与整理工作,王辰、余丽萍提供了案例。

参编本书的同志均为高职院校的老师,怀有满腔的热情。本书在编写过程中,参阅了大量的资料、书籍，是在前人的基础上形成自己的观点、思路的。但囿于我们的水平与能力，书中存在许多不尽如人意之处，还有许多值得探讨的地方，欢迎提出批评建议。

编 者

2004 年 5 月

第二版后记

本书自2004年出版以来，深受广大高职院校师生的欢迎。本书也于2007年被列入普通高等教育“十一五”国家级规划教材。

随着高职院校的迅速发展和素质教育的进一步深化以及新的劳动合同法等法律法规的实施与修订，给高职院校的素质教育提出了新的挑战。基于此，本书对原书的一些内容做了一些调整与修订，以适应新形势的需要。本次修订，保持了原书的框架体例，主要针对大学生创业的新动向和新的法律法规的实施等进行修订，对相关内容进行了修正、添加和删减。其中每一章章首增加了案例作为“引子”，并增加了一些新的高职院校学生的创业案例，以增强本书的可读性，同时也期望能对大学生尤其是高职院校的学生创业提供更好的指导。

编 者

2010年10月